W0095802

DAS
GEISTER
HANDBUCH

Aufzeichnung der Geistermelodie.
Zum Bericht »Die mittelalterliche
Musik«, Seite 58 f.

DAS GEISTER HANDBUCH

Übersinnliche Erscheinungen im Volksleben,
auf Burgen und Schlössern

Gesammelt und erläutert

von

Wilhelm Avenarius

Allen, die mich bei dieser Sammlung geheimnisvoller und übersinnlicher Denkwürdigkeiten mit Rat und Tat unterstützten, habe ich zu danken. Insbesondere gilt mein Dank Pater Dr. Norbert Backmund (Abtei Windberg), Professor Dr. Hans Bender, Freiburg i. B., Georg Freiherr von Blomberg (Oberursel), Oberst a. D. Carl von Bock und Polach † (Bonn), Catrin Cohnen (Syke), Christa Döring (Worms), Otto E. Fink (Heidenrod), (Reinhold Geimer (Bornich), Karl Borromäus Glock † (Heroldsberg), Bernhard Gondorf (Koblenz), Ulrich von Heinz (Tegel), Georg Hetzelein (Regelsbach), Werner Kaschel (Hersbruck), Hubert Klanert (Marksburg), Heinrich Kohles (Staffelstein), Dr.-Ing. Dankwart Leistikow (Dormagen), Bert Lewandowski (Elmshorn), Dr. Werner von und zur Mühlen (Merlsheim), Karl Müller (St. Wendel), Georg Rauchenberger † (Wolfsegg), Professor Dr. Bolko Freiherr von Richthofen † (Garmisch-Partenkirchen), Ingaruth Schlauch (Bächlingen), Professor Dr. Wolfgang Speyer (Salzburg), Thomas Steinmetz (Brensbach), Thomas A. Sweeney NO. (Andover), S. D. Friedrich Wilhelm Fürst zu Wied (Neuwied) und vielen anderen, die alle hier aufzuführen nicht möglich ist.

Dr. Wilhelm Avenarius

Lizenzausgabe 1992 für
Manfred Pawlak Verlagsgesellschaft mbH,
Herrsching
© 1984 by regio Verlag Glock und Lutz,
Sigmaringendorf
Titel der Originalausgabe:
Rund um die Weiße Frau, Ein Geister-Handbuch
Alle Rechte vorbehalten
Umschlaggestaltung: Bine Cordes, Weyarn
Gesamtherstellung: Mohndruck, Gütersloh
ISBN 3-88199-914-0

Inhalt

ZWEITES KAPITEL: Geheimnisvolle Kräfte

DRITTES KAPITEL: Raum und Zeit

VIERTES KAPITEL: Erkenntnisse und Urteile

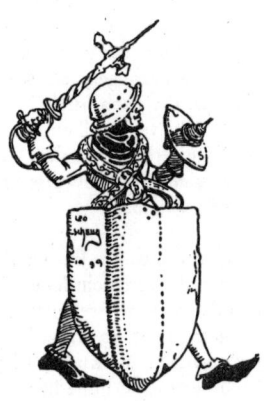

Die eingestreuten Illustrationen stammen sämtlich aus der Feder von Illustratoren des 17. Jahrhunderts bis zur Gegenwart.

Ein wichtiges Vorwort

Dieses Buch, das die Gebiete des Übersinnlichen behandelt, soll durch das Gewicht der Tatsachen überzeugen. Erklärungen sind in den abschließenden Abschnitten zusammengefaßt: Eine »Geisterkunde«, Erläuterungen zur Gedankenübertragung (Telepathie) und zur Überwindung der Zeitschranken. Die dort angeführten Ansichten großer Denker und bedeutender Vertreter der Wissenschaft sowie des Christentums erleichtern das Verständnis der einzelnen Berichte. Erklärungen, die besondere Einzelheiten betreffen, sind bei den entsprechenden Abschnitten eingefügt. Schon eingangs, ein Einstieg in die historische bzw. methodische Mythologie und Theologie ist weder geplant noch möglich.

Aus der Fülle der glaubhaft überlieferten Fälle kann nur eine kleine Auswahl gebracht werden. Wir beschränken uns auf Ereignisse, die auch vielfach in ähnlicher Form nachzuweisen sind. Selbstverständlich kann nicht der Wahrheitsgehalt aller Berichte verbürgt werden. Der Leser ist zur kritischen Prüfung aufgerufen. Für Hinweise und Ergänzungen wäre der Verfasser sehr dankbar.

Noch bis ins 19. Jh. wurden übersinnliche Erscheinungen auch in der geschichtlichen Landeskunde behandelt, zu Recht, denn auch diese Ereignisse gehören zur Landschaft und ihrer Vergangenheit. So bringt Johann Weichard Valvasor in seinem bedeutenden Werk »Die Ehre des Herzogthums Crain«, Laibach 1689, eine Fülle derartiger Berichte, und Christian von Strambergs »Denkwürdiger und nützlicher Rheinischer Antiquarius«, Koblenz 1851 ff., ist eine wahre Fundgrube für den Forscher nach Übersinnlichem. Heute ist dieses Thema in solchen Veröffentlichungen meist ausgeklammert.

Immerhin, in der über 30 Bände umfassenden Reihe »*Deutsche Landeskunde*« des regio Verlags Glock und Lutz fehlen Hinweise auf übersinnliche Erscheinungen nicht. Die Weiße Frau auf der Plassenburg, die auf Wolfsegg sind erwähnt, Wildenstein bei Crailsheim ist als Spukschloß genannt, der »Rodensteiner« und das Wirken des Dr. Faust in Schwäbisch Hall werden geschildert, die geheimnisvollen Vorgänge um das »Walburgis-Öl« in Eichstätt und vieles andere mehr beschrieben. Dennoch, für ein Verständnis übersinnlicher Vorgänge reichen diese Darstellungen nicht aus. Sie stehen einzeln und ohne Zusammenhang, parallele Erscheinungen können nicht gebracht werden.

Dieses Buch soll als sinnvolle Ergänzung zur »*Deutschen Landeskunde*« des regio Verlags Glock und Lutz dienen und die genannten wichtigen Themen erfassen, die heute üblicherweise in einem solchen Rahmen vernachlässigt sind. Die Beispiele stammen zumeist aus dem deutschen Sprach- und Kulturgebiet oder sind verbunden mit Personen aus diesem Bereich. Berichte anderer Herkunft sind eingefügt, wo das zur besseren Veranschaulichung nötig ist.

Im wesentlichen führen wir nur Beispiele an, die mit bekannten Persönlichkeiten verknüpft sind und auch aus diesem Grund die Aufmerksamkeit des Lesers beanspruchen. Schließlich: weder darf den Vorgängen von Natur aus eine gehobene literarische Qualität zugemessen noch eine solche durch künstliche, sprach-kosmetische Operation herbeigeführt werden.

Die Berichte sind nach Sachgebieten systematisch geordnet. Überschneidungen sind hierbei unvermeidbar. Der wichtigste Punkt der Vorgänge war jeweils für die Einordnung maßgeblich.

Absichtlich und durch Experimente herbeigeführte Erscheinungen sind in gesonderten Abschnitten behandelt. Dort wird auch eindringlich vor derartigen Praktiken gewarnt.

Marksburg
Sommer 1987   *Dr. Wilhelm Avenarius*

Erstes Kapitel

Geister
Sichtbare Geistererscheinungen

Die Weiße Frau im Fenster

Kurz vor dem Tod *Friedrichs des Großen* 1786 sah die *Königin* im *Berliner* Schloß von ihrem Zimmer aus am Fenster eines Türmchens ein vorgebeugtes Gesicht. Ihre Damen, Kammerherren und Lakaien glaubten das gleiche zu sehen. Auch Prinzessin Luise, Schwester Louis Ferdinands, sah die Gestalt, die »Weiße Frau«. Unverwandt blickte man zu diesem Fenster, während das Gesinde hinlief, um es zu öffnen. Doch bevor man es erreichte, war die Erscheinung verschwunden. (Nach Aufzeichnungen der Prinzessin Luise).

Die Weiße Frau am Vorabend der Schlacht

Prinz Louis Ferdinand traf am Abend vor der Schlacht bei Saalfeld 1806 auf Schloß *Rudolstadt* ein und verkündete den Beginn der Feindseligkeiten am anderen Morgen. Sein Adjutant Karl von Nostitz berichtet: »Der Prinz war sehr fröhlich . . . von Zeit zu Zeit näherte er sich dem Piano und drückte einige melodiöse Akkorde darauf aus. Ich war an seiner Seite. Er sagte: ›Lieber Nostitz! Wie glücklich ich in diesem Augenblick bin! Endlich lichtet unser Schiff die Anker‹ . . . In diesem Augenblick schlug die Schloßuhr Mitternacht. Mit dem zwölften Schlag geschah eine sonderbare Veränderung mit der Person des Prinzen. Sein schönes Gesicht erbleichte seltsam, seine über die Tasten des Klaviers gleitenden Finger wurden steif, wie gekrampft; er fährt mit der Hand über die Augen, wendet sich zu mir, der diesem Zwischenfall mit Befremden zusah, und, mit einer raschen Bewegung eine Kerze ergreifend, stürzt er auf die Tür zu und verschwindet . . . Eilends den Schritten des Prinzen folgend, stürze ich mich auf die Tür zu, durch die er verschwunden ist. Sie führte auf einen langen Korridor, der als Ausgang nur eine Seitentür hatte, die in den Schloßhof hinausging. Da sah ich den Prinzen, der, die flackernde Kerze in der Hand, mit ruckweisen Schritten einer in einen Schleier von auffallender Weise gehüllten menschlichen Gestalt folgte. Dieses phantastische Wesen entfernte sich, ohne furchtvolle Hast zu zeigen: am äußersten Ende der Galerie angekommen, verschwand die Erscheinung. Es gab, das wußte ich, dort keine

3

Tür. Dieses geheimnisvolle Verschwinden setzte mich in Erstaunen. Der Prinz aber begann zu untersuchen, ob nicht doch eine geheime Tür zu finden sei, aber nichts . . . nichts! Da näherte ich mich ihm, um ihm bei der Untersuchung zu helfen. Bei meinem Anblick zitterte er: › Nostitz! Hast du gesehen? ‹ › Ja ‹, antwortete ich mit der größten Kaltblütigkeit, › ich habe eine ganz in Weiß gekleidete Frau gesehen, die Eure Hoheit . . . ‹ Er ließ mir nicht Zeit zu enden. › Es ist also kein Traum! Ja, ich habe sie gesehen; es ist die Weiße Frau! ‹ Ich wollte mich vergewissern, ob ich nicht ebenso wie der Prinz unter dem Eindruck einer Illusion gestanden, und lief zur Wache, mich zu informieren, ob jemand seit einer Viertelstunde hereingekommen sei. › Ich habe ‹, antwortete der Soldat, › einen mit einem weißen Mantel umhüllten Mann gesehen. Habe ich Unrecht getan, ihn vorbeizulassen? Ich hatte keine Instruktion, Offiziere anzuhalten, und den, der hereinkam, habe ich nach seinem weißen Mantel für einen sächsischen Offizier gehalten. ‹ Kein Zweifel mehr. Es war Wirklichkeit. Der Prinz, der mit Ungeduld die Antwort des Postens erwartete, hatte seine Kaltblütigkeit wiedergewonnen. › Schweigen! ‹ sagte er zu mir, › Schweigen auf ewig! ‹ Und er betrat den Saal wieder, ohne irgend jemandes Aufmerksamkeit zu erregen.« Am nächsten Tag fiel der Prinz in der Schlacht bei *Saalfeld.* (Nach Aufzeichnungen des Generaladjutanten Karl von Nostitz).

Der verstimmte Kaiser

Napoleon nahm 1812 auf seinem Feldzug nach Rußland im Neuen Schloß *Bayreuth* Quartier. Vor seiner Ankunft ging Graf Münster, der Intendant der Bayreuther Schlösser, durch die Zimmer und sah dabei die »Weiße Frau«, verschwieg aber Napoleon das Erlebnis. Bei der Abreise am nächsten Morgen war der Kaiser auffallend verstimmt. »Ce maudit château!« sprach er mehrmals vor sich hin und erklärte, daß er hier nicht mehr absteigen werde. Dann erkundigte er sich nach dem Kleid, das die »Weiße Frau« auf dem im Schloß befindlichen (angeblichen) Gemälde trage; das Angebot aber, dieses herbeizuholen, lehnte er entschieden ab. (Nach Aufzeichnungen des Grafen Münster).

Die verstörte Schildwache

Gräfin Editha von Haacke, Hofdame der Kronprinzessin, sah vor dem Tod *König Friedrich Wilhelms III.* 1840 in *Berlin* nach einem Souper, als sie eine Treppe hinabstieg, an deren Ende eine Schildwache scheinbar eingeschlafen, das Gewehr daneben liegend. Es zeigte sich, daß der junge kräftige Soldat ohnmächtig war. Als er wieder zu sich kam, blickte er sich scheu um und versicherte, er habe etwas Schreckliches gesehen: eine Frau in weißen Schleiern und furchtbar. (Nach »Vom Leben am preußischen Hofe 1815—1852«. Aufzeichnungen von . . . Marie de la Motte-Fouqué, Berlin 1908).

Wer war die Weiße Frau der Hohenzollern?

Zur Zeit des Kurfürsten Joachim II. von Brandenburg (1535—1571) erschienen Schriften von Bruschius, einem Chronisten von Klöstern, der unter Berufung auf frühere Erzählungen Agnes Beatrix Kunigunde, Witwe eines Grafen von Orlamünde, als die Weiße Frau bezeichnet. Die Sage erzählt: Agnes, Gemahlin des Grafen Otto von Orlamünde, dem sie zwei Kinder gebar, begann nach dem Tod ihres Gatten ein Liebesverhältnis mit Albrecht dem Schönen, Burggrafen von Nürnberg († 1361). Dieser äußerte zu seiner Umgebung, daß er eine Ehe mit Agnes nicht eingehen könne, da dem vier Augen entgegenstünden (nämlich die seiner Eltern, die nicht in die Heirat willigen wollten; er war bereits verlobt mit einer Gräfin von Henneberg). Agnes bezog das auf ihre beiden Kinder und stach ihnen deshalb mit einer goldenen Nadel ins Gehirn, um dem Burggrafen den Weg freizumachen. Albrecht wandte sich nun mit Abscheu von ihr und heiratete 1342 die Gräfin von Henneberg. Die Gräfin von Orlamünde ließ er auf der Plassenburg (oder in Hof) einsperren. Sie findet keine Ruhe und kündet Todesfälle im Haus Hohenzollern an. — Diese Sage ist jedoch unwahr. Zur Zeit Albrechts des Schönen gab es nur eine seit 1340 verwitwete Gräfin Kunigunde von Orlamünde, geborene Landgräfin von Leuchtenberg, die kinderlos war. Sie starb 1351 als Äbtissin des Klosters Himmelsthron bei Nürnberg. — Die Weiße Frau soll auch von Kurfürstin Louise Henriette, der Gattin des Großen Kurfürsten, wenige Tage vor ihrem Tod, an ihrem Schreibtisch sitzend, gesehen worden sein. In jüngster Zeit will man am 26. Mai 1940 ein rätselhaftes Licht hinter den Fenstern des Berliner Schlosses wahrgenommen haben, am Beginn des Frankreichfeldzugs, auf dem schon in den ersten Tagen Prinz Wilhelm von Preußen tödlich verletzt wurde; er wäre Thronfolger geworden. Auch in der Nacht zum 3. Februar 1945 soll Merkwürdiges hinter den Fenstern bemerkt worden sein. In dieser Nacht brannte das Berliner Schloß. (Nach Martin Bethke, Wer war die »Weiße Frau«? In: Gießener Allgemeine vom 5. Januar 1980).

Die Weiße Frau in der Wiener Hofburg

»Es geht das Gerücht, daß in der *Wiener* Hofburg ein unheimliches Gespenst hause, die › Weiße Frau ‹. Ihr Erscheinen zeige Gefahr an, Unglück für das Kaiserhaus, Unheil auch für die Republik — denn es gibt Menschen, die diese Figur noch heute in den weitläufigen, düsteren Gängen des Schlosses zu erkennen glauben. Vor Beginn des Dreißigjährigen Krieges soll sie *Kaiser Ferdinand II.* erschreckt haben; später, kurz vor Ausbruch des Kampfes gegen Napoleon, *Kaiser Franz.* Und in der Neujahrsnacht des Jahres 1889 meinten die Wachen im inneren Burghof, die › Weiße Frau ‹ wäre langsam und schleppenden Schrittes durch das Schweizertor gegangen und erst in der Nähe der Hofburgkapelle verschwunden...« Am 3O. Januar 1889 erschoß sich *Kronprinz Rudolf.* (Nach Rudolf Ritter, Sissi — wie sie wirklich war).— Auch kurz vor der Ermordung der *Kaiserin Elisabeth* in Genf am 1O. 9. 1898 soll sie erschienen sein. (Nach J. J. Mostard).

Die Schwarze Frau der Wittelsbacher

1825 sah die Gräfin Taxis *König Maximilian I. von Bayern* beim Gottesdienst in der Hofkapelle der Residenz *München* neben einer schwarz verschleierten Dame. Als sie ihn später darauf ansprach, war er höchst erstaunt; er war in *Nymphenburg* gewesen. Am Abend des gleichen Tages verließ er frühzeitig einen Ball und fuhr nach Nymphenburg zurück. Am nächsten Morgen fand man den König tot. Noch am gleichen Tag wurde er aufgebahrt in der Hofkapelle, wo ihn Gräfin Taxis neben der Dame, der »Schwarzen Frau« der Wittelsbacher, gesehen hatte. Diese ist wahrscheinlich *Kurfürstin Maria Anna* und wurde seit dem 19. Jh. gesehen. (Nach einem Bericht von Helena von Fortenbach).

»Auch bei *Ludwig II.* hat sich die › Schwarze Frau ‹ als Todesbotin betätigt. Im Frühsommer 1886 soll sie (in der Residenz *München)* derartig rege gewesen sein, daß Hartschieren und Lakaien die Knie schlotterten. Sie tauchte an allen Ecken und Enden auf, man war weder bei Tag noch bei Nacht vor ihr sicher. Die Bediensteten und Angestellten erhielten striktes Verbot, außerhalb der Residenz über das zu reden, was drinnen vorging. Aber so mancher plauderte eben doch, und bald wußte ganz München, daß die › Schwarze Frau ‹ wieder einmal umging.« (Nach Helena von Fortenbach, Die Wittelsbacher).

Der Geist in Ketten

In einem Spukhaus in *Athen* hörte man nachts das Rasseln schwerer Ketten, immer näher kommend, und sah dann einen Geist, einen abgezehrten Greis, an Händen und Füßen mit Ketten belastet. Bald stand das Haus leer. Schließlich mietete es der Philosoph *Athenodorus*. Er schrieb abends, als das Gespenst nahte und ihm mit dem Finger zuwinkte. Er machte mit der Hand ein Zeichen, ein wenig zu warten, und schrieb weiter, während die Gestalt mit ihren Ketten rasselte. Nach einer Weile winkte sie eindringlicher. Der Philosoph nahm sein Licht und folgte ihr auf den Hof, wo sie plötzlich verschwand. An dieser Stelle fand man ein Skelett, das mit Ketten vergraben war. Die Gebeine wurden bestattet; seitdem war der Spuk beendet. (Nach einem Bericht des römischen Schriftstellers *Plinius d. J.*).

Geister können sich Kleider und andere Gegenstände formen, wie hier die Ketten. Jung-Stilling sagt : »Die abgeschiedenen Seelen haben eine schöpferische Kraft, die sie in ihrem Erdenleben, in der schwerfälligen Körperwelt, nur mit Mühe und Kosten, und noch dazu sehr unvollkommen gebrauchen konnten, aber nach dem Tod, kann ihr Wille das auch wirklich darstellen, was sich die Imagination vorstellt.«

Die fehlende Handschrift

Nach dem Tod *Dantes* war der 13. Gesang der »Göttlichen Komödie« nicht aufzufinden. 8 Monate danach kam sein Sohn Jacobus Alghieri zu einem Freund und erzählte, er habe seinen Vater mit leuchtendem Gesicht gesehen und ihn gefragt, wo das Fehlende sei. Daraufhin schien es Jacobus, als führe der Vater ihn in das Zimmer, wo er zu Lebzeiten geschlafen, und deutete auf eine Stelle. Darauf verschwand die Erscheinung. Obwohl es schon Nacht war, begaben sich die Freunde zu dem Haus in *Florenz*, das Dante bewohnt hatte. An der besagten Stelle fanden sie eine Matte und hinter dieser ein Fenster, von dem man nichts wußte. Dort lag der 13. Gesang der Dichtung. (Nach der Vorrede der Ausgabe des Werkes von Vindelin de Spiera, Venedig 1477).

Der in Flammen gehüllte Ritter

Auf der *Moosburg* im *Biebricher Schloßpark,* einer früheren Wasserburg, war es einst nicht geheuer. 1647 erhielt sie der ehemals schwedische Resident in Frankfurt, Johann Heinrich von *Pentz*, durch Graf Johann von Nassau verliehen. Doch jede Nacht erschien dort, wie das Volk wußte, ein Ritter, ganz in Flammen gehüllt, und ritt auf den Umfassungsmauern hin und her. Es soll Dudo von *Biburk* gewesen sein, der Verrat geübt hatte: 1462 hatte er als Stadtbaumeister Mainz in die Hände des päpstlichen Kandidaten für den erzbischöflichen Stuhl, Adolf aus dem Haus Nassau, gespielt, als dieser die Stadt im Straßenkampf eroberte. Dudo soll später Selbstmord verübt haben.

Die Spukgeschichte war so verbreitet und geglaubt, daß Pentz große Mühe hatte, einen Verwalter zu finden; er selbst mußte zuvor mehrere Nächte dort verbringen und beten. Seitdem war der Spuk verschwunden. (Nach einem Bericht von Otto Fink, Heidenrod).

Jung-Stilling erläutert: »*Wenn der Geist zornig oder auch sehr betrübt, wenn folglich eine Leidenschaft in ihm herrschend war, so spritzten Funken aus seinen Fingerspitzen . . . Denkt man sich nun die bösen Geister in ihrem Zorn, in ihrer Wut und Verzweiflung, so ist das höllische Feuer nicht mehr ein bloßes Bild, nicht mehr orientalische Bildersprache, sondern Wirklichkeit und Wahrheit. Wenn ein abgeschiedener Geist in seinem Gemüt ruhig ist, so wird seine Berührung als das sanfte Wesen einer kühlen Luft empfunden . . . Der Geistkörper ist also ganz in der Gewalt des Gemüts, und er bildet sich im Äußern und Innern nach der Imagination und den Grundtrieben. Welche schrecklichen Karikaturen und Scheusale müssen also aus Menschen entstehen, die so ganz unter der Gewalt ihrer bösen Leidenschaften stehen. Mißstellen schon hier Zorn, Wollust, Neid, Selbstsucht und dergleichen unsre feste Körper, wie vielmehr jenes feine Wesen, das im Augenblick alle Formen annimmt. Aber nun denke man sich auch eine Seele die mit Gott versöhnt, durch und durch geheiligt, und mit dem hohen Gottesfrieden beseeligt ist; muß sie nicht nach ihrem Tod das höchste Ideal menschlicher Schönheit erreichen?*« — *Dies zeigt, daß ein Geist nach einer Läuterung in verklärter Gestalt erscheinen kann, ebenfalls, daß das »Fegefeuer« nicht um, sondern in den Seelen ist.*

Die verkannte Tante

Liselotte von der Pfalz berichtet: Dem *Dauphin* (Sohn Ludwigs XIV.) ist in Schloß *Fontainebleau* »seine Tante, die verstorbene Madame, erschienen. Er hat es mir selber verzählt. Es kam ihm eine Not an, stund auf und setzte sich auf einen Nachtstuhl, so neben dem Bett stund, und verrichtete, mit Verlaub zu melden, seine Notdurft. Wie er in voller Arbeit war, hört er die Tür, so nach dem Salon ging, aufgehen und sah eine geputzte Dame mit einem braunen Kleid, einem schönen gelben Unterrock und gar viel gelbem Band auf dem Kopf, hereinkommen; sie hat den Kopf gegen die Fenster gedrehet; Monsieur le Dauphin meinte, es wäre die junge Herzogin von Foix; er lachte und dachte in sich selber, wie diese Dame erschrecken würde, wenn sie ihn da in der Nische sollte im Hemd sitzen sehen, fing derowegen an zu husten, um ihr den Kopf und das Gesicht auf seine Seite drehen zu machen, welches diese Dame auch tat. Aber anstatt der Herzogin Foix sieht er die verstorbene Madame, so eben war, wie er sie das letztemal gesehen. Anstatt der Dame bange zu machen, da erschrug er schrecklich, daß er mit aller Macht zu Madame la Dauphine, so schlief, ins Bett sprang. Die wurde über seinen Sprung wacker, sagte: › Was haben Sie denn, Monseigneur, also zu springen? ‹ Er sagte: › Schlafen Sie, ich werde es Ihnen morgen erzählen. ‹ Den andern Tag, wie sie wacker werden, fragte sie ihn, was ihm denn nachts gefehlt hätte, daß er so erschrocken? Er verzählte ihr sein Abenteuer. Madame la Dauphine fragte mich, ob ich nie nichts in der Kammer verspürt hätte? Ich sagte › nein ‹. Ich ging zum Dauphin und fragte Ihro Liebden, der verzählt es mir von Wort zu Wort ebenso. Monsieur le Dauphin ist all sein Leben drauf geblieben, daß diese Historie wahr sei...« (Nach einem Brief der Liselotte von der Pfalz vom 14. 11. 1720).

Das bucklige Männchen

»Immer, wenn sich ein schlimmes Geschick über der Herrschaft *Heroldsberg* (Freiherren von *Geuder*) zusammenzuziehen drohte, kam der Mauer des Gelben Schlosses entlang um die Mitternacht ein kleines, buckliges Männchen daher, schloß schweigsam und unerkannt im Weißen und im Grünen Schloß die Schloßtüre auf und ging dort in die Stube, in der die Kinder schliefen. Er setze sich zu ihnen ans Bett, hielt den Finger vor den Mund und lächelte nur geheimnisvoll. Die Geschwister weckten sich dann gegenseitig, wie um einen Zeugen zu haben. Es stellte sich dann immer heraus, daß das kleine Männlein keine Illusion, sondern Wirklichkeit war. Die Kinder sprachen es an — aber im gleichen Augenblick war es verschwunden. Am Tag darauf war entweder eine schlimme Erkrankung oder ein Todesfall.« (Verfaßt von Karl Borromäus *Glock*, Gelbes Schloß in Heroldsberg, Quellen: Friedrich Freiherr von Geuder-Rabensteiner und Georg Edler von Mayer-Starzhausen).

Das unerwünschte Gespenst

Der Astronom Friedrich Wilhelm *Herschel* hatte sich 1772 in *Bath* (Somerset) als Musiklehrer niedergelassen. Seine Broterwerbstätigkeiten ermöglichten ihm die Himmelserforschung. Er klagte einmal bei Freunden, daß ihm nur wenige Wochen einsamer Hingabe an eine gewisse Arbeit fehlten, um sie zu beenden. Es mangele ihm an einer ruhigen Stätte. Einer der Anwesenden, ein Aristokrat, bot ihm ein am Ausgang eines Dorfes gelegenes *Schlößchen* im Besitz seiner Familie an, das unbewohnbar sei, da es darin spuke. Ein Vetter hatte sich dort das Leben genommen. Herschel bezog es mit seiner Schwester Caroline und fand in dem verfallenen Gebäude einen großen Raum als Werkstätte und trennte davon einen Teil durch einen über eine Stange laufenden Vorhang als Schlafkabinett ab, das keinen anderen Zugang als diese Wand aus Stoff hatte. Für seine Schwester fand er eine bewohnbare Kammer am Ende eines Ganges. Von den Dorfbewohnern war keiner zum Betreten des Grundstücks zu bewegen. Als Caroline »das erstemal den zu ihrem Zimmer führenden Gang betreten sollte, da fuhr sie ihn nach einem Zusammenzucken in vollem Lauf hinunter und so in die Kammer hinein, deren Tür sie hinter sich zuschlug. Aber daß sie den Flur nur im Lauf überwinden konnte, atem- und herzbeklommen von etwas grausig Unnennbarem in der Luft — dies blieb, wie die Geschwister erzählten, alles nur Schrecknis. Und sie begannen ein jeder seine Arbeit und wohnten sich ein. Nun saß eines Abends Herschel an seinem Tisch, den er vor das eine Fenster gerückt hatte, das letzte Licht über den Gartenbäumen ausnützend für seine Tabellen und Rechnungen, als er die Ringe des oben beschriebenen Vorhangs leise klirren hörte. Sich wendend, sah er eine Person im Raum stehen, einen Mann in jungen Jahren, fein, als Stutzer gekleidet, Spitzen an Hals und Ärmeln, eine Hand am Degengefäß, den Hut unterm Arm und gepudert. Gleich machte er einige Schritte, kam bis zum Tisch und setzte sich, übrigens völlig stumm, auf einen davor stehenden Stuhl. Herschel anblickend, ließ er ihn in der Dämmerung ein bleiches, etwas gedunsenes Antlitz und schwarze; ein wenig traurige Augen sehen. Herschel, die Feder in der Hand, hier — der aus dem unbetretbaren Raum Gekommene da; so saßen sie, beide wortlos, eine Zeitlang. Und da, wie der Astronom später erzählte, stieg ein tiefer Widerwille in ihm auf gegen dieses unnütze, dieses schauderhaft unsinnige Wesen, das nur so daherkam, ein bloßes Negativ des Lebens, in seinem erbärmlichen Unvermögen... Überdem aber geschah's: das Phantom verlor seine Haltbarkeit, seine Umrisse verschoben sich, lösten sich auf, durch seine Kleider wurde der Vorhang sichtbar, und so verschwand es... Caroline ihrerseits konnte, obschon der Bruder ihr erst viel später von dem Begebnis Mitteilung machte, an diesem Abend in ihrer gewöhnlichen Gangart zu Kammer und Schlaf gelangen.« (Nach der Darstellung des Dichters Albrecht *Schaeffer* über seinen Ururgroßonkel: »Herschel und das Gespenst«).

Der bewaffnete Geist

Ernst Moritz *Arndt* wurde 1769 auf dem Rittersitz *Schoritz* (Rügen) als Sohn des Verwalters der dortigen Güter geboren. Ein sehr reicher Herr von *Kahlden* hatte das schöne Herrenhaus um die Mitte des 18. Jh. errichtet, seinen »Besitz aber um die Zeit des Siebenjährigen Krieges an einen General Grafen von Löwen verkauft, den schwedischen Statthalter von Pommern und Rügen, und dafür andere große Güter in Pommern erworben. Er war aber durch Krieg und unverständige Wirtschaft zuletzt in schlechte Umstände geraten und mußte nun hier in Schoritz, wo er den schönen Hof und Garten und mehrere Parks gebaut und angelegt hatte, eine Rolle spielen, welche der Volksglaube gewöhnlich solchen beilegt, die durch schwere und greuliche Unfälle gegangen sind. Mir hat er die ersten kalten und heißen Gespensterschauer durch den Leib jagen müssen: denn er machte in einem grauen Schlafrocke, mit einer weißen Schlafmütze auf dem Kopf und ein paar Pistolen unter dem Arm, abendlich häufig die Runde auf seinem Hofe, indem er zwischen den beiden Scheunen über den Damm, der auf das Haus hinführte, langsam in den Keller marschierte und von da herausschreitend durch das Gartentor ging, wo er die Bienenstöcke musterte und dann verschwand.« (Nach Ernst Moritz Arndt, Erinnerungen aus dem äußeren Leben).

Der General führt seine Truppen zum Kampf

Der Geist des Generals *Marceau* (1769—1796) erschien am Petersberg bei *Koblenz;* man sah, wie er die Festungswerke inspizierte und seine Truppen zum Kampf führte; man hörte Trompetenklang; in Artilleriesalven verschwanden der Feldherr und seine Soldaten. Zu anderen Zeiten sah man Marceau

einsam die Felder durchreiten. Eine Dame erblickte ihn in weißem Mantel, wie sie Stramberg mitteilte. Dieser erinnerte sich
hierbei daran, daß die weißen Mäntel eines der wesentlichsten
Bekleidungsstücke der französischen Chasseurs waren. — Marceau wurde im Treffen bei Höchstenbach 1796 tödlich verwundet, seine Asche auf der Höhe des Petersberges beigesetzt,
von der er 1794 Koblenz beschossen hatte. 1820 wurde das
Denkmal an die jetzige Stelle in Lützel verbracht, die Urne mit
der Asche kam nach Paris ins Pantheon. (Nach Christian von
Stramberg).

Die Silhouette der Mutter

Während *Königin Marie Antoinette* in ihrem Ankleidezimmer
zu *Versailles* einen Brief ihrer Mutter, Kaiserin Maria Theresia
(† 1780) las, deren letzten, begann die Uhr stark zu rasseln und
mußte von Dienern entfernt werden. Diese Uhr kam später in
die Tuilerien und von dort zum Zufluchtsort der Tochter Marie Antoinettes, Maria Theresia, in das Bussierresche Haus zu
Straßburg. Dort erschien dem Mädchen 1793 plötzlich die Silhouette ihrer Mutter und in diesem Augenblick schlug die
Uhr. Es war die Stunde, in der die Königin sterben mußte.
Nur allmählich kehrte Farbe in das Gesicht des unglücklichen
Kindes zurück. (Nach Diana von Pappenheim und Jenny von
Gustedt, Memoiren um die Titanen. Dresden 1932).

Die schöne Frau

Goethe besuchte als 30jähriger Schloß *Reichshofen* im Elsaß.
Als er ankam und seine Sachen auspackte, trat eine schöne
Frau in sein Zimmer, gekleidet in der Tracht des Volkes. Beim
Mittagsschlag verschwand sie. Wieder begegnete sie Goethe
auf dem Weg zum Speisezimmer; wie ein feiner bläulicher
Duft war ihr Gewand. Der Dichter berichtete von dem Erlebnis, der kleine Sohn des Hauses fragte: »Du hast dich wohl
gefürchtet? Die sehe ich oft!«. (Nach Diana von Pappenheim
und Jenny von Gustedt, Memoiren um die Titanen. Erlebtes
mit Goethe . . . Dresden 1932).

Der Geist im Lehnstuhl

1831 ging Jenny von Gustedt mit Prinzessin Augusta von
Preußen durch den Park von *Sanssouci*. An einem Fenster des
Schlosses erblickten sie den Schattenriß *Friedrichs des Großen*.
Sie gingen näher: er saß auf einem Lehnstuhl in der Kleidung
seiner Zeit. »Die Prinzessin und ich sahen uns sprachlos an.

Was wir erlebt hatten, war ja gerade das, was Augusta nicht glauben wollte. Was sie selbst gesehen, ließ sich nicht ableugnen. Viel hätte sie darum gegeben, wenn es ihr erspart geblieben wäre, ernstlich über diese Dinge nachzudenken.« (Nach Diana von Pappenheim und Jenny von Gustedt, Memoiren um die Titanen. Dresden 1932).

Der Vater kommt übers Feld

Als der spätere General, Freiherr Colmar von der *Goltz-Pascha* (* 1843) 6 Jahre alt war, lebte er auf Gut *Fabiansfelde* bei Königsberg in Preußen. Sein Vater war nach Danzig gereist. Der Knabe sah ihn von Groß-Lauth her über das Feld kommen und ihm zuwinken. Colmar lief ins Haus und erzählte dies. Obwohl es unglaubhaft schien, daß der Vater schon zurück sein sollte, gingen die Anwesenden hinaus. Es war niemand zu sehen. Am nächsten Tag kam die Nachricht, daß der Vater zur gleichen Zeit in Danzig an der Cholera gestorben war. (Nach der Biographie des Generals von Bernhard von Schmuterlöw).

Die Frau im altdeutschen Gewand

Emanuel *Geibel* besuchte 1852 Justinus Kerner in *Weinsberg* und logierte im Gartenhaus. Den andern Morgen kam er todblaß herüber und erzählte Kerner, er habe heute Nacht einen Geist gesehen. Er sei hellwachend im Bett gelegen, da sei plötzlich eine Frau in altdeutschem Gewande vor seinem Bette gestanden, habe sich über ihn gebeugt, ihn traurig angeschaut und sei dann verschwunden. 10 Jahre später erklärte Geibel in München: »Ich habe damals ganz hell gewacht und war vollkommen bei Sinnen, als ich den Geist sah, es kann mich nichts von diesem Glauben abbringen.« Noch 1878 bestätigte er: »Gewiß, ganz gewiß, es war kein Traum, keine Täuschung, keine Einbildung, es ist Tatsache.« (Nach Theobald Kerner, Das Kernerhaus und seine Gäste).
Geister erscheinen meist in der Tracht ihrer Zeit. Vielfach stimmen der Volksmund, die Aussagen der Wahrnehmenden (die oft von Trachtenkunde keine Kenntnisse haben) und die geschichtlichen Tatsachen überein.

Der Stab durchquert die Gestalt

Der Dichter Gottlieb Konrad *Pfeffel* ging nach seiner Erblindung durch seinen Garten bei *Colmar* am Arm seines Privatsekretärs Sigmund Billing, den er sich seit 1760 hielt. Dieser hatte »an einer gewissen Stelle jedesmal eine schnell zitternde

Bewegung. Er gestand, daß er immer solche Erschütterungen in der Nähe begrabener Menschengebeine habe. In einer folgenden Nacht gingen beide an die Stelle. Billing sah da eine weibliche Gestalt wenig über der Erde schwebend, die rechte Hand auf das Herz gelegt. Pfeffel machte auf der Stelle verschiedene Bewegungen, deren Erfolg Billing ihm auf folgende Art bemerkte: › Jetzt steht Ihnen das Bild zur Rechten, jetzt zur Linken . . . jetzt vor . . . jetzt hinter Ihnen . . . jetzt umfassen Sie es . . . jetzt sieht es über Ihre Schulter. ‹ Als Pfeffel einen Stab quer durch die Figur schlug, verglich Billing das dem Durchstreichen eines Stabes durch eine Flamme, die sich nach scheinbarer Trennung danach wieder vereinigt. Pfeffel ließ nachgraben, und man fand unter einer Schicht ungelöschten Kalkes stückweise ein Menschengeripppe. Seine Mutter erinnerte sich auch, vor längeren Jahren schon von einem ihrer Leute von einer im Garten gesehenen weißen Gestalt gehört zu haben. Man ließ die Knochen in den Fluß werfen, und seitdem konnte Billing, der übrigens auch sonst verschiedenartige Gesichte hatte, ohne die geringste Ungemächlichkeit sich auf der Stelle aufhalten.« (Nach Otto Piper).

Der Kaiser wandelt umher

Im Schloß *Miramar* bei Triest schreitet der Geist des früheren Herrn, des *Kaisers Maximilian von Mexiko* (erschossen 1867) nachts durch die Gemächer hin zur Terrasse und blickt dann aufs Meer. Auch im Park will man ihn bei Mondschein gesehen haben. (Nach Anton von Mailly, Sagen aus Friaul und den Julischen Alpen. Leipzig 1922).

Das verabredete Erscheinen

Lord Henry *Brougham*, britischer Staatsmann und Schriftsteller, hatte mit seinem Freund einen Vertrag geschlossen, daß der von ihnen beiden zuerst Gestorbene dem anderen erscheinen solle. Der Freund trat ein Amt in Indien an. Eines Tages hatte Brougham auf einer Reise in *Göteborg* ein Bad genommen und sah dann auf dem Stuhl, auf welchem er seine Kleider abgelegt hatte, seinen Freund sitzen, der den Blick ruhig auf ihn richtete. Der Lord kam auf dem Fußboden liegend wieder zu sich und beschrieb den Vorgang mit dem Datum des 19. 12. 1799. Später erhielt er die Nachricht, daß der Freund an demselben Tag gestorben war. (Nach den Memoiren Broughams).

Der Mann in der Nische

Der Militärschriftsteller Richard Graf zu *Pfeil* stieg 1866 als junger preußischer Offizier in *Adelsberg* nach Besichtigung der Grotten im Gasthof zur Krone ab. Er legte sich bald nach 8 Uhr schlafen. »Plötzlich wache ich durch einen jähen Schreck auf und bin sofort ganz munter. Da sehe ich, trotz der Finsternis, eine Gestalt, die, als käme sie von der Tür, leise, leise, unhörbar über den Boden schlürft. In ihren Umrissen erschien sie mir groß und stark. An dem Tisch in der Mitte stützt sie sich auf, immer den Kopf nach mir zugewendet, schleicht so an meinem Bett vorbei und verschwindet in der Fensternische.« Die Nische erwies sich als leer. Es war noch nicht 10 Uhr. Graf Pfeil ging in die Gaststube. Er trug sich in das Fremdenbuch ein. Als die Wirtin gelesen hatte »›Hausdorf, Kreis Neurode, Grafschaft Glatz‹, sagte sie, ›Das ist doch aber sonderbar! Gerade heute vor einem Jahr starb bei uns ein Herr von *Winkler* aus Glatz. In den Grotten hatte ihn der Schlag gerührt. Ich sehe ihn noch vor mir; ein großer, starker Herr; er wohnte in Ihrem Zimmer.«‹ Jener Herr war Graf Pfeil unbekannt. Bei brennenden Lichtern verbrachte der Offizier den Rest der Nacht. (Nach Richard Graf zu Pfeil, Zwischen den Kriegen).

Der lächelnde Onkel

Carl *Peters,* der Kolonialpolitiker, weilte 1882 in *London,* nachdem sich dort sein Onkel, der Musikhistoriker Karl *Engel,* das Leben genommen hatte. In dessen Salon hatte er sich ein Bett aufschlagen lassen. »Über mir ruhte die Leiche auf meinem früheren Bett . . . im Kamin brannte ein helles Feuer. Ein kaltes Souper war auf einem Seitentisch für mich aufgestellt. Ich schrieb bis 10 Uhr Briefe und legte mich dann nieder, nach zwei durchwachten Nächten. Schlaf! Schlaf! Aber die Flamme des Kaminfeuers spielte entlang den Wänden, bald diese, bald jene Fratze hervorzaubernd. Ich konnte nicht einschlafen. Um Mitternacht hörte ich über mir ein Geräusch. Ich nahm ganz deutlich wahr, wie jemand sich auf meinem Bett bewegte, dann sich erhob. Ein Schritt, wie auf Fußsohlen, ging über den Fußboden meines früheren Schlafzimmers. Dann öffnete sich oben die Tür und jemand kam die Treppe herunter, auf die Tür des Salons zu, in welchem ich lag. Ich erhob mich im Bett und ergriff die Feuerzange neben mir. Mein Haar muß emporgestiegen sein. Dann tappte eine Hand von außen über die Tür zu meinem Zimmer bis zum Griff; dieser Griff drehte sich, und die Tür ging auf. In derselben stand mein Onkel mit einer Kerze in der Hand, im Schlafrock, in welchem ich ihn am Morgen auf seinem Lager gesehen hatte; ich nahm sogar den roten Streifen um sein Genick wahr, der mich am Morgen entsetzt hatte. Ich war aufgerichtet im Bett, voll Grauen; er stand 15—20 Sekunden in der Tür, lächelnd. Dann schloß sich die Tür, ich hörte den Schritt die Treppe zurückschlürfen, die Tür oben öffnete und schloß sich; der Körper streckte sich wieder auf dem Lager über mir aus, und alles war still.« (Nach Carl Peters, Die Gründung von Deutsch-Ostafrika).

Der Feldherr grüßt nicht

Am Abend des 24. 4. 1891 verließen in *Berlin* zwei Kavallerieoffiziere, Prinz Max *Hohenlohe* und Graf Harald *Gröben,* das Gebäude am Königsplatz. Sie waren zum Generalstab kommandiert und hatten lange gearbeitet. Als sie das Portal verlassen hatten und um den Bau herumbogen, kam ihnen Helmuth Graf von *Moltke* entgegen. »Die Offiziere nahmen Haltung an, wie es sich gehörte, und grüßten. Auch der Posten präsentierte das Gewehr. Der Schweigsame grüßte nicht und ging mit seinen ruhenden Schritten an ihnen vorüber. Seltsam, sagten die Offiziere leise. Der Generalfeldmarschall hatte weder Mütze noch Degen getragen, barhaupt war er vorübergeschritten mit erhobener Stirn. Und da ihre Blicke ihn suchten, fanden sie ihn nicht mehr. Es drang aber Stimmengewirr und Unruhe aus dem roten Generalstabshaus, und die Kunde verbreitete sich, daß der Generalfeldmarschall zur gleichen Minute gestorben sei. Dieses ist verbürgt und keine Legende.« (Nach Eckart von Naso, Moltke. Mensch und Feldherr. Berlin 1937).

Der seltsame Burgbesucher

»Zu den 750 von mir besuchten Burgruinen«, so erzählt Otto *Piper,* der bekannte Burgenforscher, »gehört auch das steiermärkische, im tiefen Walde nicht leicht zu findende *Dürnstein* (Band IV meines Werkes ›Österreichische Burgen‹, Wien 1905). Während ich nun da mit Zeichnen und Messen beschäftigt war, schritt über den weiten Burghof ein Mann, der weder ein Tourist noch ein Arbeiter zu sein schien und von dem weder vor noch nachher etwas zu sehen war. Wenngleich mir die Sache einigermaßen unheimlich war, möchte ich freilich doch nicht mit Sicherheit sagen, daß es sich wirklich um Spuk gehandelt habe.« (Nach Otto Piper, Der Spuk).

Die graue Dame stellt sich nicht vor

In Schloß *Ostrau* bei Köthen in Anhalt weilte vor dem 1. Weltkrieg Paul von *Hindenburg* als Jagdgast. Damals, so berichtet Dr. H. H. von *Veltheim,* gab es dort »noch kein elektrisches Licht, so daß wir abends mit Kerzen oder Lampen in die Zimmer gingen. Nachdem Hindenburg am Vorabend des Jagdtages angekommen und mit einer Kerze über die große Treppe auf sein Zimmer gegangen war, sagte er am nächsten Morgen beim Frühstück zu meinem Vater: ›Ich habe gestern Abend, als ich in mein Zimmer ging, auf dem Treppenabsatz eine alte Dame in grauem Kleide, die ich nicht kannte, getroffen. Ich habe mich ihr vorgestellt, doch scheint sie schwerhörig zu sein, da sie hiervon keine Notiz nahm. Ich bitte Sie, mich ihr vorzustellen, wenn sie nachher zum Frühstück kommt.‹ Daraufhin klärten wir ihn auf, daß es sich nicht, wie er dachte, um eine Hausgenossin im üblichen Sinne handle, sondern um die sogenannte graue Dame unseres Schlosses Ostrau. Von dieser ist zu sagen, daß — soviel ich weiß — nie ein Mitglied der Familie sie selber gesehen hat. Ihre Anwesenheit im Schloß wurde dagegen regelmäßig und eindeutig von den Hunden angezeigt, denn diese — ich hatte eine berühmte Windspielzucht — wurden bei Dunkelheit oft plötzlich unruhig, standen von ihren Lagern auf und drückten sich ängstlich, zitternd und leise jaulend an meine Beine. Ich bin dann ins Treppenhaus hinausgegangen, in der Hoffnung, der grauen Dame zu begegnen, was aber leider nie der Fall war. Dagegen haben viele Gäste — etwa in der Art, wie es der Generalfeldmarschall von Hindenburg beschrieb — die graue Dame im Schlosse angetroffen, ohne je auf den Gedanken gekommen zu sein, daß es ein Gespenst wäre«. (Nach Ludwig Rosenberger).

Das schreckende Gespenst

Knut *Hamsun* verbrachte mehrere Jahre seiner Kindheit bei seinem Onkel auf dem Pfarrhof im Nordland. Es war eine harte Zeit für ihn. Gern war er deshalb allein und ging dann manchmal auf den Kirchhof. Eines Tages fand er dort einen schimmernden, weißen, starken Vorderzahn, den er mitnahm, um eine Figur daraus zu feilen. Am Abend ging er damit in die Gesindestube. Der Vollmond war aufgegangen. Knut wagte nicht, die Lampe anzuzünden, ehe die Knechte kamen, doch genügte ihm das Licht, das bei starkem Feuer durch die Ofenklappe fiel. Er ging deshalb in den Schuppen hinaus, um Holz zu holen. »Im Schuppen war es dunkel. Als ich mich nach dem Holz vorwärts tastete, fühlte ich einen leichten Schlag, wie von einem einzelnen Finger, auf meinem Kopf. Ich wandte mich hastig um, sah aber niemand. Ich schlug mit den Armen um mich, fühlte aber niemand. Ich fragte, ob jemand da sei, erhielt aber keine Antwort. Ich war barhäuptig, griff nach der berührten Stelle meines Kopfes und fühlte etwas Eiskaltes in meiner Hand, das ich sofort wieder losließ. Das ist doch sonderbar! dachte ich bei mir. Ich griff wieder nach dem Haar hinauf — da war das Kalte weg. Ich dachte: Was mag das wohl gewesen sein, das von der Decke herunterfiel und mich auf den Kopf traf? Ich nahm einen Armvoll Holz und ging wieder in die Gesindestube, heizte ein und wartete, bis ein Lichtschein durch die Ofenklappe fiel.

Dann holte ich den Zahn und die Feile hervor. Da klopfte es an das Fenster. Ich sah auf. Vor dem Fenster, das Gesicht fast an die Fensterscheibe gedrückt, stand ein Mann. Er war mir ein Fremder, ich kannte ihn nicht, und ich kannte doch das ganze Kirchspiel. Er hatte einen roten Vollbart, eine rote wollene Binde um den Hals und einen Südwester auf dem Kopfe. Worüber ich damals nicht nachdachte, was mir aber später einfiel: wie konnte sich mir dieser Kopf so deutlich in der Dunkelheit zeigen, namentlich an einer Seite des Hauses, wo nicht einmal der Vollmond schien? Ich sah das Gesicht mit erschreckender Deutlichkeit, es war bleich, beinahe weiß, und seine Augen starrten mich an. Es verging eine Minute.

Da fing der Mann an zu lachen. Es war kein hörbares Lachen, sondern der Mund öffnete sich weit, und die Augen starrten wie vorher, aber der Mann lachte. Ich ließ fallen, was ich in der Hand hatte, und ein eisiger Schauer durchrieselte mich vom Scheitel bis zur Sohle. In der ungeheuren Mundhöhle des lachenden Gesichts vor dem Fenster entdeckte ich plötzlich ein schwarzes Loch in der Zahnreihe - es fehlte ein Zahn. Ich saß da und starrte in meiner Angst geradeaus. Es verging noch eine Minute. Das Gesicht wurde stark grün, dann wurde es stark rot; das Lachen aber blieb. Ich verlor die Besinnung nicht, ich bemerkte sogar, daß der Südwester, den der Mann vor dem Fenster aufhatte, oben im Kopfstück von schwarzer, abgenutzter Farbe war, daß er aber einen grünen Rand hatte. Da senkte sich der Kopf nach unten, ganz langsam, immer weiter, so daß er sich schließlich unterhalb des Fensters befand. Es war, als gleite er in die Erde hinein. Ich sah ihn nicht mehr. Meine Angst war entsetzlich.«

Knut wollte den Zahn zum Kirchhof zurückbringen, doch dort stand jenseits der Pforte der Mann mit weißem Gesicht und winkte. Der Junge trat zwar durch das Tor, wagte dann aber nicht weiterzugehen und warf den Zahn auf den Friedhof. Den Winter über zeigte sich der Mann noch mehrfach. Einmal saß er sogar auf dem Bett. Zuletzt, nach Jahren, erschien er auf einem Gang und lachte. »Dies macht keinen erschreckenden Eindruck mehr auf mich; und diesmal merke ich: der fehlende Zahn ist wieder da!«

Dieser Geist brachte Knut Hamsun unbeschreibliches Grauen. »Vielleicht ist er eine der ersten Ursachen gewesen, daß ich gelernt habe, die Zähne zusammenzubeißen und mich zu bezwingen. In meinem späteren Leben habe ich hin und wieder Verwendung dafür gehabt.« (Nach Knut Hamsun [1859 bis 1952], Das Gespenst).

Die Gestalt aus dem Nebelballen

»Ein merkwürdiger Spuk hat sich kürzlich hier in der Pfarrei (= *Münchenbernsdorf* in Thüringen) gezeigt. Pastor *Brückner* kommt eines nachts von einem Kegelabend heim. Als er in den Hausflur der alten Pfarrei tritt, sieht er einen gelblichen Nebelballen am Boden über den Steinfliesen, und aus diesem Nebel steigt mit einemmal die Gestalt des vor zwei Jahren verstorbenen früheren Geistlichen in Talar und Bäffchen. Der Pastor ist davongelaufen und hat sich erst nach Stunden in das Pfarrhaus zurück getraut. Seitdem hat er nichts wieder bemerkt. Pastor Brückner ist ein noch junger und durchaus gebildeter Mann ohne Neigung zu Aberglauben.« (Bericht von Georg von der *Gabelentz* auf Schloß Münchenbernsdorf, in: Max Kemmerich, Die Brücke zum Jenseits).

Das unheimliche Zimmer

C. G. *Jung* weilte im Sommer 1920 einige Wochenenden in einem anziehenden alten Farmhaus des 17./18. Jh. in *Buckinghamshire*. »Am Abend der zweiten Nacht ging ich, ziemlich müde, um 11 Uhr zu Bette, aber ich kam über den Punkt des Einschlafens nicht hinweg. Ich verfiel nur in eine Art von Erstarrung, die darum peinlich war, weil es mir schien, daß ich mich nicht bewegen könne. Auch schien es mir, die Luft im Zimmer sei dumpf und es herrsche ein undefinierbarer, unangenehmer Geruch. Ich dachte, ich hätte vergessen, die Fenster zu öffnen. Das veranlaßte mich dann schließlich, trotz meiner Erstarrung, Licht zu machen (d. h. eine Kerze anzuzünden):

beide Fenster standen offen und ein leiser Nachtwind zog durch das Zimmer und erfüllte es mit dem hochsommerlichen Wohlgeruch blühender Wiesen. Von üblem Geruch war keine Spur zu entdecken. Ich blieb halbwach in meinem merkwürdigen Zustand, bis ich durch das östliche Fenster den ersten blassen Schimmer des kommenden Tages erblickte. In diesem Moment wich wie ein Zauber die Erstarrung von mir, und ich fiel sofort in tiefen Schlaf, aus dem ich erst gegen 9 Uhr erwachte.« Auch in der dritten Nacht wurde die Luft widerwärtig wie der Geruch eines offenen Carcinoms. Die Erstarrung trat erneut auf. Plötzlich hörte Jung regelmäßiges Tropfen. »Schließlich, mit heroischer Anstrengung, wie es mir schien, machte ich Licht und ging zur Kommode. Es war kein Wasser auf dem Boden, und an der gegipsten Decke war kein Wasserfleck. Erst dann blickte ich zum Fenster hinaus: es war eine klare Sternennacht. Unterdessen ging das Tropfen ruhig weiter. Ich konnte eine Stelle auf dem Fußboden, etwa einen halben Meter vor der Kommode, ermitteln, woher das Tropfgeräusch kam. Ich hätte sie mit der Hand berühren können. Plötzlich hörte das Geräusch auf und kam nicht wieder. Erst um 3 Uhr beim ersten Tagesschimmer fiel ich in tiefen Schlaf.«

Am nächsten Wochenende kam etwas neues hinzu: »etwas streifte an den Wänden entlang, wie knisterndes Papier, die Möbel krachten hie und da, es rauschte sonderbar, bald in der einen, bald in der andern Ecke. Es war eine seltsame Unruhe in der Luft. Ich dachte, es sei der Wind, machte Licht und wollte die Fenster schließen. Die Nacht war aber ruhig und es war keine Spur von Wind. Solange das Licht brannte, war die Luft frisch und kein Geräusch hörbar. »Kaum hatte ich gelöscht, so trat langsam die Erstarrung wieder ein, die Luft wurde stickig, und das Rauschen und Knistern begann wieder.« Die Erscheinungen steigerten sich; die Köchin, die jeden Abend vor Sonnenuntergang nach Hause ging, meinte: › Why, this here house is haunted, didn't you know it? Das ist der Grund, warum sie es so billig bekamen. Niemand hat es hier ausgehalten. ‹ Das sei so, solange sie sich erinnern könne.

Am 5. Wochenende war eine schöne, windstille Mondnacht. Im Zimmer rauschte, klopfte und knisterte es; von außen tönten Schläge an die Mauern. Ich hatte das Gefühl, es sei etwas in der Nähe. Ich öffnete mit Mühe die Augen. Da sah ich neben mir auf dem Kopfkissen den Kopf einer alten Frau, das rechte Auge, weit aufgerissen, mich anstarrend. Die linke Gesichtshälfte fehlte bis zum Auge. Das kam so plötzlich und unerwartet, daß ich mit einem Satz aus dem Bett flog, Licht machte und bei Kerzenschimmer in einem Lehnstuhl den Rest der Nacht verbrachte. Anderntags siedelte ich ins Nebenzimmer über, wo ich dann glänzend schlief und während diesem und dem nächsten Weekend nicht mehr im Geringsten gestört wurde.« Etwas später riß der Eigentümer das Haus ab, da es unverkäuflich war und in kürzester Zeit alle Mieter verscheuchte. (Nach einem Bericht von C. G. Jung, in: Fanny Moser, Spuk. Ein Rätsel der Menschheit).

Der überlebensgroße Bischof

Der Bildhauer Ivan *Mestrović* hatte beim Palast des Diokletian in *Split* die Erscheinung eines überlebensgroßen Bischofs, die lange anhielt und ihn tief beeindruckte. Scheinbar zufällig erhielt er kurz danach den Auftrag, ein Denkmal für den 929 gestorbenen Bischof *Gregorius von Aenona* zu gestalten. Er glaubte nun, daß dieser sich ihm gezeigt hatte und gab deshalb dem 7,5 m hohen Standbild die Züge der Geistererscheinung, zumal es keine glaubwürdigen Abbildungen gab. 1929, 1000 Jahre nach des Bischofs Tod, ließ die Stadt völlig unabhängig vom Bildhauer das Standbild beim Palast des Diokletian aufstellen, an derselben Stelle, wo Mestrović die Erscheinung gesehen hatte. (Nach J. J. Mostard).

Der Rotleibelte erschien in Farben

Selten treten Geister in vollen Farben auf wie der »Rotleibelte« im Pfarrhaus von *Dünzling* unweit Kelheim, einem früheren Bauernhof. Er war hoch gewachsen, trug eine schäbige, braune Hose, die langen, blauen Socken über sie hinaufgezogen, ein rotes Leibl, auf dem Kopf eine dunkle Zipfelhaube und ungewöhnlich große Holzpantoffeln. Zum Beispiel sah ihn *Pater Benno* aus dem Karmelitenkloster *Regensburg*. »Um 12 Uhr erwachte er und sah durchs Fenster, es war eine mondhelle Nacht, einen sonderbar gekleideten Mann aus dem Friedhof zum Pfarrhof gehen.....Er dachte sich, da muß jetzt der Herr Expositus noch zu einem Versehgang. Wie erschrak er, als er schwere Tritte die Treppe heraufkommen hörte, ohne daß vorher angeläutet und die Tür geöffnet worden wäre. Im nächsten Augenblick öffnete sich von selbst die Tür seines Zimmers, und der Bauer trat ein. Gestalt und Kleidung waren vollkommen ausgebildet, das Gesicht dagegen war undeutlich. Zwei volle Stunden, von 12 bis 2 Uhr, ging die Erscheinung im Zimmer auf und ab. Zwei Dinge waren merkwürdig. Es ging von dem Mann eine sehr kalte Luft und ein unnachahmbares Tönen aus. Pater Benno nahm das auf dem Nachttisch liegende Kreuzlein in die Hand und wollte dann, nachdem er den ersten furchtbaren Schrecken überwunden hatte, die Gestalt anreden; aber seine Kehle war wie gelähmt. Sooft der Bauer am Kreuze vorüberging, beugte er sich und ging zitternd unter dem Kreuz durch.« Auch verschiedenartige Geräusche waren in dem Haus festzustellen, das leider 1930 abgebrochen wurde. Seitdem machte sich der »Rotbeleibelte« nicht mehr bemerkbar. (Nach Bruno Grabinski, Spuk und Geistererscheinungen).

Der vielseitige Spuk

»Außergewöhnliche Phänomene«, berichtet Hans *Bender* über seine Beobachtungen in Schloß *Wildenstein* bei Crailsheim in der Mitte der fünfziger Jahre, »wurden anscheinend in dem kleinen Schloß während mehrerer Jahrzehnte (sicher schon im 19. Jh.) beobachtet. Dazu gehören: Ritter auf Treppe, kalter Luftzug, Weinen eines Kindes, Geräusche als ob Möbel gerückt werden, Erscheinungen — eine Frauengestalt —, gelegentliche psychokinetische Phänomene, langsames Umfallen einer Weinflasche, auffallendes Verhalten von Hunden, die mit gesträubten Haaren die Bewegung eines unsichtbaren Objektes verfolgen, Flammen, die plötzlich aus einem Teppich kamen.

Eigentümer des Schlosses war Baron Maximilian *Hofer von Lobenstein* (*1901, † 1956), ein ärztlicher Kollege, der lange Zeit ärztlicher Direktor des Krankenhauses Konstanz war. Er war in zweiter Ehe mit einer Stuttgarterin (Anneliese Hiller, *1914) verheiratet, die kurz vor meiner Untersuchung Mitte der fünfziger Jahre ein eigentümliches Erlebnis hatte; es ist erwähnt in einem Artikel in meinem Buch »Telepathie, Hellsehen und Psychokinese«, 1977[3]: In der alten Küche des kleinen Schlosses Wildenstein in Württemberg sah die Schloßherrin - eine allem Okkulten fernstehende junge Frau — beim Hantieren plötzlich einen Knaben in altmodischer Kleidung jenseits eines großen Tisches stehen. Erstaunt ging sie zu ihm hin, doch er verschwand lautlos. Sie brachte die Erscheinung in Zusammenhang mit ortsgebundenen Spukvorgängen, die seit 70 Jahren in diesem Schloß beobachtet wurden, und berichtete ihrem Mann von dem Vorfall. Dieser — Chefarzt eines Krankenhauses — lag zu der Zeit selbst als Patient in einer Münchner Klinik. Er erkannte in der Beschreibung den kleinen Adolf (*1884), der 1890 in dem Schloß an Diphtherie gestorben war.

Ein Ölbild des Knaben, auf dem Speicher verstaut, wurde von der Baronin sogleich als Konterfei der »Erscheinung« erkannt. Unmittelbar darauf erhielt der Baron einen Brief einer betagten Verwandten aus Stuttgart, die bat, ihr doch die Pflege des Grabes jenes Knaben, des kleinen Adolf, zu übertragen. Dieser Brief war offenbar der auslösende Anlaß, der das Gedächtnis in bezug auf den Knaben aktivierte.« (Nach einem Brief von Professor Dr. Hans Bender vom 15. 1. 1981 an den Verfasser und der genannten Buchstelle).

Weitere Berichte über die Erscheinungen auf Schloß Wildenstein finden sich im Burgenarchiv auf der Marksburg: Die Baronin sagte über diese Dinge: »Am Anfang waren wir entsetzt, aber nun haben wir das Gefühl, daß sie zur Familie gehören.« Einmal standen »3 Personen nachmittags auf dem Flur, als ein schwerer Tritt die Gangtreppe heraufkam, der im oberen Stock verklang, wo eine Tür zugeschlagen wurde — ohne daß jemand gesehen wurde. Heftiges Kettenklirren, das dumpfe Rollen von Kegelkugeln und gellendes Lachen gehören mit zu den Geräuschen, die den Bewohnern schon bekannt sind. Vor einiger Zeit tönte lautes Kinderweinen durch das Haus, in dem es keine kleinen Kinder gibt«. Eines Nachts erwachte die Baronin »vom Geknurre ihres Rüden, der mit gesträubten Haaren rückwärts unter ihre Couch zu kriechen versuchte und dabei mit dem Kopf einigemale einen Halbkreis beschrieb als verfolge er einen Feind. Danach war der Hund klatschnaß — obwohl diese Tiere durch die Zunge schwitzen. Derartige Feststellungen wurden an den Hunden schon öfters gemacht«. Die seltsamen Vorgänge bevorzugen die Nachtstunden, besonders nach 2 Uhr. »Es gab schon Gäste hier«, wird erklärt, »die nach der ersten Nacht fluchtartig das Haus verließen — andere dagegen haben nichts wahrgenommen. Vermutlich sind nicht alle Menschen gleichermaßen empfänglich für derartige Dinge. Außerdem weiß man nie, wann sich etwas ereignet. Oft liegen Wochen dazwischen.« Manchmal hallen plötzlich Schritte durchs Zimmer, »man hört, wie sich jemand hinsetzt, sich räuspert, röchelt, ja man vernimmt sogar das Rascheln von Zeitungsblättern«. Das Ehepaar sah, »wie eine verkorkte Weinflasche sich ganz langsam auf den Tisch legte; Gegenstände werden verlegt, Bilder von der Wand abgenommen, die Türklinke bewegt sich ohne ersichtlichen Grund, es klopft, und niemand ist da, und zuweilen hallt ein Pochen durchs Haus, als ob jemand Nägel in die Wände schlüge. Ein Pfarrer saß mit seiner Frau dabei, als aus einem Teppich meterhohe Flammen schlugen, ohne ihn zu versengen«. (Nach einem Aufsatz in der »Fränkischen Landeszeitung« vom 4. 2. 1955).

Die schöne Burgherrin

Mit der »Weißen Frau« von Burg *Wolfsegg* bei Regensburg befaßte sich der New Yorker Parapsychologe Hans *Holzer*. Er meint, daß hier eine Art magnetisches Schwerefeld bestehe. Wenn ein Mensch durch jähen Tod aus dem Leben gerissen werde, durch Unfall oder Mord, so könne es sein, daß das Schwerefeld des Verstorbenen noch Jahrhunderte auf der Erde bleibe. »Das Wesen ist sich gleichsam seines Todes nicht bewußt.« Georg *Rauchenberger,* Heimatpfleger, 1936—1973 Besitzer der Burg, berichtet: »Nun in Kürze zu meinen Erkenntnissen, die auf Aussage eines Mediums (durchaus glaubwürdig) beruhen. Als Eigentümer der Burg Wolfsegg zähle ich auch eine › Weiße Frau ‹ zu meinen Inwohnern. Das Medium stellte zu meinem Erstaunen aber drei obskure Personen fest: die Dame und zwei Ritter. Sie geht in ihren Feststellungen weit über die Sage hinaus. Danach wäre ein bestimmtes Zimmer (Weizkammer genannt) der Ort des Stelldicheins der schönen Burgherrin mit ihrem Geliebten — und das auch heute noch. Sie wurde von ihrem Manne mit dem Liebhaber, den sie zu umgarnen beauftragt war, ermordet, als dieser feststellen mußte, daß aus dem › Auftrag ‹ eine handfeste Liebschaft geworden war. Nun aber wurde auch der Ehemann von Unbekannten ermordet. Das Lehen Wolfsegg war damit erledigt und fiel — an den Herzog von Oberbayern. Vom plötzlichen Tod des Burgherren und seiner Erben berichtet stereotyp die Geschichte der Herren von Laaber. Damit findet die Sage einen Grad von Wahrscheinlichkeit eines angestifteten Mordes. Man könnte dies einen privaten Erbfolgekrieg heißen.«

Das rote Männchen

»Nun der zweite Fall — Burg *Schwärzenberg* — eine Ruine bei Cham. Die Kunstdenkmäler Bayerns erwähnen die Sage von › roten Männchen ‹, einem gutmütigen Geist. Das gleiche Medium sah ihn — als den letzten Burgkommandanten von 1634 — als die Schweden die Burg eroberten. Nach ihrer Auskunft ist sich dieser Mann, der dort gefallen ist, dessen nicht bewußt, daß er tot sei und deshalb käme er — im Stadium seines › Todesschocks ‹ immer wieder, um seine gefallene Mannschaft wieder zum Widerstand aufzurufen. Diese Version ist der Sage nicht bekannt; sie sieht aber in der parapsychologischen Schau sehr wahrscheinlich aus.« (Nach einem Brief von Georg Rauchenberger vom 7. 8. 1971 an den Verfasser; und Gustl Motyka, Burg und Dorf Wolfsegg. Ritter, Untertan, Weiße Frau. Kallmünz 1978).

Max Kemmerich erklärt derartige Fälle so: Da diese Verstorbenen sich noch nicht in den neuen Verhältnissen zurechtfinden, noch nicht wissen, daß sie »tot« sind, also anderen Zielen und Aufgaben zustreben müssen, so sind sie noch in die Erinnerungsbilder der irdischen Vergangenheit befangen. Das Ich »wird zur Erfüllung seiner bisherigen, irdischen Aufgaben und Tätigkeiten gedrängt, besitzt dafür aber keine Organe mehr, während es seine neuen Organe, deren es sich nicht bewußt wird, noch nicht gebrauchen lernte. Dadurch entsteht der Eindruck des Schwachsinnigen und oft Tölpelhaften, eines irren Menschen, der sinnlos handelt oder doch sicherlich nicht so, wie er möchte«. (Max Kemmerich, Die Brücke zum Jenseits).

Der rote Iwan

Auf Burg *Bernstein* im Burgenland sah die Schwiegertochter des Schloßherrn, die die Sage vom »roten Iwan« noch nicht kannte, 1895 im Schlummerzustand einen Mann in Stiefeln und rotem Rock, mit drohenden Schritten. 1913 hörte man die gleichen Schritte; im Stiegenhaus fiel das Wappen des Iwan von *Güssing* (geboren 1312) zu Boden und zerbrach. (Nach Bruno Grabinski, Spuk und Geistererscheinungen).

Die zierliche Frau

Bekannt ist die »Weiße Frau« von Burg *Bernstein* im Burgenland, die seit 1910 häufig erschien: eine kleine, schlanke und zierliche Gestalt, die von manchen als lieblich befunden wurde. Ihr gesenktes, etwas nach links geneigtes Haupt mit kronenartigem Frauenschmuck zeigt volles, über die Schulter fallendes Haar, traurig ins Leere starrende Augen. Sie trägt einen weißen durchscheinenden Schleier. Die Hände schmiegen sich an den Hals und die linke Wange, der Gang ist schwebend. Das ganze Wesen ist von grünlich-gelbem Licht mit scharf umrissenen Grenzlinien umgeben. Die Lichtquelle ist sie selbst und wirft daher keinen Schatten. Das Licht ist oft zuerst bemerkbar und durchscheint auch Mauern und Stiegenpfeiler. Manchmal geht ein knitterndes Rauschen voraus wie von einer schleppenden Seidenkleidung. Man sieht nicht nur flache Bilder, sondern jeder Betrachter erblickt das Phantom nach den Gesetzen der Perspektive, von vorn, von hinten, im Profil, als

26

handele es sich um ein reales Objekt. Die Gestalt kommt unerwartet, verschwindet plötzlich und kann in der gleichen Minute in einem anderen Teil des Schlosses wieder auftauchen. Insbesondere kniete sie oft in der Kapelle auf der ersten Altarstufe. Hunde bellen bei ihrem Erscheinen. Jemand, der unter keinen Umständen an Geister glauben wollte, schrieb:»Es ist dies eine uns unbekannte wandelnde Lichtquelle, die durch etwas uns Unbekanntes ausgelöst wird«.

Es gibt ein Foto der »Weißen Frau« vom 30. 4. 1913. Fachleute »haben sowohl das Foto als auch das Negativ der Aufnahme (Platte) untersucht und die Echtheit bzw. Unversehrtheit der Aufnahme festgestellt. Bei einer weiteren fotographischen Aufnahme der › Weißen Frau ‹ ist diese nur eine teilweise gewesen, da lediglich der Oberkörper und ein Teil des Unterkörpers auf der Platte erschien. Diese Aufnahme, die später ein Mitglied jener Familie in einer eigenen Schrift veröffentlichte, hat insofern eine ganz besondere Bedeutung, als sie ganz klar die in der Entwicklung begriffene Materialisierung bzw. Sichtbarwerdung der Gestalt veranschaulicht«.

Der Besitzer des Schlosses, Graf *Almássy*, berichtet:»Ich selbst habe die Erscheinung ein einziges Mal in meinem Leben gesehen, und zwar am 11. November 1937 gegen 11 Uhr abends. Ich saß mit meiner Frau und einigen Gästen in der Bibliothek im 1. Stock; die Dienerschaft war schon schlafen gegangen. Es wurde nicht von Geistern gesprochen. Irgend jemand bat mich um ein bestimmtes Buch, das ich in meinem Schreibzimmer liegen hatte . . .« In einem Gang mit einer Madonnenstatue »sah ich im Lichte der Taschenlampe vor dieser Statue die › Weiße Frau ‹ knien. Der Gang war finster, ich hatte aber noch Zeit, die elektrische Beleuchtung einzuschalten, so daß ich nun die Gestalt in zwei Lichtkegeln sehen konnte. Als ich auf die Erscheinung zutrat, verschwand diese plötzlich«.

Zum vorläufig letzten Mal wurde die › Weiße Frau ‹ am 4. November 1956 gesehen, als sie eindringlich in die Richtung der ungarischen Pußta wies. Man vermutet, daß es sich um die Gattin des Lorenz *Ujlak* handelt, die dieser um 1485 geheiratet hatte, eine geborene Giovanna *Frescobaldi* aus Florenz. Ihr Ehemann habe sie mit einem italienischen Jugendfreund überrascht und diesen erstochen. Von der Frau fehlte seitdem jede Spur.

Die »Weiße Frau« reagiert. So berichtete der Besitzer des Schlosses 1924 über ein Erlebnis von 1911: »Im langsamen Vorbeigehen an meinem Bette machte sie mir, sehr sanft und lieblich im Gesichtsausdrucke, mit der Hand ein Zeichen. Ich lebte damals unter schweren Seelendepressionen und empfand die Gestalt als etwas Tröstendes, und so war ich mir bei vollem Erwachen nicht im klaren, ob die Gestalt mir beruhigend oder rufend winkte. Kaum, daß ich vollkommen bei mir war, schlug meine Uhr zwei. Ich hörte während dieses ganzen Vorfalls, der sich in Sekunden abspielte, den kleinen Hund meiner Tochter, der im Zimmer neben ihrem Schlafzimmer seine Schlafecke hatte, kräftig bellen.« Einmal rannte jemand, der seinen Schwung nicht mehr bremsen konnte, durch die »Weiße Frau« hindurch, ohne den geringsten Widerstand zu empfinden, kehrte so schnell wie möglich um und sah sie noch die große Stiege hinaufschweben. Damals wandte sie den Kopf zurück. Ein Besucher gab auf die in der Kapelle kniende weiße Gestalt aus einem Revolver einen scharfen Schuß ab. »Sofort erlosch der Lichtschein und verschwand die Gestalt, um Sekunden danach aufs neue zu erscheinen. Die Steinstufen wiesen die Spur eines Projektilaufschlages auf, das Projektil selbst wurde in deformiertem Zustand in einem Winkel seitlich des Altars gefunden.« Ein anderer Gast »eilte ihr, als sie die große Treppe hinaufschwebte, nach, und rief sie in leichtfertigem Tone an. Die Erscheinung blieb stehen und drehte sich um. Sie sah mit starrem Blick auf ihn, aber gewissermaßen durch ihn durch ins Leere. Der Blick machte auf ihn einen derart entsetzlichen Eindruck, daß er verstummte und die Stiege wieder hinablief«. Eine Baronesse »nahm einen langen alten Schlüssel und drückte ihn der Erscheinung von hinten in den Rücken. Der Schlüssel drang hinein, die Erscheinung verschwand und andere, die der Szene zusahen, riefen der Baronesse zu: › Hinter dir, hinter dir!‹, und die › Weiße Frau ‹ stand hinter ihr.«

Der Zweck ihres Erscheinens ist wohl hauptsächlich, daß sie sich zeigt und in der Regel die Kapelle aufsucht, dort hinkniet und betet. Nur in der Kapelle ist sie auch am hellen Tag betend kniend gesehen worden und habe wie ein Mensch ausgesehen, nicht wie ein Geist. — Eine Spukerscheinung kann mit einem Verbrechen oder einer Schuld verknüpft sein, braucht es aber keineswegs. (Nach Bruno Grabinski, Spuk und Geistererscheinungen, und J. J. Mostard).

Der lautlose Kapuzinermönch

»Als Referendar bewohnte ich«, so berichtet Bert *Lewandowski*, »in Flensburg in der Dorotheenstraße im Stadtteil *Duborg* ein bescheidenes Unterkommen im Bleitzhöferschen Hause.

Ich erreichte mein Zimmer durch einen Torweg, der nachts verschlossen wurde. Der Torweg hatte rechter Hand einen Eingang zur Souterrainwohnung des Hausmeisters. Ich kam eines nachts - es war im Frühjahr 1961 - aus einer kleinen und gänzlich alkoholfreien Gesellschaft (ich hatte in einer kleinen Gruppe Dänischunterricht genommen) und fuhr auf dem Radl bis an das Gittertor vor der Hofeinfahrt. In dem Augenblick gewahrte ich die Gestalt eines Kapuzinermönchs, der sich, mir abgewandt, lautlos auf die Tür zum Souterraineingang zubewegte und, sich gleichsam durch diese hindurchstürzend, vor mir verschwand. Das Bleitzhöfersche Grundstück ist bei Tage derartig trivial, daß von daher solche Erlebnisse überhaupt nicht ausgelöst werden können. Da ich vorher nie dergleichen erlebt hatte, hatte ich auf solche Berichte nie viel gegeben, sondern mir alles vernunftgemäß als Phantasie oder als Machenschaft erklärt. Ich versuchte mich auch so über die Erscheinung zu beruhigen, griff auch zum Gebet, war aber sehr froh, daß nach einigen Wochen der Gang meiner Ausbildung mich aus Flensburg und damit aus diesem Erlebnisbereich wegführte.

Das Gruselerlebnis erfuhr eine Auffrischung, als ich kürzlich in Karl Müllenhoff, Märchen, Sagen, Lieder aus Schleswig/Holstein/Lauenburg, blätterte und in der Anmerkung zu Nr. 536 ›Die Duborg‹ las: ›Das Schloß ward 1719 abgebrochen. Von dem Schlosse sollen lange unterirdische Gänge unter einem großen Teil der Stadt hergehen, bis zum Kloster, der jetzigen gelehrten Schule. Die Gänge sind jetzt verschüttet, aber vor einigen Jahren fand man menschliche Gebeine darin, die längs den Wänden an Ketten hingen. Die sollen von Mönchen herrühren, die hier zur Strafe eines langsamen Hungertodes starben.‹ — Läßt man sich einmal auf diese Dinge ein, so könnte man der Ansicht sein, daß auf obigem Grundstück auch ein solcher Gang zu finden ist, daß aber nicht die langsam verhungerten Mönche die Übeltäter waren, sondern diejenigen, die sie hatten verhungern lassen. Das könnte dann wohl ein wegen Ruhelosigkeit im Grabe umgehender Kapuzinerprior sein, der mich nächtens so sehr erschreckt hat.

Rein vernunftmäßig läßt sich das alles bewältigen, es bleibt aber aus dem persönlichen Erleben heraus ein lange nachwirkendes Unbehagen zurück, über das auch Vernunft nicht hinweghilft. (Nach einem Bericht von Bert Lewandowski, Elmshorn, in einem Brief vom 19. 3. 1979).

Der Geist mit vielfältiger Wirksamkeit

Vielfältige Erscheinungen in seinem Haus in *Beverly Hills* (Kalifornien) bemerkte der Schriftsteller Joe *Hyams*. Kurz nach seinem Einzug ereignete sich am 6. 7. 1964 folgendes:»Ich war nicht zu Hause, und meine Frau, Elke *Sommer,* hatte eine deutsche Journalistin namens Edith Dahlfeld zum Tee eingeladen. Als Elke gerade einschenken wollte, fragte Frau Dahlfeld:› Wo wollte denn der Mann da eben hin?‹ › Welcher Mann?‹ versetzte Elke. › Der da eben aus dem Haus kam und auf das Schwimmbecken zuging ‹, sagte Frau Dahlfeld. Elke suchte sofort alles ab, aber das Schwimmbecken lag verlassen, und das Eßzimmer, aus dem › der Mann ‹ gekommen war, war leer. Frau Dahlfeld blieb dabei, sie habe einen Mann gesehen, und beschrieb ihn als groß und stattlich, etwa fünfzigjährig, mit weißem Hemd, dunkler Krawatte und schwarzem Anzug. Sein Haar sei am Scheitel schon etwas dünn gewesen, und er habe eine › Kartoffelnase ‹ gehabt.« Wenig später behauptete Hyams Schwiegermutter, ein Mann habe am Fußende ihres Bettes gestanden.

Dann hörte man fast jede Nacht aus dem Eßzimmer Scharren und Poltern. Der Hausherr stellte Tonbandgeräte und Mikrophone auf. Aus der Bar wurde das Stuhlgerumpel übertragen. »Ich nahm meinen Polizeirevolver, schlich ins Eßzimmer hinunter und drehte das Licht an. Das Zimmer war leer. Die Stühle standen an ihrem Platz am Tisch. Oben im Schlafzimmer hörte ich dann das Tonband ab. Die Geräusche hatten aufgehört, als ich hinuntergegangen war. Dann war deutlich das Anknipsen des Lichts zu vernehmen und ein nervöses Hüsteln von mir - und darauf das wieder einsetzende Stuhlrücken, nachdem ich das Zimmer verlassen hatte.«

Ein Detektiv, der während einer Abwesenheit des Besitzers das Haus bewachte, fand mehrmals Türen und Fenster weit offen. »› Einmal beobachtete ich das Haus vierundzwanzig Stunden lang ‹, schrieb er mir am 18. September. › Gegen 2.30 Uhr morgens gingen im Haus plötzlich alle Lichter an, aber noch ehe ich es erreichte, gingen sie alle wieder aus ‹«. Oft schlugen die Hunde an und starrten auf die Eßzimmertür.

»Im August 1965 verschlossen Elke und ich das Haus wieder und gingen für einen Monat an die See. Als ich eines Tages zurückkam, um Post abzuholen, fragte mich Marvin Chandler, der Mann, der immer unser Schwimmbecken reinigt, wer denn in unserer Abwesenheit das Haus bewohne. Ich sagte

ihm, das Haus sei leer. ›Das hatte ich auch gedacht‹, versetzte
Marvin. ›Aber letzten Dienstag sah ich einen Mann . . . Als ich
an die Tür trat, um ihn zu fragen, wann Sie zurückkämen, verschwand er — löste sich, möcht' ich sagen, vor meinen Augen
einfach in Luft auf.‹« Auch ein Freund, der wenig später das
Haus für ein paar Tage benutzen wollte, sah den Mann.

»Das Ehepaar, von dem wir das Haus gekauft hatten, hatte es
ungefähr anderthalb Jahre bewohnt. ›Ich habe nie etwas Unge-
wöhnliches gesehen‹, sagte die Frau, ›aber ich habe oft merkwürdige Laute gehört. Eines Abends, als mein Mann verreist
war und ich gegen elf Uhr zu Bett gegangen war, wurde ich
durch das Geräusch von Schritten im Eßzimmer geweckt. Es
war so deutlich, daß ich Angst bekam und eine Freundin anrief und fragte, ob ich bei ihr übernachten dürfe. Ich schloß
mich oben im Schlafzimmer ein und bestellte telefonisch ein
Taxi. Kurz danach kam es und hielt vor der Haustür. Ich wartete, daß der Fahrer läutete, aber er tat es nicht, und ich rief
schließlich aus dem Fenster. Er antwortete, ich rannte die
Treppe hinunter, stieg ein und fragte ihn, warum er denn nicht
geläutet habe. Er sagte, er habe einen Mann an der Tür stehen
sehen und gedacht, das sei der Fahrgast. Als ich aus dem Fenster rief, sei der Mann verschwunden.‹« (Nach Joe Hyams, Ein
Geist in unserm Haus, in: Das Beste aus Readers Digest
1967/I).

Der schalkhafte Geist

»Freiherr Max von *Stetten,* ›Fürst Max‹, wie er auch wegen seiner Verschwendungssucht genannt wurde, erschoß sich 1847
unter Hinterlassung von 80 000 Gulden Schulden im heutigen
Archiv. Mit seinem Sohn Albrecht, der sich wenige Jahre später im Kocher ertränkte, erlosch die Linie des ›Inneren Hauses‹, die bis dahin in Schloß *Stetten* dominiert hatte. Seit dieser
Zeit spukt ›Onkel Max‹ gelegentlich, wobei er jedoch gutartig
sein soll, da er auch im Leben sehr zu Späßen aufgelegt war.«
»Ich selbst«, so berichtet Wolfgang Freiherr von Stetten, »sah
ihn zwar noch nicht, erlebte aber folgende Geschichte: Im Jahre 1968 saß ich mit Freunden im Ahnensaal, als es kurz nach
zwölf auf dem Korridor ein Klirren und Poltern gab. Ich ergriff die nächstbeste Flasche, um für alle Fälle bewaffnet zu
sein, und stürzte hinaus. Es war zwar niemand da, aber das
Bild von ›Onkel Richard‹, ein geglastes Pastellgemälde mit
schwerem Goldrahmen, lag zertrümmert auf dem Fußboden.
›Onkel Richard‹, ein später Zeitgenosse des Max, soll diesem

oft heftige Vorwürfe wegen seines Lebenswandels gemacht haben. Nun können Sie selbst entscheiden, war es ein loser Nagel oder war es Onkel Max? Es war immerhin 10 Minuten nach Mitternacht!« (Nach Wolfgang Freiherr von Stetten, Burg und Schloß Stetten. Künzelsau/Schloß Stetten 1973).

Die weiße Gestalt auf dem Weg

Gegenüber vom Bahnhof *Wolmirstedt* bei Magdeburg »führte ein schmaler Fußweg zum anderen Teil der Stadt, das sogenannte Quetchen. Auf beiden Seiten war er eingefaßt von niedrigen Hecken, dahinter lagen Gärten und Wiesen. In diesem Gange sollte abends eine › Weiße Frau ‹ erscheinen. Richtig ist, daß noch zu meiner Zeit kein Wolmirstädter abends gern diesen Gang benutzte. Auch meine Eltern fragte ich danach. Meine Mutter erzählte dann, daß sie mit meinem Vater eines Abends noch spät durch das Quetchen ging, um noch den Zug nach Magdeburg zu erreichen. Da sei ihnen mitten auf dem Wege eine weiße Gestalt mit verhülltem Gesicht entgegengekommen. Meine Mutter fragte meinen Vater erschrocken: › Siehst Du es? ‹ Und er sagte leise: › An die Seite treten und nicht sprechen! ‹ Und lautlos sei die Gestalt bei ihnen vorbeigeschwebt. Mein Vater bestätigte das zwar, da er aber ein recht aufgeklärter Mann sein wollte, erklärte er, es sei sicher eine Frau aus der Stadt gewesen. Er konnte aber die treffenden Einwürfe meiner Mutter nicht widerlegen, die darauf hinwies, daß erstens keine Wolmirstädterin abends allein durch das Quetchen gehen würde und zweitens, daß weder er noch die Gestalt › Guten Abend ‹ gesagt hätten, was doch sonst allgemein üblich war.« (Nach den Lebenserinnerungen [1937] von Chemiker Dr. Gustav *Junghans*, [*Wolmirstedt 1868, † 1945], freundlich mitgeteilt von seinem Enkel Reinhold Geimer aus Bornich).

Der kritische Fernsehzuschauer

John *Farquharson of Inverey* war schon zu seinen Lebzeiten ein fast legendärer schottischer Held, bekannt als »der schwarze Colonel« (»The Black Colonel«). Um *Braemar* Castle nicht in die Hände des Königs Wilhelm III. (Landung in England 1688, Regierung 1689—1702) fallen zu lassen, steckte er es in Brand. Nach 60 Jahren war es wieder bewohnt. Der schwarze Colonel kehrte als Geist zurück, in voller Uniform. Einst ging er in den stillen Nachtstunden um. Jetzt, so erzählt man, hat sich das verändert: Wenn der heutige Eigentümer, Captain Farquharson, Fernsehen betrachtet, nimmt er auf einem großen Stuhl in der Nähe die Gestalt des schwarzen Colonel wahr. Ist das Programm gut, so sieht der Geist mit, ist es jedoch nicht betrachtenswert, wird der große Stuhl leer und der Captain schaltet dann meist das Gerät ab. (Nach J. J. Mostard).

Die zärtliche Frau

Tenor Peter *Hofmann* erwarb 1980 Schloß *Schönreuth* bei Bayreuth. Wenig später hörte er Schritte auf dem Gang. »Aber da war niemand«. Einige Monate danach saß er um 6 Uhr morgens in der Badewanne. »Plötzlich ging die Tür auf und leise wieder zu. Wieder niemand da.«. Einmal hielt sich Peter Hofmann mit Freunden im Wohnzimmer auf. »Plötzlich roch es minutenlang nach Anis. Dann war der Geruch weg. Ich lief hinaus ins Schlafzimmer, weil dort der Spuk da immer begonnen hatte. Da waren an der Tür zwei rote Flecken, die runterliefen. Es sah aus wie Blut.« Schließlich erschien der Geist sichtbar: »Ich betrat den Raum neben der Küche. Eine alte Frau mit weißem Dutt beugte sich über das Bügelbrett. Komisch, dachte ich, Mutter sitzt doch im Arbeitszimmer. Ich ging auf die Frau zu — sie verschwand wie ein Spuk.« Ein andermal stand die Frau »an der Ecke des Schlosses. Als ich auf sie zuging, verschwand sie«. Schließlich, »eines Tages kam sie an mein Bett, streichelte mir liebevoll übers Haar«. Es handelt sich wahrscheinlich um die Frau eines Wunderheilers, der im Dritten Reich in einem Anbau des Schlosses lebte. Dieser Anbau ist weg. »Ich liebe diesen Geist!« sagt der Tenor. (Nach Bild-Zeitung vom 10. 1. 1983)

Herne der Jäger

Berühmt ist *Herne der Jäger* (Herne the Hunter), der sich im Forst von *Windsor* aufhält. *Shakespeare* erwähnt ihn. Zur Zeit König Heinrichs VIII. (1509—1547) war Herne der Wilddieberei für schuldig befunden worden und erhängte sich im Wald. Seitdem spukt er dort. Auch im Schloß Windsor sollen sich Geister aufhalten. (Nach Christian Fürst in NZ Nr. 28, 1984).

Der betende Mann

Über die *Marksburg* gibt es folgende Sage: Zur Zeit König Rudolfs von Habsburg lebte hier Elisabeth, Tochter des Eberhard von Eppstein, die sich heimlich mit Ritter Siegbert von Lahnstein verlobt hatte. Dieser folgte seinem König in den Kampf gegen König Ottokar von Böhmen. Die Kunde vom Sieg Ru-

dolfs 1278 auf dem Marchfeld kam, doch Siegbert war verschollen. Sein Vater war inzwischen gestorben. Da erschien
auf Lahneck ein Ritter, der sich als Graf Rochus von Andechs,
Siegberts Vetter, ausgab und vom Vogt als Gebieter begrüßt
wurde. Ein Mönch aus Kloster Bornhofen, Markus, als Burg-
geistlicher zur Marksburg gerufen, tröstete die tief erschütterte
Elisabeth. Nun aber gewann Rochus ihr Herz, bald ließ der
Eppsteiner das Hochzeitsfest vorbereiten. Alle freuten sich,
nur Markus empfand einen Widerwillen gegen den Freier. Am
Vorabend betete er in der Kapelle. Um Mitternacht erschien
ihm der heilige Markus und gab ihm ein Kreuz: er solle Rochus beschwören, denn das sei der Böse. Am nächsten Tag trat
der Mönch dem Bräutigam mit dem Kreuz entgegen. Dieser
stürzte mit einem Schrei zu Boden, der sich spaltete. Markus
entriß die Jungfrau den Armen des Bösen. Der Heilige selbst
hielt schließlich schützend ein feuriges Schwert über Elisabeth,
ihren Vater und den Mönch. Seitdem hieß die Burg Brubach
»Marksburg«. Elisabeth ging ins Kloster Marienberg in Bop-
pard, der spät heimkehrende Siegbert stürzte sich von einem
Fels, seither »Rittersturz« genannt. (Nach Wilhelm Ruland,
Die schönsten Sagen des Rheins, Köln-Ehrenfeld o. J.).
Es ist möglich, daß diese Sage sich um eine Geistererscheinung
in der Burgkapelle der Marksburg rankt, die auch 1937 auftrat:
Ein bärtiger Mann, vor dem Fenster sitzend, mit zum Gebet
gefalteten Händen, zu sehen auf einem Foto. Das Bild wurde
aufgenommen im August 1937 durch Richard Schanzle auf einer Fahrradreise. Eine Doppelbelichtung war nicht möglich,
da der Fotoapparat eine Leica war. Die Bilder waren fortlaufend. Das Geisterbild kam zustande, als ein Blick durch das
Fenster aufgenommen werden sollte. Niemand war vor der
Kamera. Richard Schanzle war allein im Raum. Das Bild war
einige Jahre in Wellesley, Massachusetts, ausgestellt als der
»Geist der Marksburg«. (Nach einem Bericht, übermittelt
durch Thomas A. Sweeney, NO. Andover, Massachusetts,
vom 15./25. 6. 1982).

Die Flämmchen an der Wand

Im Pfarrhaus von *Kleversulzbach* erlebte *Mörikes* Amtsgehilfe
Sattler eine Lichterscheinung: Er war am 29. 11. 1840 um 20.30
Uhr zu Bett gegangen und hatte sogleich das Licht gelöscht.
»Ich saß nun etwa eine halbe Stunde noch aufrecht im Bette,
indem ich meine Gedanken mit einem mir höchstwichtigen
Gegenstande beschäftigte, der meine ganze Aufmerksamkeit so

34

Der »Geist der Marksburg«
(Nach einem Foto, 1937 durch Richard Schanzle aufgenommen).

sehr in Anspruch nahm, daß er keiner Nebenempfindung Raum gab. Weder den Tag über, noch besonders solange ich im Bette war, hatte ich auch nur im entferntesten an Geisterspuk gedacht. Plötzlich, wie mit einem Zauberschlage, ergriff mich ein Gefühl der Unheimlichkeit, und wie von unsichtbarer Macht war ich innerlich gezwungen, mich umzudrehen, weil ich etwas an der Wand zu Haupte meines Bettes sehen müsse. Ich sah zurück und erblickte an der Wand (welche massiv von Stein und gegipst ist) in gleicher Höhe mit meinem Kopfe, zwei Flämmchen, ungefähr in der Gestalt einer mittleren Hand, ebenso groß, nur nicht ganz so breit und oben spitz zulaufend. Sie schienen an ihrem untern Ende aus der Wand herauszubrennen, flackerten an der Wand hin und her, im Umkreis von etwa 2 Schuh. Es waren aber nicht sowohl brennende Flämmchen als vielmehr erleuchtete Dunstwölkchen von rötlich-blassem Schimmer. Sowie ich sie erblickte, verschwand alles Gefühl der Bangigkeit, und mit wahrem Wohlbehagen und Freude betrachtete ich die Lichter eine Zeitlang. Ob sie doch wohl brennen? dachte ich, und streckte meine Hand nach ihnen aus. Allein das eine Flämmchen, das ich berührte, verschwand mir unter der Hand und brannte plötzlich danebben; drei-, viermal wiederholte ich den nämlichen Versuch, immer vergeblich. Das berührte Flämmchen erlosch jedesmal nicht allmählich und loderte ebenso wieder nicht allmählich sich vergrößernd am andern Orte auf, sondern in seiner vollen Gestalt verschwand es, und in seiner vollen Gestalt erschien es wieder daneben. Die zwei Flämmchen spielten hie und da ineinander über, so daß sie eine größere Flamme bildeten, gingen aber dann immer bald wieder auseinander. So betrachtete ich die Flämmchen vier bis fünf Minuten lang, ohne eine Abnahme des Lichts an ihnen zu bemerken, wohl aber kleine Biegungen und Veränderungen in der Gestalt.« An der Wand waren danach keine Spuren erkennbar. (Bericht Eduard Mörikes, nach Enno Nielsen).

Der Fall zeigt, daß Geistererscheinungen eine Anziehungskraft auf den Beobachter ausüben. Künstlich hervorgerufener »Spuk« verfehlt daher in der Regel seine Wirkung.

Das jährlich wiederkehrende Licht

Im Gut *Vera* (Provinz Almeria, Spanien), 1861 erbaut, sind vielfache Spukerscheinungen bemerkbar. So wird seit 1914 jedes Jahr zu Allerheiligen von Leuten, die sich in der Nähe des Gutes aufhalten, ein Licht gesehen, welches durch das ganze

Haus wandert. »Es wird angenommen, daß es der Geist des José A. de *Sotomajor,* des 1914 verstorbenen Bruders meiner Großmutter ist. Näheres ist über diese Erscheinung nicht bekannt. Auch hörten 1943 einmal mein Vater und seine beiden Schwestern einen Krach vom Dachboden, als würden Einbrecher alles zusammenschlagen. Jedoch war nichts zu sehen, als die drei auf diesem angekommen waren. Vom selben Dachboden her hörten meine Eltern 1968 Geräusche, als würden Gegenstände hin- und hergerückt, obwohl sich sonst kein Wesen aus Fleisch und Blut im Haus befand.« (Nach einem Bericht von Catrin Cohnen vom 8. 7. 1983 und 22. 4. 1984 für den Verfasser).

Das periodische Auftreten von Spuk an bestimmten Stellen ist ein Hinweis auf dessen Echtheit.

Das Licht wandert durch die Decke

»Meine Großeltern saßen 1917 in ihrem Gut *Vera* (Provinz Almeria, Spanien) mit ihrem ersten Kind in einem Raum, als sie plötzlich ein Summen vernahmen und ein blaues Licht sahen, welches durch die Luft schwebte und dann scheinbar im Boden verschwand. Mein Großvater schaute sich diese Ecke genauer an, konnte jedoch nichts entdecken. Am nächsten Tag erzählte die Nichte, die sich im Zimmer darunter aufgehalten hatte, daß auch sie ein blaues Licht bemerkt hätte, welches anscheinend aus der Decke gekommen wäre. Es war genau die Stelle in der Decke, in welcher das blaue Licht im Zimmer darüber im Boden verschwunden war. Dies geschah um die Zeit des Todes meiner Urgroßmutter.« (Nach einem Bericht von Catrin Cohnen vom 8. 7. 1983 und 22. 4. 1984 für den Verfasser).

Geistertheater

Die unheimliche Abendgesellschaft

Heeresataman (Oberbefehlshaber) der ukrainischen Kosaken I. Poltawetz von *Ostranitza* (* 1892) war 1913 im Manöver. Mit seinem Freund Kabanow trat er aus dem Regimentskasino, um sich ins Quartier zu begeben. In milder Mondnacht schritten sie durch die Straßen und hörten plötzlich einen Walzer. »Wir gingen den Klängen nach. In wenigen Minuten standen wir vor einem offenen Tor, hinter welchem sich ein Garten befand. Eine kurze Allee führte von dem Tor zum Hauseingang. Die Fenster waren offen, das Haus beleuchtet. Wir erblickten durch die geöffneten Fenster, daß das Haus wirklich voll von Gästen war, welche teilweise saßen und sich unterhielten, während die andern tanzten. Kaum gelangten wir zum Eingang des Hauses, als sich plötzlich die Tür öffnete, und vor uns stand ein Lakai in Livrée, welcher, ohne etwas zu sagen, uns mit Handbewegung aufforderte, einzutreten. Er machte die zweite Tür auf, und vor uns war ein herrliches Bild mit vielen tanzenden Paaren in einem wunderschönen Saal, der nicht allzu groß und mit außergewöhnlichem Geschmack eingerichtet war. Wir gingen direkt in den Saal und versuchten, den Tanzenden auszuweichen, um zu der Ecke, wo einige Gäste saßen, zu gelangen. Da erhob sich in dieser Ecke eine sehr schöne Dame, ging auf uns zu, begrüßte uns freudig und bat uns, an ihren Tisch zu kommen. Sie sagte nichts, aber trotzdem sprach sie, und das haben wir beide gefühlt und innerlich gehört: › Es ist sehr nett und freut mich sehr, meine Herren, daß Sie kommen. Wir haben Sie bereits erwartet ‹.« Der Lakai »und nun diese schweigende, schöne Dame machten auf uns einen eigenartigen Eindruck. Kabanow aber gab nicht weiter darauf acht und begann, etwas Unterhaltendes zu erzählen. Ich merkte jedoch dabei, daß die Gesichter der zuhörenden Gäste irgendwie unbeweglich waren und auf eine oft sehr witzige Rede nicht reagierten . . . Ich zog mein silbernes Zigarettenetui aus der Tasche, bat um Erlaubnis rauchen zu dürfen, und habe auch den Gästen angeboten, von denen aber zu meinem Erstaunen niemand rauchte.

Kabanow war inzwischen auf dem Höhepunkt seiner Unterhaltung angelangt, als ich merkte, daß das Gesicht der schönen

jungen Dame sich plötzlich in Schrecken verwandelte. › Mein Mann ist gekommen ‹, sagte sie und drückte einen seidenen Schal, welchen sie um ihren Hals gebunden hatte, zusammen, und ich sah, wie darunter Blut hervorlief . . . Ich wollte aufspringen, um ihr Hilfe zu leisten, da ich annahm, es sei irgendeine Verletzung. In dem Moment sah ich vor unserem Tisch einen Herrn in schwarzem Anzug, welcher ebenfalls sprach und wiederum nicht sprach; aber es war deutlich zu erkennen, und ich habe gehört, wie er sagte: › Mein Herr, Sie brauchen sich nicht zu bemühen, es ist schon zu spät! ‹ Und er warf mir und seiner Frau einen haßerfüllten Blick zu . . . und zu meinem Entsetzen sah ich aus seiner rechten Schläfe Blut tropfen. Ich blickte auf Kabanow, der ganz erstarrt war, und mit aller Kraft sagte er nur: › Sofort weg! ‹ Dabei bemerkten wir, daß die Gäste auch weniger wurden . . . Die Uhr zeigte zwei Uhr nachts(!).
Wir gingen rasch, mit dem Gefühl, daß uns jemand hinterherjagt. Kaum erreichten wir aber die nächste Querstraße . . ., als wir hinter uns einen herzzerreißenden Schrei hörten . . . Wir blieben auf der Stelle stehen. › Kabanow ‹, sagte ich, › es ist etwas passiert. Wir müssen zurück und Hilfe leisten! ‹ — Wir zogen unsere Pistolen, und im Laufschritt ging es zurück. Nach wenigen Minuten standen wir wieder vor diesem verzauberten Haus, und in diesem Augenblick hörten wir einen zweiten Schrei um Hilfe, als ob er von der Rückseite des Hauses käme. Wir liefen um das Haus herum, mußten aber stehenbleiben, da sich dort ein tiefer Graben befand. Dann erfolgte abermals dieser grauenvolle Hilferuf und wir sahen, als ob jemand aus einem Fenster in den Graben hinabstürzte. Wir kletterten den Graben hinunter, konnten aber dort niemanden finden.« Wir »gingen wieder zum Eingang und — vor uns stand kein schönes, gepflegtes Barockhaus mehr, sondern ein verkommenes, fast schon zur Ruine gewordenes Gebäude . . . Fenster sowie Türen waren mit Brettern verschlagen!«. Da bemerkte Kabanow an der Tür einen Zettel. Sie entzündeten ein Streichholz und lasen: »Dieses Haus ist zu verkaufen oder zu vermieten. Anfragen beim Portier in der Ruschejnastraße 8...«
Dieser verwies sie dann am nächsten Tag ins Hochparterre, wo sie bei Marakoff läuten sollten . . . »Nach wenigen Minuten wurde uns vom Dienstmädchen geöffnet. Hinter ihr stand eine junge Dame, welche mit der Gastgeberin von heute Nacht eine große Ähnlichkeit aufwies. Wir sagten ihr, daß wir das Haus besichtigen möchten, um es eventuell zu mieten. Die junge

Dame erwiderte darauf, daß ihre Großmutter leider krank und darum nicht in der Lage sei, uns zu empfangen. Trotzdem äußerte ich die Bitte, da ich heute Nacht dort mein Zigarettenetui habe liegen lassen. Das Gesicht der jungen Dame zeigte große Schrecken. Sie sagte weiter nichts, als: › Bitte! ‹ — Wir folgten ihr in einen großen, schönen Salon, wo am Fenster eine Dame im Alter von ungefähr 90 Jahren saß. Wir erzählten kurz unser Erlebnis. Als wir endeten, atmete sie schwer, hielt ihre Hand vors Gesicht und sagte stöhnend: › Mein Gott, mein Gott, wenn sie doch endlich Ruhe finden könnten! — Und das findet jedes Jahr statt am Tag der furchtbaren Tat meines Bruders, welcher in seiner grenzenlosen Eifersucht bei einer großen Einladung in seinem Haus seine Frau durch einen Schuß ermordete, indem er die Halsschlagader traf; und dann machte er mit sich selbst auch ein Ende.«

Die junge Dame begleitete die beiden zu dem Haus. »Zu dritt gingen wir an die Tür . . . wir standen wie gebannt . . . Es war weder ein Vestibül noch der herrliche Saal vorhanden. Alles war verstaubt, und am Boden lag der Staub sogar sehr hoch. Aber das Merkwürdige war, daß wir in diesem Staube unsere Fußspuren entdeckten, die zu der Ecke, wo Tisch und Diwan standen, und wo die schöne Frau mit ihren Gästen gesessen hatte, führten. Und auf dem Tisch lagen mein silbernes Zigarettenetui und fünf ausgerauchte Zigaretten . . .« (Nach Rudolf Passian, Abschied ohne Wiederkehr?).

Marie Luise Kaschnitz schildert in ihrer Erzählung »Gespenster« einen ähnlichen Vorgang: vielleicht wußte sie von dem oben dargestellten Bericht.

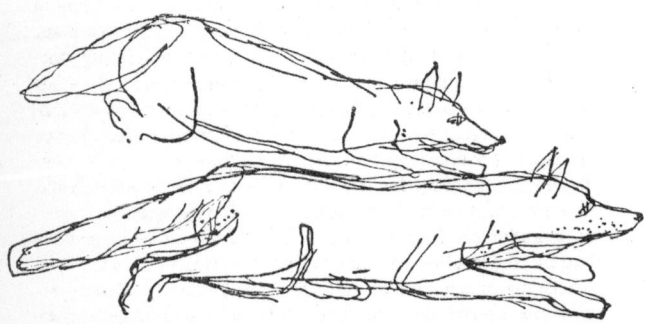

Spuk mit Stimmenerscheinungen

Der Geist sieht in die Zukunft

In der *Philippsburg* zu *Ehrenbreitstein* wirkte man im Herbst 1767 an der Umgestaltung der kurfürstlichen Winterwohnung. *Erzbischof Johann Philipp von Trier* (1756—1768) verfolgte die Arbeiten lebhaft und besuchte jeweils zu Mittag den dort beschäftigten Tapezierer. Einmal fand er den Mann wie tot an der Leiter liegen. Erst am anderen Morgen konnte dieser berichten: Er sah seinen Herrn in rotdamastenem Schlafrock eintreten und erwies ihm eine stumme Reverenz. Der andere redete ihn an, er leiste viel vergebliche Arbeit; ein andächtiges Vaterunser zu beten sei seinem Auftraggeber und ihm selbst dienlicher. Dieser werde die Zimmer niemals beziehen. Erschreckt wollte der Tapezierer dem Rat auf der Stelle folgen und bekreuzigte sich zum Gebet; da löste sich die Gestalt auf, und der Handwerker kam ohnmächtig zu Fall. Dies geschah am 16. November 1767; am 25. November erkrankte der Erzbischof und starb am 12. Januar 1768. (Nach Christian von Stramberg).
Dieser Bericht zeigt, daß die Geister (die Jenseitigen) in manchen Bereichen mehr wissen als die Lebenden.

Der gute Geist im Schloß

In vielfachen Formen, als Gestalt, durch Sprechen und durch Geräusche, zeigte sich ein Geist in Schloß *Neuwied*. Hierüber berichtet S. D. Friedrich Wilhelm *Fürst zu Wied*: »Wir haben hier eine Erscheinung, die wir mangels anderer Identifikation Onkel Carl nennen. Besonders zu der Zeit, als ich noch nicht verheiratet war und allein im Hause wohnte, hörte ich häufig Schritte oder auch unverständliches Reden, am häufigsten auf dem langen Flur in der obersten Etage. Die Erscheinung wurde nie gesehen und hat auch nie jemanden erschreckt. Bis eines Tages eine besonders couragierte Tante bei uns zu Besuch war und mit Ziegenpeter erkrankte und deshalb das Haus hüten mußte. Ich erinnere mich noch, daß ich mich vor einer kurzen Reise von ihr verabschiedete mit der Bitte, Onkel Carl in Ruhe zu lassen, falls sie ihn hören sollte. Als ich nach wenigen Tagen zurückkam, erzählte sie, daß sie Schritte auf dem Flur gehört hatte und daraufhin ihr Zimmer verließ. Sie sah dort eine Erscheinung in der Gestalt eines großen schlanken, elegant gekleideten Herrn, dem sie sagte, er brauche sich keine Sorgen um den Bestand des Hauses zu machen, es sei alles in Ordnung und er könne ruhig schlafen. Tatsächlich haben wir seit diesem Tage rund zehn Jahre nichts mehr von › Onkel Carl ‹ gehört. Erst in dem Jahr nach dem Tode dieser Tante hatten meine Frau und ich mehrfach das Gefühl, beim Packen von Weihnachtspäckchen beobachtet zu werden. Das Gefühl war weder unangenehm noch unheimlich, aber doch merkwürdig. In dieser Zeit — es muß im Dezember 1968 oder 1969 gewesen sein, fiel . . . folgende Episode: Unser Haushofmeister ging vormittags von der obersten Etage nach unten, um den Mittagstisch zu decken. Auf der Treppe hörte er hinter sich eine Stimme, die etwa sagte: › Gehen Sie die andere Treppe herunter! ‹ Er tat dies auch und traf dabei auf einen Wasserrohrbruch, der sicher erheblichen Schaden angerichtet hätte, wenn er erst eine oder zwei Stunden später entdeckt worden wäre. Erst nachdem der Schaden repariert war, kam ihm die Stimme merkwürdig vor, und er berichtete darüber bei Tisch.

Diese Episode ist typisch für › Onkel Carl ‹, dem wir schon früher unterstellt hatten, daß er sich große Mühe gibt, niemanden zu erschrecken und für Ordnung zu sorgen.

Da wir jetzt viele Menschen im Hause sind, ist es schwer zu sagen, ob › Onkel Carl ‹ noch umgeht oder die Geräusche im Hause eine natürliche Ursache haben. Obwohl mehrere Diener, meine Mutter und Geschwister früher Geräusche hörten, hat noch keines unserer vier Kinder etwas darüber geäußert.«
(Nach einem Brief S. D. Friedrich Wilhelm Fürst zu Wied an den Verfasser vom 27. April 1979).

Spukerscheinungen verfolgen stets einen Zweck, der den lebenden Menschen nicht immer klar erkennbar ist. Selten zeigt er sich so deutlich wie in der vorgenannten Episode bezüglich des Wasserrohrbruches: Den Mitmenschen zu dienen und sie vor Schaden zu bewahren, die Sorge für Haus und Familie. — Oft soll zum Gebet aufgefordert werden, manchmal handelt es sich um ein bestimmtes Anliegen.

Die bestätigte Wahrheit

Giovanni *Bosco* (* 1815, † 1888), der bedeutende Jugenderzieher und Gründer der Salesianer-Kongregation, verlor 1839 seinen engsten Jugendfreund Luigi Comollo. »Die beiden Freunde hatten sich ein kühnes Versprechen gemacht: Wer zuerst stirbt, soll zum Überlebenden zurückkehren, um ihn über das Schicksal, das ihm in der andern Welt zuteil geworden ist, zu beruhigen. Don Bosco berichtet (1884): › Es war in der Nacht vom 3. auf den 4. April, in der Nacht, die auf den Tag des Begräbnisses folgte. Ich ruhte mit zwanzig Schülern vom theologischen Kurs im Schlafsaal... Ich lag zwar im Bett, schlief aber nicht, sondern dachte an unser Versprechen, und mein Herz war im Vorgefühl dessen, was kommen sollte, von Furcht beklommen. Es schlug Mitternacht. Da hörte ich ein dumpf rollendes Geräusch vom Ende des Ganges her, das immer deutlicher, immer lauter, immer tiefer wurde, je mehr es sich näherte. Es hörte sich an, wie wenn ein Wagen von vielen Pferden gezogen würde, wie ein Eisenbahnzug, fast wie der Schuß einer Kanone. Den Eindruck kann ich nicht anders wiedergeben, als daß es wie das Krachen von furchtbaren Donnerschlägen an mein Ohr drang, so daß den Hörer Entsetzen befiel und ihm das Wort im Munde erstarb. Während sich das Getöse der Türe des Schlafsaals näherte, dröhnten und zitterten Wände, Gewölbe und Boden des Ganges, wie wenn sie von Eisen wären und von einem gewaltigen Arm erschüttert würden . . . Die Seminaristen im Schlafsaal wachten auf, aber keiner sprach. Ich selbst war von Furcht wie versteinert. Das Getöse kam immer näher und ward immer entsetzenerregender. Es war ganz nahe beim Schlafsaal. Da öffnete sich die Tür ungestüm von selbst, der Schall wurde immer heftiger, ohne daß man etwas anderes wahrnahm als ein mattes Licht von wechselnder Farbe, das den Schall zu regeln schien. Mit einem Male trat tiefe Stille ein, das Licht leuchtete lebhafter auf, und man vernahm deutlich die Stimme Comollos, nur etwas schwächer als zu seinen Lebzeiten, die dreimal hintereinander die Worte sprach: › Bosco, Bosco! Ich bin gerettet! ‹ In diesem Augenblick war der Schlafsaal noch heller, das Getöse ließ sich von neuem und noch viel heftiger hören, fast wie wenn ein Donner das Haus bis in seine Tiefen erschütterte. Bald aber hörte es auf, und jener Lichtschein verschwand. Die Seminaristen waren aus den Betten gesprungen und flüchteten, ohne zu wissen wohin. Einige sammelten sich in der Ecke des Schlafsaals, andere drängten sich um den Präfekten Don Joseph Fiorito von Rivolo. So verbrachten sie die Nacht, indem sie ängstlich den Anbruch des Tages erwarteten.

Alle hatten den Lärm gehört, einige hatten auch die Stimme vernommen, ohne aber den Sinn zu verstehen. Einer fragte den andern, was das Getöse und die Stimme zu bedeuten hätten, und ich sagte, auf meinem Bette sitzend, zu den Kameraden, sie möchten sich beruhigen, ich hätte deutlich die Worte verstanden: › Ich bin gerettet! ‹ Einige hatten sie gleich mir gehört, und noch lange Zeit nachher war im Seminar von fast nichts anderem mehr die Rede. Ich habe dabei geradezu Furchtbares ausgestanden, und mein Entsetzen war derart, daß ich in jenem Augenblick am liebsten gestorben wäre. — Es war das erste Mal, soweit ich mich erinnern kann, daß ich mich fürchtete. Ich verfiel in eine Krankheit, die mich an den Rand des Grabes brachte und meine Gesundheit derart schwächte, daß sie erst nach vielen Jahren ihre frühere Stärke wieder erreichte.«

»Wenn natürliche Dinge mit übernatürlichen in Beziehung treten, dann leidet die schwache menschliche Natur sehr darunter, besonders bei Dingen, die nicht notwendig sind für unser ewiges Heil. Wir haben hinreichend Gewißheit über die Existenz der Seele, ohne daß wir Beweise zu suchen brauchten. Darum soll uns genügen, was unser Herr und Heiland Jesus Christus uns geoffenbart hat.« (Giovanni Bosco, nach Josef Mühlbauer, Jenseits des Sterbens. Bonn 1978).

Das eingelöste Versprechen

»Bekannt ist, daß sich schon oft Personen das gegenseitige Versprechen gaben, sich nach dem Tode zu besuchen«, berichtet Bruno *Grabinski*. »Mein verstorbener Großvater schloß zu Lebzeiten mit einem guten Freunde ein ebensolches Versprechen. Eines Tages nun wird der Freund meines Großvaters schwer krank. Mein Großvater geht sofort zu ihm hin, um zunächst — das gegebene Versprechen wieder rückgängig zu machen. Jetzt, wo es schlimm mit dem Freunde stand und man mit dem Tode rechnen mußte, erschien ihm das in einem gewissen Leichtsinn gemachte Versprechen doch zu vermessen. Allein, der Großvater findet den Freund nicht mehr bei Bewußtsein und nicht lange darauf starb dieser, ohne den Freund erkannt und mit ihm gesprochen zu haben. Als der Tote bereits beerdigt war, lag der Großvater eines Abends, die Pfeife rauchend, im Bett. Es war so seine Gewohnheit und erst nach Mitternacht schlief er meistens ein, wie es bei älteren Leuten oft der Fall ist. Hinter ihm stand das Bett seiner Frau, die damals bereits schlief. Es war gegen 12 Uhr, als der Großvater plötzlich einen Luftzug im Zimmer verspürte, trotzdem nirgends Tür oder Fenster offen standen. Und nun hörte er sich auf einmal angerufen: ›Josef!‹ Dem Großvater trat kalter Angstschweiß aus allen Poren, als er die Stimme des verstorbenen Freundes erkannte. Noch einmal hörte er sich beim Namen gerufen, bis er endlich antwortete. Und nun sagte ihm die

Stimme des Freundes, daß es ihm sehr schwer geworden sei, seinem Versprechen nachzukommen, um ihm den Beweis zu liefern, daß es ein Jenseits gäbe, in welchem jeder nach Verdienst belohnt werde. Der Großvater weckte sofort die Großmutter. Diese hatte jedoch nichts gehört . . .« (Nach Bruno Grabinski, Spuk und Geistererscheinungen).

Geister helfen der Dichterin

»Ich sehe nämlich«, schreibt Agnes *Günther* 1908, bekannt durch ihren Roman »Die Heilige und ihr Narr«, »wie ich manchmal meine, mit meinen eigenen Augen, vielleicht ein Bruchteil einer Sekunde, die allerseltsamsten Dinge sich vor mir ereignen. Alle Hauptszenen der › Hexe ‹ habe ich so gesehen, ob ich es wollte oder nicht. Ich will nie, aber ich muß, es ist entsetzlich, was ich dabei leide. Ich betrachtete das von Kindheit an als mein eigentlichstes Geheimnis, das ich nicht durch Sprechen darüber profanieren durfte. An Schreiben dachte ich niemals, denn wen ging das eigentlich etwas an? Als ich damals von › Schloß Schweigen ‹ kam — (Agnes Günther hatte bei ihrem ersten Besuch auf dem alten Jagdschloß *Tierberg* eine plötzlich geradezu körperlich erlebte Vision der › Gisela ‹, ihrer Hauptgestalt aus der Geisterwelt, die sie in der › Christlichen Welt ‹ beschrieben hatte) —, war das Licht wieder angezündet, nun wußte ich den ersten Faden zu finden zwischen einer Reihe von Bildern. Sie bedrängten mich. Nie habe ich nun von da an soviel Umgang mit Geistern gehabt. Und ich war doch schon so alt!« Ebenso schreibt sie: »Ich bin selten ganz und auf längere Zeit geist-verlassen gewesen. Natürlich habe ich nicht nur die eine Bekanntschaft, sondern noch eine Menge anderer. Aber die Gisela ist meine erste Liebe gewesen und sie scheint mir die übrigen Bekanntschaften auch vermittelt zu haben.« (Nach Rudolf Schlauch, Agnes Günther. In: Lebensbilder aus Schwaben und Franken, 8. Band, Stuttgart 1962).

»Pfarrer Mündel aus Unterregenbach hat uns, als Augenzeuge, selbst erzählt, wie Agnes Günther . . . im Dekanat in *Langenburg* (Hohenlohe) den längst verstorbenen Hofprediger Wibel begrüßt hat, keiner der Anwesenden jedoch hat ihn gesehen. Auch ihre Schwester Alice Lepsius berichtete mir, daß sie Erscheinungen aus der anderen Welt hatte.« (Nach einem Brief vom März 1984 von Ingaruth Schlauch an den Verfasser).

»Agnes Günther hatte das Glück, immer hilfsbereite Mädchen aus den umliegenden hohenloheschen Dörfern zu finden, die zwar sehr oft aus Angst vor den Geistern wieder davonlaufen wollten, dann aber doch wegen der liebenswürdigen Frau Dekan, die so nett zu ihnen war, blieben und sich an die Hausgeister gewöhnten.« (Nach Rudolf Schlauch, Agnes Günther. In: Lebensbilder aus Schwaben und Franken, 8. Band. Stuttgart 1962).

Der dichtende Geist

Rainer Maria *Rilke* war im Winter 1920—21 Gast des Obersten Karl Richard Ziegler auf Schloß *Berg* am Irchel bei Zürich. Da damals die Maul- und Klauenseuche herrschte, durfte niemand sein Haus verlassen. Rilke schrieb an Rudolf Junghans: »Mein Gehen ist durch die strengen Einschränkungen der Viehseuche auf den Park beschränkt, in dem ich mir einen Weg von 121 Schritten Länge als Bahn vorgesetzt habe.« In dieser Abgeschiedenheit hatte er eine Spukerscheinung. Über seine Sammlung »Aus den Gedichten des Grafen C. W.« berichtete er Anton *Kippenberg* bei seinem Besuch: Er habe eines Abends beim Auskleiden Verse vor sich hingesprochen, unter anderem:»*Berge ruhn, von Sternen überprächtigt; aber auch in ihnen flimmert Zeit, ach, in meinem wilden Herzen nächtigt obdachlos die Unzugänglichkeit.*« — und sich erstaunt gesagt: Diese pathetischen Verse sind doch nicht von dir! Ein wenig beunruhigt habe er sich wieder angekleidet und sich an den Kamin gesetzt. Plötzlich habe er auf dem Stuhl ihm gegenüber einen altmodisch gekleideten Herrn erblickt, der habe ihm aus einer alten vergilbten Handschrift Gedichte vorgelesen, in denen die Verse vorgekommen seien, die Rilke vor sich hingesprochen habe. Diese Verse habe er dann nachgeschrieben. Als dieser Vorgang mit italienischen Gedichten fortgehen sollte, habe er sich versagt. Den gleichen Vorgang beschreibt Rilke in nüchterner Form, allerdings der obigen Erzählung keinesfalls widersprechend, in einem Brief an die *Fürstin* Marie von *Thurn und Taxis* am 15.12.1920 von Schloß Berg: »Ich habe etwas sehr Komisches angestellt, was mir bei Gelegenheit dieses › erhabenen ‹ Styles einfällt. Keinerlei Bibliothek (außer einem Goethe) hier vorfindend, auch keine Aufzeichnungen oder dergleichen, die mit diesem durch die Jahrhunderte den Escher vom Luchs gehörigen Schlößchen zusammenhingen, — machte ich mich, in halber vorläufiger Produktivität daran, ein Heft Gedichte zu verfassen, das ich vorgab, hier in einem Schranke gefunden zu haben. Es war sehr merkwürdig . . ., die Feder wurde mir buchstäblich › geführt ‹, Gedicht für Gedicht, bis auf ein paar Stellen, wo man mich erkennen würde, wars auch weder meine Art noch meine Ansicht, die da ganz fertig (ich schrieb es sans brouillon ins Heft selbst) zum Ausdruck kam. Ein sehr schönes (ägyptisches) Gedicht ist dabei, das ich wohl möchte gemacht haben, das aber nie so sich könnte in mir ausgeformt haben. Das ging im Fluge an drei Abenden vor sich —, und schon am zweiten setzte ich, ganz fließend, ohne einen Moment zu überlegen aufs Titelblatt: › Aus dem Nachlaß des Grafen C. W. (wie im Dictat ebenfalls) ohne mir einen Namen bei diesen Initialen zu denken, — aber so durchaus sicher, daß es das sei: Was war das alles?« Am 6.3.1921 schrieb er der Fürstin: »Wenn das Meiste Sie enttäuscht (Dilettantismen, Banalitäten etc.) so berücksichtigen Sie eben: ich bins nicht, es war so völlig › Auftrag ‹, einschließlich der Initialen C. W., die ich nicht auszuschreiben wüßte, und jener Anmerkung › Palermo 1862 ‹ —, das diktierte sich so malgré moi, wie die Gedichte selbst, fliegend.« (Nach Wolfgang Speyer, Fälschung, pseudepigraphische freie Erfindung und echte religiöse Pseudepigraphie, und Else Buddeberg, Rainer Maria Rilke, Stuttgart 1955).

Der Ratschlag des Königs

Als der schwedische Dichter Verner von *Heidenstam* (* 1859, † 1940) eine Lebensbeschreibung *König Karls XII. von Schweden* verfaßte, wohnte er in dem Herrensitz *Nor,* wo sich eine zeitgemäße Umwelt bot. Er arbeitete in einem kleinen Raum neben dem Rittersaal. Gerade war er bei dem tödlichen Schuß bei Frederikshald 1718 angelangt und versuchte, sich das Bild des Königs zu vergegenwärtigen, als er plötzlich das Klirren von Sporen hörte, und Tritte zur Steintreppe hinauf, zum Rittersaal und zu seinem Arbeitszimmer. Klar im Schein der Lampe erschien Karl XII. und setzte sich auf einen Stuhl. Sein Kopf war unbedeckt, der Scheitel kahl, an den Seiten war das Haar hochgebürstet. Die Hände in weißen Handschuhen waren gegen den Degen gestützt, der über den Knien lag. Mit einer Stimme, »klingend wie Silberglocken«, sprach der König: »Denke daran, daß ich in der letzten Nacht meines Lebens zu Gott gebetet habe!« Heidenstam neigte seinen Kopf mit der Hand vor den Augen. Als er gleich darauf aufsah, war die Gestalt verschwunden; vergeblich lauschte er nach den sich entfernenden Schritten. Nach einer mehrtägigen Krise infolge des Schocks kehrte der Dichter zur Arbeit zurück und fügte seinem Manuskript einige Ergänzungen zu, die nun auch die religiöse Seite in Karls Leben zu ihrem Recht kommen ließen. —

Sven *Hedin* teilte 1948 Bruno Grabinski mit: »Heidenstam war der Meinung, daß sein Erlebnis mit Karl XII. nicht ein Traum war, sondern eine Offenbarung. Der Sarg wurde am 18. Juli 1917 geöffnet. Der König hatte weiße, nicht gelbe Handschuhe. Es ist wohl möglich, daß die Farbe sich im Laufe der zweihundert Jahre geändert hatte.« (Nach Sven Hedin, Tre decennier med Heidenstam, und Bruno Grabinski, Spuk und Geistererscheinungen).

Ein Geist will etwas mitteilen

»Im Gut *Vera* (Provinz Almeria, Spanien) wachte 1917 eines Nachts meine Tante auf und sah, wie jemand in ihr Zimmer kam. Es war eine im gleichen Jahr verstorbene Tante von ihr, die an ihr Bett kam und sagte, sie müsse ihr etwas mitteilen. Jedoch kam es nicht mehr dazu, weil meine Tante vor lauter Angst in Ohnmacht fiel. Als sie aus dieser wieder erwachte, war die Erscheinung verschwunden.« (Nach einem Bericht von Catrin Cohnen vom 8.7.1983 und 22.4.1984 für den Verfasser).

Jenseitige erscheinen im Traum

Die hilfsbedürftigen Knaben

Ernst Moritz *Arndt* nahm 1811 von der Insel Rügen Abschied, um an den Rhein zurückzukehren. Nachts spät saß er einmal in seinem Schlafstübchen im Haus seines Gönners, »des Generals von Dyke zu *Losentitz* auf dem Zudar«. Er war »auf dem Stuhle eingenickt, und siehe! meine liebe alte Base Sofie, meine zweite Mutter, stand freundlich lächelnd vor mir und hielt auf jedem ihrer Arme einen kleinen Knaben; sie hielt sie mir mit der Haltung und Gebärdung hin, als wollte sie sagen: nimm dich der Kleinen an!« Am folgenden Tag erfuhr Arndt, daß seine Base in der gleichen Nacht gestorben war. (Nach Arndt, Erinnerungen — Gesichte — Geschichten).

Der erfolgbringende Rat

In seinen »Gesprächen mit Goethe« erzählt *Eckermann* einen Traum, in dem ihm *Goethe* erschien: »Montag, den 14. November 1836. Es ist eine alte Wahrheit, daß dasjenige, womit wir uns den Tag über lebhaft beschäftigen, uns auch nachts im Traume häufig zu schaffen macht, und so war es denn nicht zu verwundern, daß in den ersten Jahren nach Goethes Tode, wo jeder Tag sein Andenken lebhaft in mir zurückrief, ich auch nachts in meinen Träumen häufig mit ihm zu tun hatte. Und zwar sah ich ihn gewöhnlich als einen Lebendigen; ich hielt mit ihm allerlei Gespräche und verließ ihn stets mit der frohen Überzeugung, daß er nicht tot sei. Auch in der vorigen Nacht führte mich der Traum abermals in Goethes Haus, und ich sah ihn, diesmal mit seinem Sohne, im hohen Grade heiter und lebensfrisch mir entgegenkommen. Wir begrüßten uns wechselsweise als solche, die sich lange nicht gesprochen, wobei ich in meinem Innern eine Art von Beschämung fühlte, daß ich ihn in vier Jahren nicht besucht und daß ich, trotz meiner wiederholten Träume von ihm, dem allgemeinen Gerücht Glauben geschenkt, daß er tot sei. Goethe wie sein Sohn waren beide in Hüten und braunen Oberröcken und in ihren Bewegungen besonders rasch und rüstig. Sie machten mir den Eindruck von Männern, die nach langer Abwesenheit ihr Haus wieder betreten und die das Wiedersehen einer liebgewordenen Umgebung in eine heitere Aufregung versetzt hatte. Dabei war die Farbe ihrer Gesichter derart, als seien sie lange der freien Luft und dem Wind und Wetter ausgesetzt gewesen, durchaus frisch und vom kräftigsten Ausdruck.

Nachdem wir uns also auf das herzlichste begrüßt hatten und es mir nach der ersten Überraschung des Wiedersehens ein wenig bequem geworden, konnte ich nicht umhin, das allgemeine Gerücht von seinem Hinscheiden gegen Goethe in Erwähnung zu bringen. Die Leute meinen, rief ich ihm lachend zu, indem ich seine Hand faßte, Sie wären tot; ich habe aber immer gesagt, daß es nicht so sei, und sehe nun zu meiner großen Freude, daß ich recht hatte. Nicht wahr, Sie sind nicht tot?

› Die närrischen Leute ‹, erwiderte Goethe, indem er mich sehr schelmisch ansah, › tot? — was sollte ich tot sein! — Auf Reisen bin ich gewesen! Ich habe derweil viele Länder und Menschen gesehen; im letzten Jahre war ich in Schweden. ‹ Dieses zu hören, erwiderte ich, ist mir unendlich lieb. Aber vor allen Dingen, ehe wir weiter reden, was sagen Sie zu meinen Gesprächen? Sie haben ohne Zweifel das Buch gelesen, und es liegt mir, wie Sie denken können, sehr viel daran, von Ihnen selbst zu hören, was Sie davon halten. › Ich habe das Buch gelesen ‹, erwiderte Goethe. › Ihr habt Eure Streiche nicht schlecht gemacht, und ich muß Euch loben. Auch unterwegs habe ich überall viel Gutes davon gehört; ja ein sehr gescheiter Mann äußerte sogar, daß meine Persönlichkeit darin vorteilhafter erscheine als in meinen eigenen Schriften . . . ‹ Ich war, wie man denken mag, durch diese Äußerung Goethes im hohen Grade beglückt . . . Goethe ging in sein Arbeitszimmer, um einige Geschäfte abzumachen, und ließ mich mit seinem Sohne alleine, mit dem ich allerlei heitere Gespräche über unsere italienische Reise führte. Ich öffnete darauf ein längliches, braunes Kästchen mit verschiedenen Manuskripten, die ich nach und nach herausnahm, um sie dem jungen Goethe zu zeigen. Ich hatte ihm gerade ein Heft von etwa vier geschriebenen Foliobogen in die Hände gegeben, als Goethe wieder herein- und zu uns herantrat. Es waren Skizzen zu ferneren Gesprächen mit seinem Vater, worin sehr viel korrigiert war, und die ich mir zu guter Zeit auszuführen vorgenommen. Goethe warf, seinem Sohn über die Schulter sehend, einen Blick in das Manuskript und nahm es ihm sodann aus den Händen, indem er darin weiter las und blätterte. › Hm! ‹ sagte er, › das scheint interessant zu sein, das will ich mir doch ein wenig näher ansehen. ‹ Und so ging er mit dem Hefte in sein Arbeitszimmer zurück und ließ uns beide abermals allein.

Ich unterhielt mich mit dem jungen Goethe auf das angenehmste fort, wobei ich zu meiner Freude bemerkte, daß sein inneres Wesen bei weitem geläuterter erschien, daß seine Ansichten von einer höheren Stufe geistiger Bildung herabkamen und daß zwischen ihm und seinem Vater überall ein (noch) innigeres Verhältnis stattfand als früher im Leben. Letzterer trat bald wieder herein und gesellte sich zu uns, indem er mir das Manuskript zurückgab und mir empfahl, die angedeuteten Gegenstände ausführlicher zu behandeln, damit sowohl das Überzeugende hineinkomme als auch einige Anmut. ›Ein abgerissenes Faktum, eine nackte Äußerung‹, sagte er, ›will nicht viel heißen; führen Sie aber den Leser in das Detail der Situation, in die näheren Umstände hinein, so ziehen Sie ihn in das Interesse des Gegenstandes, und er erfährt die Täuschung, als sei das geläuterte Wahre ein Wirkliches, das er in solcher Spiegelung zum zweiten Male mit zu erleben glaubt. In dem Gedruckten ist Ihnen manches dieser Art gelungen; sehen Sie zu, daß diese Andeutungen des Manuskripts jenem einigermaßen gleich kommen.‹ Es war mir sehr lieb, durch so gute Worte Goethes mich zu ferneren Versuchen der Art angetrieben und dadurch das früher Geleistete gewissermaßen sanktioniert zu sehen.

Wir lebten darauf die Nacht weiter miteinander fort, wobei es mir merkwürdig war, daß außer Goethe und seinem Sohn niemand weiter erschien, sowenig irgend jemand seiner eigenen Familie als irgend jemand seiner übrigen Freunde und Angehörigen; selbst nicht ein Diener ließ sich sehen. Mit Anbruch des Tages war die Szene verändert. Wir hatten eine Stadt im Rücken und befanden uns an einem sehr breiten Strom, an einer Fährstelle ... Die Morgenröte fing bereits an die Helle zu weichen, die dem baldigen Erscheinen der Sonne vorangeht ... Der junge Goethe sagte: »Jetzt ist Zeit, lieber Vater ... Nun Doktor, gehabt Euch wohl! Es scheint Ihr wollt nicht mit? gelt! Ihr habt noch Geschäfte. Ja, sagte ich, sein geheimnisvolles Lächeln erwidernd, ich habe diesseits noch einiges zu tun. Und somit gab ich ihm die Hand und wünschte beiden wohl zu reisen. Goethe schritt nach der Fähre zu voran; er öffnete keine Lippe, es schien, als sei ihm das Reden verboten ...«.

Die ganzen Umstände und die Tatsache, daß der Dichter hier Eckermann einen entscheidenden Rat zur sinnvollen Gestaltung des letzten Bandes der »Gespräche« gab, macht es sehr wahrscheinlich, daß hier eine echte Einwirkung Goethes vorliegt.

Die richtige Lotterienummer

Der Dichter Heinrich Joseph von *Collin*, *Wien 1771, starb ebendort 1811. Hierdurch kam sein Freund Hartmann durch den Verlust von 120 Gulden in Not, die er für den inzwischen Verstorbenen — unter Zusage der Rückerstattung — bezahlt hatte. Eines Nachts nun sah Hartmann den Hinübergegangenen im Traum. Collin forderte seinen Freund auf, vor der nächsten Lotterieziehung 2 Gulden auf die Nummer 11 zu setzen; nicht mehr und nicht weniger. Hartmann tat es und erzielte einen Gewinn von genau 120 Gulden! (Nach Rudolf Passian, Abschied ohne Wiederkehr?).

Geräuscherscheinungen/Musik

Das Krachen im Gebälk

Vor dem Tod *Karls des Großen* (814) bemerkte man eine häufige Erschütterung seiner Pfalz zu *Aachen* und ein beständiges Krachen des Gebälks in den Häusern, die er bewohnte. (Nach Einhard, Vita Caroli Magni).

Seltsame Schritte

In seinem 19. Lebensjahr ritt der spätere *Kaiser Karl IV.* (*1316) nach *Prag* und wohnte auf der Burg im Burggräflichen Hause. Im gleichen Raum schliefen seine Begleiter Busko und Wilhartitz d. Ä. Es brannte ein großes Feuer und viele Lichter — es war Winter —, Türen und Fenster waren verschlossen. Als die drei am Einschlafen waren, vernahmen sie Schritte. Busko stand auf, konnte aber nichts entdecken. Er steckte noch mehr Lichter an, trank aus einem Becher mit Wein und setzte ihn neben einen Leuchter. Darauf ging er zu Bett. Wieder hörte man Auf- und Abgehen, konnte aber niemand sehen. Plötzlich wurde der genannte Becher an die gegenüberliegende Wand geschleudert und prallte zurück ins Zimmer. Auch das Gehen war weiter zu hören. (Nach der Selbstbeschreibung der Jugend Karls IV.).

Das furchtbare Wimmern

Markgräfin Wilhelmine von Bayreuth berichtet, daß man 1733 in der Nacht, in der ihr Schwager Prinz Wilhelm starb, im *Bayreuther* Schloß Schritte, Klagen und furchtbares Wimmern hörte. Zwei Schildwachen und ein Diener traten mehrmals in das betreffende Zimmer, ohne etwas zu sehen; sobald sie es aber verlassen hatten, begann der Lärm von neuem. Sechs Schildwachen, die während der Nacht abgelöst wurden, bezeugten dasselbe. (Nach den Memoiren der Markgräfin).

Das raschelnde Papier

Bettina von *Arnim* schrieb an *Goethe:* »Deine Großmutter (Textor) kam einst nach Mitternacht in die Schlafstube der Töchter und blieb bis am Morgen, weil ihr etwas begegnet war, was sie vor Angst sich nicht zu sagen getraute. Am andern Morgen erzählte sie, daß etwas im Zimmer geraschelt habe wie Papier. In der Meinung, das Fenster sei offen und der Wind jage die Papiere von des Vaters Schreibpult im anstoßenden

Studierzimmer umher, sei sie aufgestanden, aber die Fenster seien geschlossen gewesen. Da sie wieder im Bett lag, rauschte es immer näher und näher heran mit ängstlichem Zusammenknittern von Papier, endlich seufzte es tief auf, und noch einmal dicht an ihrem Angesicht, daß es sie kalt anwehte, darauf ist sie vor Angst zu den Kindern gelaufen.« Danach brachte ein Fremder ein zerknittertes Papier. »Ein Freund von ihr, der in jener Nacht seinen herannahenden Tod verspürt, hatte nach Papier verlangt, um der Freundin in einer wichtigen Angelegenheit zu schreiben, aber noch ehe er fertig war, hatte er, vom Todeskrampf ergriffen, das Papier gepackt, zerknittert und damit auf der Bettdecke hin- und hergefahren, endlich zweimal tief aufgeseufzt, und dann war er verschieden. Obschon das, was auf dem Papier geschrieben war, nichts Entscheidendes besagte, so konnte sich die Freundin doch vorstellen, was die letzte Bitte gewesen. Dein edler Großvater nahm sich einer kleinen Waise jenes Freundes, die keine rechtlichen Ansprüche an sein Erbe hatte, an, ward ihr Vormund, und legte eine Summe aus eignen Mitteln für sie an, die Deine Großmutter mit manchem kleinen Ersparnis mehrte. Seit diesem Augenblick verschmähte Deine Mutter keine Vorbedeutungen noch ähnliches.« (Nach Bettina von Arnim, Goethes Briefwechsel mit einem Kinde).

Der hartnäckige Liebhaber

Erlebnisse der gefeierten Schauspielerin und Sängerin Claire-Hippolyte *Clairon* (* 1723, † 1802) beschreibt *Goethe* in den »Unterhaltungen deutscher Auswanderer« (1794—1795). Ein Herr de S. gewann Zuneigung zu Fräulein Clairon, die diese nicht in gleichem Maß erwiderte. Sie drang auf Trennung. Nach zweieinhalb Jahren starb der Liebhaber. Kurze Zeit später saß die Sängerin eines Abends in *Paris* »in einem kleinen Kreis von Freunden beisammen, als Schlag 11 Uhr sich ein langer durchdringender Schrei hören ließ. Mlle. Clairon sank in Ohnmacht und war fast eine Viertelstunde bewußtlos. Das Ereignis wiederholte sich, statt der Schreie hörte man nun Flintenschüsse, ohne daß irgend etwas dabei beschädigt wurde. Die Polizei bekam davon Kenntnis; es wurden Wachen aufgestellt, doch ohne Erfolg. Einmal erhielt die Clairon von unsichtbarer Hand eine Ohrfeige. Dann verlor der Spuk sein Schreckhaftes; man hörte nur mehr Händeklatschen und melodische Klänge. Eines Tages nun meldete sich bei Mlle. Clairon eine bejahrte Dame — es war jene, die bei dem Tod des jungen Freundes anwesend war — und erzählte, daß er nachts 11 Uhr, kurz vor seinem Ableben, einen Bedienten schickte, er wolle die Geliebte noch einmal sehen. Sein Verlangen aber wurde nicht erfüllt. In seinem Innersten völlig aufgewühlt, starb er mit den leidenschaftlichen Worten auf den Lippen: › Ich werde sie ebenso sehr nach meinem Tode verfolgen, wie ich es während meines Lebens getan habe. ‹« Goethe verlegte die Handlung nach Neapel und benannte die Sängerin Antonelli. (Nach Ludwig Rosenberger, Geisterseher).

Der alte Baron geht um

»Von 1789 an saß der edle Freiherr Karl Benedikt Adam Rudolf *Geuder* auf dem Gelben Schloß in *Heroldsberg* (Franken). Sehr früh stellte sich heraus, daß er › wahnsinnig ‹ geworden war. Die Heroldsberger sagten immer nur, in ihrer Angst verschreckt, da ob'n gehts um. Denn der Baron triebs ganz schrecklich vor allem in den Nächten. Er ließ überall Kerzen anzünden und jagte dann sein Weib von Zimmer zu Zimmer, von Stockwerk zu Stockwerk. Aber niemand nahte sich ihm, eben, weil man ihn fürchtete, und niemand erstattete Anzeige, da kein Mord passierte. Drei Jahre drauf aber wurde er für unmündig erklärt und erhängte sich auf dem Boden des Gelben Schlosses. Immer, wenn der Sturm übers Dach braust und der Kamin heult, heißts: jetzt geht der alte Baron um . . .« (Verfaßt von Karl Borromäus *Glock,* Gelbes Schloß in Heroldsberg, Quellen: Friedrich Freiherr von Geuder-Rabensteiner und Georg Edler von Mayer-Starzhausen).

Das Bettelweib von Locarno

Heinrich von *Kleist* erzählt in seiner Novelle »Das Bettelweib von Locarno«: Eine alte, kranke Frau, die vor der Tür eines Schlosses bei Locarno gebettelt hatte, war von der Hausherrin aus Mitleid in einem Zimmer auf Stroh gebettet worden. Als der Schloßbesitzer sie sah, befahl er ihr unwillig, aus dem Winkel, in dem sie lag, aufzustehen und hinter den Ofen zu gehen. Die Frau erhob sich, glitt mit der Krücke auf dem glatten Boden aus und beschädigte sich so schwer das Kreuz, daß sie zwar noch mit unsäglicher Mühe aufstand, wie verlangt quer durch das Zimmer ging, hinter dem Ofen aber unter Stöhnen zusammenbrach und starb. Später war in diesem Zimmer um Mitternacht ein Geräusch zu hören, als ob ein Mensch sich vom Stroh, das unter ihm knisterte, erhob, quer durch den Raum ging und hinter dem Ofen unter Geröchel niedersank. Auch der Hund bemerkte die Erscheinung. Schließlich war der Besitzer so verstört, daß er, müde seines Lebens, eine Kerze nahm und das mit Holz ausgetäfelte Schloß in Brand steckte. Die Erzählung Kleists, wohl 1810 entstanden, geht zurück auf ein Spukerlebnis, das Friedrich von *Pfuel* (1781—1846) in *Gielsdorf* (Mark Brandenburg) bei seinem alten Onkel, dem Ritterschaftsdirektor von Pfuel, hatte. Wie der Ausgang in Wirklichkeit war, ist unbekannt. »Wie dem auch sei, es ist wichtig für uns zu wissen, daß ein äußerer Vorgang der Erzählung vom Bettelweib zugrunde liegt.« (Nach S. Rahmer, Heinrich von Kleist als Mensch und Dichter. Berlin 1909).

Das Krachen im Gipskabinett

Ludwig *Richter* hörte eines Nachts ebenso wie sein Vater ein nahes Getöse. Es »war ein heftiges Werfen, Poltern und dazwischen ein schmetterndes Krachen, das aus dem kleinen Cabinet erscholl, welches an das nebenanliegende Atelier stieß, und in dem sich eine schöne Sammlung von Gipsabgüssen und die Kupferstichsammlung des Vaters befand. Es war gar nicht zu bezweifeln, man hörte deutlich die größeren und kleinen Figuren herabstürzen und zerbrechen. Nachdem wir uns überzeugt, daß keine Täuschung obwalte, sprang Papa aus dem Bette, ergriff einen Säbel — eine Reliquie vom Schlachtfelde —, welcher an der Wand hing, und marschierte so im Hemde, die Nachtmütze auf dem Kopfe, den Sarras in der Hand, nach der Tür; ich aber wollte meinen Papa doch nicht allein in das schrecklich spukende Gipskabinett zur Ratten-, Diebes- oder Geisterschlacht ziehen lassen, oder ich fürchtete mich, allein zurückzubleiben; kurz, ich sprang mit einem kühnen Satze ebenfalls aus dem Bette, hielt mich an das Hemd des Vaters und bewaffnete mich mit einer Reißschiene. Wir öffneten vorsichtig die Ateliertür, und, da sich hier nichts zeigte, auch die Tür zum Gipskabinett. Wir glaubten in eine grauenvolle Zerstörung sehen zu müssen, aber nichts von alledem. Es war mäuschenstill, wie es nach Mitternacht in einem stillen Hofe nur sein kann ... Alles repräsentierte sich in alter Ordnung und ohne irgend eine Verletzung unseren Blicken.« In dieser Nacht war der Maler Zingg, Freund der Familie Richter, gestorben. Kurze Zeit vorher hatte er sich zu einem Testament drängen lassen, das ihn beunruhigte. (Nach Ludwig Richter, * Dresden 1803, † ebendort 1884, Lebenserinnerungen eines deutschen Malers).

Die dumpfen Erschütterungen

Eduard *Mörike* stellte verschiedenartige Spukerscheinungen im Pfarrhaus von *Kleversulzbach* fest. Im August 1834 vernahm er zum ersten Mal ein Fallen und Rollen, ähnlich einer Kugel, unter seiner Bettstatt, für das er trotz allen Nachsuchens keine natürliche Ursache finden konnte. Kurze Zeit darauf wurde er jäh aus dem Schlafe geweckt, wobei sein Blick auf einen hellen länglichten Schein unweit der Kammertüre fiel, der nach einigen Sekunden verschwand. Weder der Mond noch ein anderes Licht konnte ihn getäuscht haben. Weiter wurden in den Nächten seine Fensterscheiben bei geschlossenen Läden berührt, es geschahen mehrmals dumpfe Erschütterungen auf dem oberen Boden, als ginge dort jemand, oder es würde ein schwerer Kasten gerückt. Später hörte man noch weitere Geräusche, auch deutliches Atmen und Schnaufen. (Nach Mörikes Werken).

Die verscheuchten Einbrecher

Eine ältere Dame H. von G., befreundet mit dem Schriftsteller Max *Kemmerich,* bewohnte in den letzten Wintern ganz allein mit ihrem Hunde eine Villa am *Ammersee.* »Wiederholt hörte sie dort Spukgeräusche, sah auch bisweilen den Jenseitigen und glaubte ihn nach Photographie und mündlichen Beschreibungen als den verstorbenen Vorbesitzer des Hauses identifizieren zu können. Es war ein alter pensionierter Offizier gewesen. Sie fürchtete sich in keiner Weise vor dem Spuk, hatte im Gegenteil in dessen Gegenwart das behagliche Gefühl nicht ganz allein zu sein. Eines nachts hörte sie an der Haustüre das Geräusch von Einbrechern, die damals die Gegend unsicher machten. Sie drehte das Licht an, der Hund bellte, aber die Kerle ließen sich nicht stören. Da hörte sie in höchster Not dröhnende Schritte ihres jenseitigen Hausgenossen die Treppe herunterkommen. Offenbar vermuteten die Einbrecher im Geräusch einen männlichen Gast und nahmen spornstreichs reißaus. Der Spuk hatte ihr Eigentum und vielleicht sogar ihr Leben gerettet! Daß hier der Jenseitige helfen wollte, kann nicht zweifelhaft sein«. (Nach Max Kemmerich, Die Brücke zum Jenseits).

Geister spielen Klavier

»Vor anderthalb Jahren,« erzählt der Schweizer Maler Eduard *Paris* (* *Colombier* bei Neuenburg 1870), »plauderten mein Vater, eine Kusine, die bei uns auf Besuch war, und meine Schwester im Speisezimmer. Diese drei Personen waren allein im Zimmer, als sie plötzlich im Salon Klavierspiel hörten. Sehr erstaunt ergreift meine Schwester die Lampe, geht in den Salon und sieht tatsächlich einige Tasten sich gleichzeitig senken, anschlagen und sich wieder aufrichten. Sie kommt zurück und erzählt, was sie gesehen hat. Man lacht im ersten Augenblick über ihre Geschichte, da man am Ende der Angelegenheit eine Maus sieht; weil die Persönlichkeit aber über ein ausgezeichnetes Auge verfügt und nicht im allergeringsten abergläubisch ist, fand man die Sache seltsam. Da traf nach einer Woche ein Brief aus New York ein, der uns vom Ableben eines alten Onkels in Kenntnis setzte, der dort gewohnt hatte. Was aber noch außerordentlicher war: Drei Tage nach der Ankunft des Briefes begann das Klavier neuerdings zu spielen. Wie das erstemal nach acht Tagen eine Todesnachricht uns erreichte, so diesmal die der Tante. Mein Onkel und meine Tante bildeten als Ehepaar eine vollkommene Einheit. Sie hatten sich eine große Anhänglichkeit an ihre Verwandten und an ihren Jura, ihr Heimatland, bewahrt.« (Nach Camille Flammarion, L'Inconnu).

Die mittelalterliche Musik

Geheimnisvolle Musik hörte der Dichter Verner von *Heidenstam* (* 1859, † 1940). Er hatte um 1910 für einen Winter ein altes Rittergut in *Södermanland* gemietet, um dort in Ruhe arbeiten zu können, und bezog das Haus, das seit vielen Jahren unbewohnt gewesen war. Mitten in der Stille der Nacht wurde er nun oft von einer wunderlichen Musik geweckt, deren Herkunft ein Rätsel blieb. Sie unterschied sich in Tonfolge und Tönen von allem, was er je gehört hatte, und schien von einem alten eigentümlichen, vielleicht harfenähnlichen Instrument zu kommen. Sie begann offenbar in der einen Ecke des Zimmers, floß nach und nach an die andere Seite über und schwand endlich durch die Wand. Auch die Gattin des Dichters, die sehr musikalisch war, hörte diese Melodie und konnte sie bald auswendig. Eines Tages, als sie in die Küche trat, trällerte sie das Stück leise vor sich hin. Erstaunt hielt sie inne, als sie die Augen des Dienstmädchens verwundert auf sich gerichtet fühlte. Bald stellte sich heraus, daß auch dieses die seltsamen Klänge regelmäßig nachts gehört und sie sofort wiedererkannt hatte. Heidenstam zeichnete die Tonfolge auf und sandte die Noten dem Komponisten Gösta Geijer, der nicht wenig überrascht und betroffen war. Denn es zeigte sich, daß die Melodie

auf einer mittelalterlichen, der mixolydischen Tonleiter aufgebaut war, die weder Heidenstam noch seine Frau kannten. Der
Dichter bestätigte in einem Brief (Naddö, Vadstena, 20.6.1913)
den Bericht: »Die Notiz schildert . . . den Verlauf. Die aufge-
zeichnete Melodie liegt bei Herrn Gösta Geijer. Ich glaube
überhaupt nicht an Gespenster, was ich ausdrücklich bemerken will. Ich glaube, daß die Toten wirklich tot sind. Die Na-
tur-Töne, die nicht-menschlichen Töne, zum Beispiel bei
Sturm oder Meeresrauschen hörbar, folgen alle einer gewissen
Logik wie auf einer primitiven Tonleiter. Auch die Töne, die
man im Fieber hört, besitzen ihre musikalische Logik, wie eine
alte Messe. Eine vollständige Erklärung gibt dieses wohl kaum,
da keiner krank war und es nicht stürmte und man die Quelle
der Töne nicht finden konnte; vielleicht deutet es doch einen
Weg nach Erklärung an.« (Nach Wilhelm Wirchov, Seltsame
musikalische Phänomene. In »Merker« 1914).

Geruchserscheinungen

Der würzige Tabaksduft

Max *Dauthendey* verabredet sich am 5. 9. 1896 $1/2$ 1 Uhr in *Paris* mit seiner Frau, zum Einkaufen zu gehen. »Ich trat hinter einen Wandschirm, wo sich eine Wasserleitung befand, und wollte vor dem Ausgehen meine Hände waschen. Ich hatte weder geraucht, noch befanden sich Zigaretten im Hause, aber seltsamerweise schien es mir, als ob während des Waschens Seife, Wasser und meine Hände plötzlich nach bitterem türkischen Tabak rochen. Es war jener, mir von Hause aus so wohlbekannte, aromatische Tabaksgeruch, wie ich ihn zeitlebens nur bei meinem Vater in seinem Zimmer und bei seinen Zigaretten eingeatmet hatte. Ich schüttete das Wasser fort, wusch meine Hände von neuem, zwei-, dreimal. Aber der Zigarettengeruch haftete durchdringend an der Haut meiner Hände.«
Seine Frau bemerkte den Geruch nicht. Nicht lange danach rief unten im Vorgarten des Ateliers die Hausmeisterin herauf: »Ist Herr Dauthendey zu Hause? Hier ist ein Telegramm!« Der Vater war am selben Mittag um $1/2$ 1 Uhr in Würzburg gestorben. (Nach Max Dauthendey, Der Geist meines Vaters. Aufzeichnungen aus einem begrabenen Jahrhundert).

Der behagliche Zigarettenrauch

Eine Dame, bekannt mit dem Schriftsteller Max *Kemmerich*, »war vor einem halben Menschenalter an einen Ungarn verheiratet gewesen. Als wir die Inflation erlebten, schwankte sie, ob sie ihr ganzes Vermögen, dem Rate ihrer Angehörigen folgend, nach Ungarn legen sollte und dachte dabei schmerzlich an den fehlenden Rat des verstorbenen Gatten. Da roch sie plötzlich seine Zigarette, seine Spezialmarke, und hatte das Gefühl seiner Anwesenheit. Das hätte nun selbstredend keinerlei Beweiskraft, wenn ihr altes Dienstmädchen nicht eintretend ihr sanfte Vorhaltungen darüber gemacht hätte, daß sie entgegen der Verordnung des Arztes wieder geraucht habe. Sie roch also gleichfalls die Zigarette, wiewohl 4 bis 5 Tage vorher niemand in der Wohnung geraucht hatte. Die behagliche Stimmung, hervorgerufen durch die telepathisch erzeugte Halluzination des Rauchens, übersetzte die Dame dahin, alles beim alten lassen zu sollen und hatte es in der Folgezeit nicht zu bereuen.« (Nach Max Kemmerich, Die Brücke zum Jenseits).

Körperliche Berührung durch Spuk

Thea macht sich noch immer bemerkbar

Johann Wendelin, Kanonikus zu St. Florin in Koblenz, Sohn des Zollschreibers und Saalkellers Hermann Joseph von *Lammerz* zu *Lahnstein,* auf der dortigen *Martinsburg* geboren und erzogen, berichtet von einer verschleierten Dame. Sie begegnete einst am Abend seiner Mutter, welche die Seitentreppe heraufgegangen war, und bat sie um Gottes Willen, sie möge ihr doch helfen. Frau von Lammerz zeigte Bedenken und erstieg die Treppe vollends. Die Gestalt folgte ihr bis zur Wohnstube und schlug den Schleier zurück. Sie hatte ein schönes Gesicht, dessen Leichenblässe jedoch Schrecken einjagte. Das Gespenst, als solches erkannte es nun die Hausfrau, nannte seinen Namen Dorothea und den Namen eines zu Anfang des 17. Jahrhunderts verstorbenen Amtmannes zu Lahnstein, ihres Ehemannes, und schrieb ihn auch auf, mit Tinte in ein daliegendes Haushaltungsbuch und mit Kreide auf den Tisch. Dieser habe sie ermordet und in einem Keller verscharrt. Man möge graben, die Gebeine in einen Sarg sammeln und bestatten. Bei den Gebeinen finde sich das Schwert, mit dem die Untat geschehen sei, und ein Kästchen mit Geld, was für Grab und Gedenkstein verwendet werden solle. Der Geist wiederholte häufig seine Besuche und jedesmal dringender seine Bitte, ließ sich auch durch anwesende Kinder nicht stören. Diese haben nie eine Gestalt gesehen, jedoch deutlich zweier Personen Gespräch gehört. Bald wurde die Erscheinung lästig und erschien in schrecklichen Gestalten, so mit blutendem Mund, mit feurigen Ketten. Davon wußte der Kanonikus jedoch nur von Berichten der Mägde und der Mutter, denn die Kinder brachte man seitdem am frühen Abend zu Bett. Das Gespenst wurde immer zudringlicher, so kam es einmal zu der Hausfrau aufs Bett und setzte ihr mit Zwicken und Schlägen zu. Am nächsten Morgen bemerkte der Ehemann die fürchterlichen Brandbeulen, die sie an Hals und Armen trug. Nun ließ man einen schweren Stein auf die Stelle, wo die Tote verscharrt sein sollte, wälzen und die Tür zu der verdächtigen Kellerabteilung vermauern. Dann trat Ruhe ein. (Nach Christian von Stramberg).

Keineswegs war der Spuk für immer fort. »Kürzlich erzählte mir ein Bewohner des Martinsschlosses in Lahnstein von einer nächtlichen Begebenheit, die, stünde er nicht mit beiden Beinen fest auf der Erde, ihn an die Existenz von Gespenstern glauben ließe. Mitten in der Nacht sei er plötzlich aus seinem Tiefschlaf durch ein lautes Gespräch zweier Personen aufgewacht, das deutlich aus dem Gang vor seiner Wohnung zu vernehmen war. Frauenstimmen seien es gewesen, die miteinander stritten. Nach einer Weile habe er, von Ungeduld gepackt, nachsehen wollen, was denn dort draußen eigentlich los sei. Er habe seine Wohnungstür geöffnet und sei durch den Vorraum zum Flur gegangen. »Doch draußen war es stockfinster und totenstill«, berichtete er, worauf er sich kopfschüttelnd wieder ins Bett gelegt und lange Zeit nach einer Erklärung gesucht habe. Eine andere Schloßbewohnerin erklärte, ihr selbst sei Thea bisher »nur einmal als eisiger Hauch am Eingangsportal › begegnet ‹. Zuvor sei das Hoflicht plötzlich ausgegangen und an der Tür habe man den Eindruck gehabt, als ob von innen jemand zuhielte. Bei anderen Leuten im Schloß sorge Thea von Zeit zu Zeit für schlaflose Nächte oder füge ihnen blaue Flekken zu«. (Nach »Rhein-Lahn-Post« vom 3.2.1982).

Die blauen Flecken

Liselotte *von der Pfalz* schildert in einem Brief vom 27.4.1719 an Luise *Raugräfin von der Pfalz,* zweite Gemahlin ihres Vaters: Ihre Tante, die *Prinzessin von Tarent,* berichtete ihr, daß sie zur Todesstunde ihres Onkels, des Landgrafen Fritz, in *Haag* im Vorholz auf einmal aufgeschrien und gesagt habe, jemand drücke ihr den Arm abscheulich. Man sah dann vier Finger und einen Daumen markiert, »ganz blau, blau«. Sie sagte, ihr Onkel Fritz müsse tot sein, denn er habe ihr versprochen, ihr ganz gewiß Adieu zu sagen.

Der Abschiedsgruß

In einer Stadtwohnung in *Madrid* (Horteleza 61) »verstarb am 8.9.1947 mein Großvater. Aus dieser Tatsache heraus hatte meine Großmutter Angst alleine zu schlafen, und so kam es, daß mein Vater in ihrem Bett und sie im Bett ihres Mannes schlief. In dieser Nacht kam plötzlich eine weiße Gestalt ins Zimmer, deren Konturen so verschwommen waren, daß man sie gerade noch als menschliche Gestalt identifizieren konnte. Diese Gestalt nun trat an das Bett, in dem mein Vater lag, packte ihn am Arm und ging danach wieder. Mein Vater sagte, daß er danach noch den Druck der Finger auf seinem Arm spürte. Dienstboten meinten am nächsten Tag, diese Gestalt wäre mit Sicherheit mein Großvater gewesen, der sich verabschieden wollte«. (Nach einem Bericht von Catrin Cohnen vom 8.7.1983 und 22.4.1984 für den Verfasser).

Die Erscheinung im Tanzsaal

Victor von *Scheffel* (1826—1886) führte als Student in *Heidelberg* die Geliebte seines schwerkranken Freundes auf dessen Bitte zu einer Tanzveranstaltung und machte ihr dort, wenn auch ohne rechten Ernst, den Hof, wovor ihn der Freund gewarnt hatte. Da fühlte Victor einen derben Schlag auf die Schulter, drehte sich erschrocken um und sah zu seinem Entsetzen den Freund im Ballanzug, jedoch ohne Vorhemd und Weste, von Blut überströmt, das seinem Mund entquoll. Als Scheffel ihn anrief, zerrann die Erscheinung, die sonst niemand gesehen hatte. Victor eilte in die Wohnung des Freundes und fand ihn dort tot auf dem Fußboden, im Zustand, wie er ihm als Spuk erschienen war. Er hatte seiner Mutter gegenüber darauf bestanden, das Paar im Tanzsaal zu überraschen, als er tot im Zimmer zusammenbrach. (Nach Ludwig Rosenberger).

Geist mit schlechten Manieren

Zu den oft von Gespenstern heimgesuchten Häusern gehören in England die Gaststätten. Viele Wirte sind überzeugt, daß »ihr« Geist echt ist. Einen unangenehmen Vertreter gibt es im »Knight's Lodge Inn« am Rand von *Corby* in Mittelengland; ein großer, stattlicher Kerl, wie die Wirtin berichtet. Er hat die böse Gewohnheit, Frauen an der Bar in den Allerwertesten zu kneifen. (Nach Christian Fürst in NZ Nr. 28, 1984).

Veränderungen an Gegenständen

Die rumpelnden Nüsse

Als *Luther* sich 1521 auf der *Wartburg* verborgen hielt, ver-. wahrte er in einem Kasten einen Sack mit Haselnüssen, die er von Zeit zu Zeit aß. Als er sich eines Abends zu Bett legte, begannen die Nüsse zu rollen, zu rumpeln und mächtig an die Balken zu stoßen. Bald war auf der Treppe ein Gepolter, als werfe man Fässer hinab. (Nach den Tischreden Luthers).

Der verhinderte Selbstmord

Der Bildhauer und Goldschmied *Cellini* wurde 1539 zum zweitenmal auf der *Engelsburg* in *Rom* gefangengehalten und streng behandelt; nur etwa 1 $1/2$ Stunden drang das Licht in seinen Kerker. Er beschloß, sich das Leben zu nehmen und stellte sich ein großes Holz zurecht, um es wie eine Falle auf seinen Kopf schlagen zu lassen. Als er eben die Hand hinstreckte, um loszudrücken, ergriff ihn ein unsichtbares Wesen und schleuderte ihn fort, so daß er wie tot liegen blieb. (Nach Cellinis Lebensbeschreibung).

Die eingebrannten Hände

In *Rhens* ging eine Frau zum Friedhof, der die Kirche umgibt. Sie war noch nicht oben, als ihr ein Mann von so düsterem, schmerzlichem Aussehen begegnete, daß sie beim Anblick ohnmächtig niedersank. Als sie wieder zu sich kam, stand der Unheimliche dicht vor ihr. Sie redete ihn an; der Geist sagte, er habe sich von ihr einen Dienst zu erbitten. Sie solle seinen Angehörigen eine Botschaft bringen. Gefragt, nannte er seinen Namen († um 1805). Er gehe um wegen des Freiheitsbaumes von 1797. Man möge 20 Messen lesen und ebenso viele Kerzen in Bornhofen aufstellen. Man werde ihr nicht glauben, meinte die Frau. »Dafür will ich sorgen!« sprach der Geist. »Lasset Euch von meinen Leuten ein weißes Tuch reichen, darin will ich mein Hausmerk schreiben!« Sie solle am anderen Tag wiederkommen. Das geschah. Stumm hielt sie das Tuch ihm dar, stumm legte er beide Hände darauf und verschwand. Es roch nach versengter Leinwand: Zwei Hände waren eingebrannt. Derartige Berichte sind nicht selten. In *Rom* gibt es ein *»Fegefeuer-Museum«* in der Kirche Sacro Cuore del Suffragio (Lungoteveri Prati 12), 1900 eingerichtet durch Pater Victor *Jouet.* Hier finden wir eine in ihrer Art einmalige Sammlung: Feuer-

spuren auf Gebetbüchern, Meßbüchern, Stoffen (wie dem —
leider jetzt nicht mehr vorhandenen — stark versengten Mili-
tärmantel der italienischen Wache, die während einer Nacht
des Jahres 1932 im Pantheon das Zenotaphium des ermordeten
Königs Humbert I. hütete, dessen Gespenst seine feurige Hand
auf der Schulter des Soldaten abdrückte, nachdem es ihm eine
Botschaft für Viktor Emanuel III. anvertraut hatte), auf Brett-
chen, auf feuergravierten Stuhllehnen und ähnlichem: Symbo-
le für das geistige Feuer dieser Seelen in der Phase der Sühne.
(Nach Christian von Stramberg und Bruno Grabinski, Beweise aus dem Jenseits).

Die wiederholten Uhrschläge

In der Nacht vor dem Tod *König Maximilians II. von Bayern*
1864 begann die Uhr der Theatinerkirche (Hofkirche St. Kaje-
tan) gegenüber der Residenz in *München* ab 11 Uhr plötzlich,
in kurzen Abständen immer wieder zwölf zu schlagen; die Zei-
ger gingen richtig weiter. Mit dem regulären Mitternachts-
schlag endete der Spuk und wiederholte sich nicht mehr. Man
untersuchte das Werk: es war in Ordnung. Zwischen 11 und
12 Uhr mittags am nächsten Tag starb der König. — So ahnte
man nichts Gutes, als die gleiche Uhr am 13.6.1886 kurz vor 7
Uhr stehen blieb. 6 Minuten vor 7 Uhr stand auch *König Ludwigs II.* Taschenuhr still, als bei seinem Tod im Starnberger See
bei Schloß *Berg* Wasser in sie eingedrungen war. (Nach einem
Bericht von Helena von Fortenbach).

Der zersprungene Pokal

Auf Gut *Obernigk* in Oberschlesien wollte man auf die Gene-
sung der Gattin Luise des Dichters Karl von *Holtei*
(1798—1880) trinken. Als der Pokal erhoben wurde, hörte
man einen Klang wie von gesprungenem Glas und aus dem
Kelch fiel ein rundes Stück auf den Tisch. Um diese Stunde
war Luise von Holtei in Berlin gestorben. Aus dem gleichen
Pokal hatte sie 4 Jahre zuvor den Gästen Dank zugetrunken,
die auf ihre Gesundheit als Neuvermählte getrunken hatten.
(Nach von Holtei, Vierzig Jahre).

Der Riß im Bowlegefäß

Oberst von *Goldammer*, ein Freund des Grafen Wilhelm von
Bismarck (damals Regierungspräsident in Königsberg), emp-
fing diesen als Pächter eines Teils der Fürstlich Bismarckschen
Jagd oft als Gast in seinem Jagdhaus *Stangenteich* bei *Friedrichs-*

ruh. »Die Herren tranken dann ihre Bowle aus einem Glasgefäß, das der Graf dem Obersten verehrt hatte. Eines Tages — es war am 30. Mai 1901 — als der Oberst mit seinen Gästen fröhlich um das Glasgefäß saß, das mit Erdbeerbowle gefüllt vor aller Augen auf dem Tische stand, bekam es plötzlich einen Sprung. Niemand konnte sich die Ursache erklären, da es weder berührt worden war, noch Wärme in Frage kommen konnte, ganz abgesehen von dem starken Glase der Wandung. Anderen Tages traf die telegraphische Nachricht vom Ableben des Grafen ein, der in Varzin unerwartet einer Lungenentzündung erlegen war.« (Nach einem Bericht von Oberst von Goldammer in: Max Kemmerich, Die Brücke zum Jenseits).

Die Taschenuhr des Philosophen

Der Philosoph Antonio *Rosmini* starb am 1. Juli 1855 im *Palazzo Bolongaro* zu *Stresa*. Im dort befindlichen »Museo Antonio Rosmini« ist seine Taschenuhr zu sehen, stehengeblieben in seiner Todesstunde. (Nach der Beschriftung der Uhr im Museum: Orologio da tasca di Antonio Rosmini fermato sull' ore della morte 1 luglio 1855).

Das Lied von der Uhr

Das Lieblingslied von Thomas Alva *Edison* war die Vertonung eines lyrischen Gedichts, »Großvaters Uhr«, das von einer Uhr handelt, die, am Morgen, als Großvater geboren wurde, gekauft, sein ganzer Stolz war und, als der alte Mann starb, zu schlagen aufhörte. Edison hatte dieses Lied auf eine Schallplatte aufgenommen und spielte es seinen Assistenten oft vor. In seinem Arbeitszimmer hing über dem Kamin eine große Wanduhr, die 30 Tage lief, ohne daß sie aufgezogen werden mußte (eine der vielen Erfindungen Edisons). Als er am 18.10.1931 in West Orange (N. J.) um 15.24 Uhr starb, blieb sie stehen, ohne technischen Defekt, das Werk war nicht abgelaufen. Noch heute zeigt sie diese Zeit; das Arbeitszimmer kann besichtigt werden. Auch drei unterschiedliche Uhren seiner drei Assistenten blieben um die gleiche Zeit stehen. (Nach Allan Spraggett, in »Neue Weltschau« vom 26.10.1978).

Der vom Finger gestreifte Ring

»Am Donnerstag, dem 24. September 1914«, berichtet Oberst a. D. Dipl.-Ing. Carl von *Bock u. Polach,* »war meine Mutter in *Liegnitz* in einem Tricotagengeschäft, um für meine Brüder und mich (damals 7, 10, 14 Jahre alt) Strümpfe zu kaufen. Es war kurz vor 12.00 Uhr. Plötzlich löste sich vom Finger meiner Mutter ihr Trauring, kullerte über den Ladentisch und fand sich dann unter einem Haufen von Strümpfen wieder. Die Verkäuferin — ca. 30 Jahre alt — wurde leichenblaß und sagte zu meiner Mutter:›Gnädige Frau, das bedeutet großes Unglück.‹ Am Tage darauf bekamen wir die Nachricht, daß mein Vater beim Sturm auf die Côtes-Lorraine bei St. Maurice sous les côtes südwestlich Verdun an der Spitze seiner Kompanie, der 8., Grenadier-Regiment König Wilhelm I. (2. Westpreußisches) Nr. 7, fast zur Minute genau mit dem Erlebnis meiner Mutter gefallen sei.« (Nach einem Brief von Oberst a. D. Dipl.-Ing. Carl von Bock u. Polach [* Detmold 1901] vom 9.6.1980 an den Verfasser).

Die läutende Glocke

»Im Gut *Vera* (Provinz Almeria, Spanien) befindet sich eine Glocke, die am Dachstuhl aufgehängt ist und man mit einem Seil, welches in den Flur zum Eßzimmer hinunterhängt, betätigen kann. Jedes Mitglied der Familie oder des Personals hatte einen bestimmten Glockenruf, womit es gerufen werden konnte. Als einmal alle Personen des Hauses zum Essen am Tisch saßen, fing die Glocke an zu läuten und zwar den bestimmten Ruf eines Familienmitglieds, womit auszuschließen wäre, daß der Wind oder ein Vogel die Glocke bewegte. Als einige von den anwesenden Personen in den Flur gingen um nach der Glocke zu schauen, bewegte sich die Kordel so, als hätte jemand sie zum Läuten benutzt. Jedoch kann man nur an diese Kordel gelangen, wenn man die davorstehende gläserne Eßzimmertür zumacht. Da diese aber im Blickfeld einiger der anwesenden Personen war, konnte dies niemand unbemerkt machen.« (Nach einem Bericht von Catrin Cohnen vom 8.7.1983 und 22.4.1984 für den Verfasser).

Die verlöschenden Öllämpchen

»Mein Vater mußte einmal allein in seinem Gut *Vera* (Provinz Almeria, Spanien) übernachten. Er richtete sich sein Lager im ehemaligen Zimmer seiner 1917 verstorbenen Großmutter ein, in welchem ein kleiner Altar steht. Auf diesen stellte er zwei Öllämpchen und ging zu Bett. Nach einiger Zeit ging zuerst das eine Lämpchen aus, danach das andere. Mein Vater stand auf, schaute nach, ob das Öl alle wäre, was jedoch nicht der Fall war, zündete die Lämpchen wieder an und legte sich erneut ins Bett. Es dauerte nicht lange bis die Öllämpchen wie-

der ausgingen, obwohl kein Windzug sie hätte ausblasen können. Wiederum zündete mein Vater die Lämpchen an. Doch
als diese danach ein drittes Mal ausgingen, gab mein Vater das
Spielchen auf und schlief im Dunkeln.« (Nach einem Bericht
von Catrin Cohnen vom 8.7.1983 und 22.4.1984 für den Verfasser).

Die nicht gelesenen Messen

In einem katholischen »Pfarrarchiv wurden die Bücher aus den
Regalen geschleudert, davon ein Buch auf den Tisch gelegt und
darin geblättert. Eigenartigerweise blieb das Buch immer auf
einer bestimmten Seite geöffnet. Die Störungen waren so peinlich und beängstigend, daß kein Geistlicher in dem Pfarrhaus
bleiben wollte. — Der Spuk begann mit dem Heimgang des alten Priesters. Das Buch, das jeweils aufgeschlagen wurde, war
jenes, in welches die bestellten heiligen Messen eingetragen
wurden. Nachdem alle Gebete und der Exzorismus nichts
nützten, im Gegenteil, der Spuk immer stärker auftrat, kam
man nach langem Hin und Her zu der Meinung, der alters-
schwache Priester habe vielleicht jene Messen, die auf dem aufgeschlagenen Blatt vermerkt waren, nicht gelesen. Nun kam
man überein, sämtliche auf dieser aufgeschlagenen Seite ver-
merkten Messen nochmals zu zelebrieren. Der Erfolg war ein
durchschlagender: Der Spuk war sofort und für immer erloschen!«
*»Pater Wolfgang von Gruben, der ein erfahrener Forscher und
Seelsorger war, betonte immer wieder, wie hier der gesunde
Menschenverstand recht behält, der in solchen Manifestationen
das Hilfesuchen einer belasteten Seele sieht, die im Jenseits keine
Ruhe findet.« (Nach einem Bericht des Benediktinerpaters Wolfgang Freiherr von Gruben an den Schriftsteller Otto Roesermül-
ler in: Bruno Grabinski, Spuk und Geistererscheinungen).
Dieser Fall verdeutlicht, daß der Jenseitige von sich aus auftrat,
nicht auf Gottes Geheiß. Denn Gott würde wohl kaum einen
Pfarrer wegen vergessener Messen zum Spuken schicken.*

Die unbereinigte Erbangelegenheit

»Ein evangelischer Pfarrer hatte bei einer Predigtvorbereitung
an einem Samstagabend ein merkwürdiges Erlebnis. Es ging
plötzlich die Türe auf, und sein verstorbener Vorgänger, den
er von einem Foto her kannte, erschien in seinem Arbeits-
raum. Der Pfarrer erschrak über diesen merkwürdigen Besuch
und wußte nicht recht, ob es sich bei ihm um eine Halluzina-

tion handelte oder um ein reales Geschehen. Der verstorbene Amtsbruder sprach ihn an und klagte, er käme im Jenseits nicht zur Ruhe. Der Pfarrer fragte ihn, ob er ihm in irgendeiner Weise behilflich sein könne. Der Wiedergänger berichtete, eine unselige Erbgeschichte würde ihm die Ruhe rauben und erst, wenn das Unrecht korrigiert wäre, würde er von seiner Qual erlöst werden. Er erzählte dem erstaunten Kollegen, er hätte zusammen mit seinem Kirchengemeinderat in einer Erbsache einen unrechten Beschluß gefaßt. Einigen Gemeindegliedern ging dadurch ein in Amerika hinterlassenes Vermögen verloren. Der Wiedergänger bat den Pfarrer, er möchte doch mitkommen. Er werde ihm die betreffende Akte aus dem Aktenschrank herausholen. Der Wiedergänger ging dem Kollegen zum Archiv voran und holte aus einem bereits abgelegten Aktenbündel die diesbezügliche Akte heraus. Er erklärte ihm dann die Zusammenhänge aufgrund des Schriftstückes. Damit verschwand er. Der Pfarrer machte sich sofort daran, den Fall zu regeln und besuchte die alten Glieder des früheren Kirchengemeinderates. Es fand eine Sitzung statt mit dem neuen Kirchengemeinderat, und der betreffende Beschluß wurde aufgehoben und korrigiert. Von diesem Zeitpunkt an erschien der Wiedergänger im Pfarrhaus nicht mehr, nachdem vorher jahrelang immmer merkwürdige Schritte und seltsame Spukphänomene im Pfarrhaus beobachtet worden waren.

Ich bin mir bewußt, daß dieser Bericht schwere theologische Probleme auslöst. Ist das überhaupt möglich, daß ein Mensch, der gestorben ist, vom Jenseits her noch ein Unrecht wiedergutmachen kann? Wir lehnen das normalerweise nach unserem Verständnis der Bibel ab. Andererseits ist dieser Familie durch dieses seltsame Ereignis das Erbe in Amerika noch zugänglich gemacht worden. Die Parapsychologen würden sagen, der Pfarrer habe durch eine Hellsehfähigkeit den Inhalt der fraglichen Aktenstücke unbewußt aufgenommen. Da er den verstorbenen Amtsbruder durch ein Foto kannte, hat er diesen Wissensinhalt mit einem nach außen projizierten Bild des Amtsbruders gekoppelt. Diese parapsychologische Erklärung ist aber genauso unbegreiflich und zweifelhaft wie die ganze Geschichte selbst. Ich kann nur bezeugen, daß der Pfarrer das so erlebt hat, wie es hier berichtet ist.« (Nach Kurt E. Koch, Okkulter ABC).

Spüren der Anwesenheit fremder Existenzen

Der Aufhocker

Unweit des Königsstuhls in *Rhens* (damals noch an der Straße nahe dem Rhein) stand ein Nußbaum, in dessen Bereich es nicht geheuer war. Es wird von einem seltsamen Wesen berichtet; es ließ »zusammengerollt als eine Kellerassel sich auf den Hut, den Kopf, die Schulter eines Vorübergehenden herabfallen, um sodann, seine Glieder ausstreckend, zu einer unerträglichen Last anzuschwellen«. (Nach Christian von Stramberg).

Der »Aufhocker« oder »Hockauf« ist in der Volksüberlieferung allgemein bekannt, eine Spukgestalt, die dem einsamen Wanderer auf den Rücken springt und sich von ihm tragen läßt. Teils wird er nicht gesehen, manchmal als Schatten, schwarz. Diese Sagen gehen wohl meist auf echte Erlebnisse zurück. Man sucht die Ursache in einer inneren Beklemmung, der »Brustangst«. Es ist hier jedoch auch an echten Spuk zu denken: Menschen, die eine Geistererscheinung nicht sehen, fühlen sie durch eine Beengung. Das kann leicht als »Aufhocker« gedeutet werden. Es ist alter Volksglaube, daß die jenseitigen Wesenheiten den Lebenden (den »Medien«) Energie (»Od«) entnehmen, um sich zu manifestieren. Berichte über Vampirismus gehen wohl auf ähnliche Erscheinungen zurück. Besonders volkstümlich ist der Hockauf oder *Huckup* in *Hildesheim*, wo ihm ein Denkmal gesetzt wurde: Es zeigt ihn auf dem Rücken eines Apfeldiebs, dem seine Äpfel entrollen, und trägt auf dem Sockel die Inschrift:

»Junge, lat dei Appels stahn,
Süs packet deck dei Huckup an.
Dei Huckup is en starken Wicht,
Hölt mit dei Stehldeifs bös Gericht!«

Das einsame Grab

Schiller fand 1782 Aufnahme bei Frau Henriette von Wolzogen in einem Haus nahe deren Herrensitz *Bauerbach* bei Meiningen. Mit dem Verwalter des Gutes wanderte er oft in die umliegenden Wälder. Auf einem einsamen Platz zwischen wildem Gestein ergriff ihn das Gefühl, daß hier ein Toter begraben liege. Kurz darauf berichtete sein Begleiter von einem Mord an einem Fuhrmann, der da bestattet sei. (Nach Caroline von Wolzogen, Schillers Leben).

Die nächtliche Mitanwesenheit

Stefan *George* (* Bingen-Büdesheim 1868) war 1909 erstmals Gast bei Alexander Freiherr von *Bernus* auf Schloß (Stift) *Neuburg* am Neckar bei Heidelberg. Das ihm zugedachte Zimmer, das schönste der Gasträume, hatte jedoch eine zwielichtige Seite. Alexander von Bernus berichtet, er habe in manchen Gemächern »das Unheimliche einer fremden, unsichtbaren Gegenwart, die sich mitteilen wollte, wahrgenommen, doch in keinem Zimmer so konzentriert und sich aufdrängend wie in Stefan Georges Zimmer. Geräusche wurden hörbar, und mitunter, wenn auch ganz selten, kam es von unter dem Fußboden her wie das Rollen von Kegelkugeln. Nicht ich allein, auch andere, die in dem Zimmer schliefen, machten die gleiche Wahrnehmung. Als ich mit Karl *Wolfskehl* (dem bekannten Schriftsteller) Stefan George nach seiner Ankunft in das Zimmer geleitete, glaubten wir, ihn auf die Eigentümlichkeit … aufmerksam machen zu müssen«. George sagte: »Vielleicht sind heute nacht stärkere Gegenkräfte anwesend.« Am Morgen erschien George etwas übernächtigt am Frühstückstisch. Auf eine Frage Wolfskehls, ob er etwas wahrgenommen habe, antwortete er: »Sie sind da. Ich habe die ganze Nacht kein Auge zugetan.« »Aber er gewöhnte sich anscheinend bald an die unsichtbare nächtliche Mitanwesenheit, wie ich (Bernus) und ander es auch getan hatten.« (Nach Alexander Freiherr von Bernus, Auf Schloß Neuburg, »Das literarische Deutschland«, Heidelberg 20. Juli 1951, Nr. 14).

Gerufene Geister/Geschäft mit dem Teufel

Die Beschwörung

Ein Herr von *Poncet,* so erzählen seine Töchter Fritze und insbesondere Lore, war öfters in Abendgesellschaften des *Herzogs Karl von Kurland* († 1796), eines sächsischen Prinzen, den die Russen aus Mitau vertrieben hatten und der im *Kurländer Palais* in *Dresden* residierte. Der Abenteurer Johann Georg *Schrepfer* (* Nürnberg 1730, † Leipzig 1774 durch Selbstmord) hatte dort nach und nach das schönste Zutrauen gewonnen, namentlich durch die sonderbare Geschichte mit dem Briefe (s. u.!); die Herren waren sämtlich seine Schüler geworden, und er durfte fortan bei den kleinen Soupers des Herzogs nicht fehlen. Hier wußte er durch trügerische Reden wie durch die Zeichen und Wunder, die er ab und zu zum besten gab, die Köpfe dermaßen zu verwirren, daß man am Ende keine Einsicht für zu tief hielt, die er nicht hätte haben, und kein Ding für zu schwierig, daß er's nicht hätte tun sollen. So konnte es denn geschehen, daß eines Abends ein sehr frevelhaftes Verlangen laut ward; Schrepfer sollte gewisse längst verstorbene Personen zitieren und erscheinen lassen. Anfänglich widerstand der Hexenmeister. Er bat die Herren, zu bedenken, daß sie selbst noch zu wenig in die Tiefen der Wissenschaft eingedrungen und daß es nicht ohne Gefahr sei, Kräfte zu entfesseln, deren Herr zu werden man die Mittel noch nicht habe. Aber man ließ dem spröden Zögerer keine Ruhe, und endlich gab er denn auch nach, jedoch nur unter der Bedingung, daß sämtliche Teilhaber sich eidlich verpflichteten, drei Tage lang zu fasten und während der Beschwörung mäuschenstill zu schweigen.

Am vorbestimmten Tage gegen Mitternacht fand sich also die kleine, durch Fasten etwas heruntergekommene Gesellschaft im Palais zusammen, und dem Beschwörer Schrepfer ward das Verzeichnis derer übergeben, die noch fehlten, nämlich der jenseitigen, von ihm besonders einzuladenden Gäste. Es waren lauter hohe Namen, meist aus dem Kurhause; außerdem aber noch der Doktor Luther. Herr Schrepfer schien bedenklich, nicht wegen der fürstlichen Personen, sondern Luthers wegen; der sei wohl besser wegzulassen, meinte er. Dies verlangte auch mein Vater, der ein guter Protestant war; aber alle Widerrede war vergebens, und Luthers Name blieb auf ausdrückliches Verlangen des Herzogs.

72

Man durchschritt nun eine lange Reihe dunkler Zimmer, der Nekromant voran mit einer Blendlaterne, bis man die Türe des großen Speisesaals — jetzt das anatomische Theater — erreichte. Hier machte Herr Schrepfer halt, wandte sich gegen die Nachfolgenden und legte den Finger an die Lippen. Dann öffnete er. Man trat schweigend ein, und die Herren nahmen auf bereitstehenden Sesseln Platz. Das Licht der Laterne warf seinen unsicheren Schein durch den Raum, dessen Grenzen man kaum erkannte; dann erlosch es, und die Gesellschaft befand sich in absoluter Finsternis.

› Und zwar nach Leib und Seele ‹, unterbrach Fräulein Fritze, › solcher Spuk ist große Schande für die Leute, die auf zwei Beinen gehen! ‹

Die Erzählerin fuhr fort: So wartete man einige Minuten, bis es von der Kreuzkirche zwölf schlug. Mit dem letzten Schlage begann die Beschwörung, anfangs nur leise murmelnd, dann immer deutlicher und lauter und leidenschaftlicher. Da! — es mag ein Schreck gewesen sein — da hörte man ein lautes Krachen im Getäfel des Parketts, als berste es auseinander, und von unten stieg weißlicher Dampf auf.

Jetzt rief Herr Schrepfer, von dem unser Vater glaubte, daß er rasend oder toll geworden sei, die bezeichneten Personen mit so lauter Stimme, daß es ein Gebrüll war, und allerlei Gestalten zeigten sich im Nebel; aber ihr Anblick war nichts weniger als erfreulich. Fast alle erschienen sie in kläglichem Aufzug und in kläglicher Gebärde. Man hätte ihnen die prächtigen Herren nicht angesehen, die sie waren. In Ketten oder nackt und von Flammen umzuckt, fuhren sie rasch wieder zur Tiefe, aus der sie aufgestiegen. Eine Ausnahme machte Friedrich der Weise, der von einem milden blauen Licht umflossen in der Höhe verschwand.

Mein Vater hatte gewissenhaft gefastet und geschwiegen und alles getan, was verlangt worden war, doch war er von Anfang an nicht ohne Mißtrauen gewesen. Der Umstand indessen, daß der Glaube des gegenwärtigen Fürsten so wenig geschont ward, begann seine Zweifel zu zerstreuen. Es war nun bloß noch Doktor Luther übrig, und von der Art, wie der erscheinen würde, ob auch in nackter Jammergestalt oder in würdiger Weise, wollte er seine Meinung abhängig machen.

Du! weiland Doktor Martinus Lutherus! brüllte Schrepfer — wo du auch seist, in der Finsternis oder im Lichte, oder zwischen beiden — ich rufe dich! Erscheine! Aber der Nebel verdunkelte sich, und es zeigte sich nichts. Noch einmal rief

Schrepfer, doch mit unsicherer Stimme, wie einer, den das Fieber schüttelt — und der Nebel versank.

Er soll aber doch kommen! so gebot jetzt eine scharfe Stimme unter den Zuschauern. Da geschah ein fürchterlicher Schlag, als wenn das Haus zusammenbräche, und die Anwesenden prallten erschrocken aus der Türe und verstoben nach allen Seiten, wo sie Wege fanden. Später erklärte Schrepfer, es müsse ihn wundernehmen, daß man so davongekommen.

› Er hat ihn aber nachher doch geholt ‹, sagte Fräulein Fritze, › im Rosental bei Leipzig. ‹« (Nach dem Bericht der zwei alten Damen von Poncet, Fritze und Lore, über ihren Vater, dargestellt von Wilhelm von *Kügelgen*, Jugenderinnerungen eines alten Mannes, der in seiner Jugend einige Wochen in Kost und Wohnung in einem Weinbergschlößchen der Familie von Poncet zwischen *Loschwitz* und *Wachwitz* bei Dresden lebte).

Die gefundene Quittung

Die Witwe Marteville in *Stockholm* wurde 1761 »einige Zeit nach dem Tode ihres Mannes von einem Goldschmied namens Croon um die Bezahlung eines von ihm gefertigten Silberservices gemahnt. Die Witwe war zwar überzeugt, daß die Wirtschaft ihres verstorbenen Gemahls viel zu genau und ordentlich gewesen war, als daß er die Schuld nicht beglichen hätte, nichtsdestoweniger aber fand sie in den hinterlassenen Papieren ihres Mannes keinen Beleg hierfür vor. In dieser Bekümmernis und weil der Wert ansehnlich war, nahm sie Zuflucht mit ihrem Anliegen bei Herrn von *Swedenborg*«. Bald berichtete dieser, »er habe von ihrem verstorbenen Mann erfahren, daß die Schuld bereits 7 Monate vor dessen Tod bezahlt worden sei. Die Quittung läge in einem Schranke, der sich im oberen Zimmer befände. Die Witwe erwiderte, daß dieser Schrank ganz aufgeräumt sei und daß man unter allen Papieren diese Quittung nicht gefunden hätte. Swedenborg sagte hierauf, daß sie sich trotzdem dort befände, ihr Mann hätte die Stelle auf das Genaueste beschrieben: zöge man an der linken Seite jenes Schrankes eine Schublade heraus, so käme ein Brett zum Vorschein, würde dieses weggeschoben, so fände sich dann eine verborgene Schublade, worin seine geheim gehaltene holländische Korrespondenz verwahrt wäre; dort läge nun auch jene Quittung«. All dies bestätigte sich. (Nach *Kant*, Träume eines Geistersehers. . .).

Das wiedererzählte Gespräch

Emanuel von *Swedenborg* wurde 1761 von der *schwedischen Königin* gebeten, ihren verstorbenen Bruder, den Prinzen Wilhelm von *Preußen,* zu befragen, worüber sie sich mit ihm in *Charlottenburg* unterhalten habe. Niemand konnte darüber Bescheid wissen außer ihr und ihm. Nach einigen Tagen erschien Swedenborg und erzählte der Königin das Gespräch wörtlich. (Nach *Kant,* Träume eines Geistersehers. . . u.a.).

Der Geist des Präsidenten

Carl *Schurz* reiste 1865 nach Washington, um Präsident Johnson aufzusuchen. Bei einem Aufenthalt in *Philadelphia* nahm er im Kreis der befreundeten Familie Tiedemann an einer spiritistischen Sitzung teil, die deren Tochter von 15 Jahren leitete, die Talent zum Medium zeigte. »Ein Kreis wurde um den Tisch gebildet, und wir gaben uns die Hände. Plötzlich begann sie heftig zu zittern, ihre Finger bewegten sich krampfhaft, sie ergriff einen ihr dargebotenen Bleistift und schrieb wie von unwiderstehlicher Macht getrieben in zuckenden Bewegungen die Mitteilungen auf, welche die gerade anwesenden Geister ihr auftrugen.«

Das Mädchen schrieb nach einigen Minuten, der zitierte Geist *Lincolns* sei gegenwärtig. »Ich fragte, ob er wisse, in welcher Absicht Präsident Johnson mich nach Washington berufen habe. Die Antwort lautete: ›Er wünscht, daß Sie eine wichtige Reise für ihn unternehmen.‹ Ich fragte wohin. Antwort: ›Das wird er Ihnen morgen sagen.‹ Ich fragte weiter, ob ich die Reise denn unternehmen würde. Antwort: ›Ja, verfehlen Sie ja nicht, es zu tun.‹ — Ich darf hier wohl einschalten, daß ich selbst damals noch nicht die entfernteste Ahnung hatte, daß es sich um eine Reise handle. Ich fragte nun, ob der Geist Lincolns mir noch etwas mitzuteilen habe. Antwort: ›Ja, Sie werden einst Senator der Vereinigten Staaten sein.‹ Dies erschien mir denn doch so abenteuerlich, daß ich mein Lachen kaum unterdrücken konnte. Ich fragte aber weiter: ›Für welchen Staat?‹ Antwort: ›Missouri.‹ Dies war noch geheimnisvoller und stachelte meine Neugierde aufs höchste an. Die Mitteilungen brachen jedoch hier ab.

Nichts hätte zu jener Zeit unwahrscheinlicher sein können, als daß ich Senator für den Staat Missouri würde. Mein Wohnsitz war in Wisconsin, und dahin zurückzukehren, war meine feste Absicht. Ich hatte nie daran gedacht, von Wisconsin nach Missouri zu ziehen, und es lag nicht die geringste Veranlassung vor, es je zu tun. Aber ich will nun meiner Erzählung vorgreifen und schon hier erwähnen, daß ich zwei Jahre später mit einem ganz unerwarteten geschäftlichen Anerbieten überrascht wurde, das meine Übersiedlung nach St. Louis notwendig machte, und daß ich im Januar 1868 vom Staate Missouri zum Senator gewählt wurde... « Es liege der Schluß nahe, »daß auf den menschlichen Geist geheimnisvolle, uns dem Wesen nach noch unbekannte Mächte einwirken können.« (Nach Carl Schurz; Lebenserinnerungen).

Die Schrift des Bruders

Hans *Oberth,* der Raketenforscher, berichtet über ein Erlebnis in *Berlin:* »Ich hatte einen Bruder, der im Ersten Weltkrieg gefallen ist. Wir sind in Siebenbürgen aufgewachsen. — 1929 traf ich im Hause einer Bekannten in Berlin ein Schreibmedium, eine Berlinerin. Die Dame hatte niemals etwas zu Gesicht bekommen, was mein Bruder geschrieben hatte; sie kannte also seine Handschrift nicht, ja sie wußte überhaupt nicht, daß ich einen Bruder gehabt hatte. Trotzdem schrieb sie in seiner Schrift Dinge, die außer ihm niemand gewußt haben konnte, und die ich später für wahr befunden habe. »Dies ist«, schreibt Hans Oberth, »für mich persönlich ein hundertprozentiger Beweis. Er ist es aber nicht für andere!« (Nach Hans Oberth, Katechismus der Uraniden, Wiesbaden 1966).

Die schauerliche »Molla«

Gustav *Junghans'* Onkel August *Kayser,* Landwirt, erwarb ein Gut bei Stralsund. Er »heiratete die Tochter eines Schneidermeisters Zehner aus Magdeburg. Nach den Berichten meiner Eltern soll sie verwachsen, häßlich und sehr klatschsüchtig gewesen sein. Aber mein Onkel liebte sie abgöttisch. Sie starb schon nach zweijähriger Ehe am Kindbettfieber. Mein Onkel gab sein Gut ab, zog nach Magdeburg und verschaffte sich einen sogenannten › Seelenschreiber‹, eine › Molla‹, wie er sie nannte, und unterhielt sich so mit seiner verstorbenen Frau. Da meistens zwei Personen ihre Hände auf den Apparat halten mußten, sollte meine Schwester Elise mit dabei sein. Sie streikte aber bald, denn es war ihr zu schauerlich. Eines Tages wurde mein Onkel tot in seiner Wohnung aufgefunden, er hatte sich die Pulsadern geöffnet. › Meine Frau hat mich gerufen‹ stand auf einem hinterlassenen Zettel. Die › Molla‹ kam zu uns. Einmal haben wir versucht, sie in Gang zu setzen. Sie antwortete nur › Tot! ‹ und schob sich zusammen.« (Nach den Lebenserinnerungen [1937] von Chemiker Dr. Gustav Junghans, [*Wolmirstedt 1868, † 1945], freundlich mitgeteilt von seinem Enkel Reinhold Geimer aus Bornich).

Dieser Bericht veranschaulicht die Wirksamkeit finsterer Mächte, die sich beim »Rufen« von Geistern entfalten. Die Erscheinungen sind wohl gleichzusetzen mit den im Abschnitt »Der rasende Bleistift« geschilderten.

Die Schwester des Dichters

Eine sterbenskranke Freundin besuchte 1854 den Dichter Victor *Hugo* »auf der Insel *Jersey*, wo er in Verbannung lebte, um Abschied zu nehmen. Erfüllt von dem neuen Wunder der › sprechenden Tische ‹ veranlaßte sie den Dichter zu experimentieren, was er widerstrebend tat. Nach langen Mißerfolgen kamen schließlich einige wenig überzeugende Äußerungen des Tisches. Plötzlich weigerte er sich, auf banale Fragen zu antworten, bewegte sich aber trotzdem, gewissermaßen ungeduldig, als ob er etwas zu sagen hätte. › Ist der gleiche Geist da? ‹ fragte die Freundin. Der Tisch klopfte › Nein ‹. › Wer bist Du? ‹ fragte man weiter. › Nun kam ‹, schreibt ein Teilnehmer dieser Sitzung, › nun kam das Unglaubliche. Der Tisch antwortete mit dem Namen einer Verstorbenen, die allen Anwesenden vertraut war — der Schwester Victor Hugos... Der Bruder befragte die Schwester, die dem Tode entstieg, um den Verbannten zu trösten. Die Mutter weinte, und eine unbeschreibliche Emotion bemächtigte sich aller. Ich empfand deutlich die Anwesenheit derjenigen, die uns das harte Schicksal entrissen hatte. ‹ Sie antwortete auf alle Fragen oder erklärte: › Es sei ihr nicht gestattet. ‹ › Die Nacht verstrich, und wir waren noch da, die Seele gebannt von der unsichtbaren Erscheinung. ‹ Schließlich sagte sie › Adieu ‹ und der Tisch rührte sich nicht mehr.« (Nach Hans Bender, Unser 6. Sinn).

Es ist nicht erstaunlich, daß sich bei spiritistischen Praktiken oft niedere Intelligenzen oder gefährliche feindliche Kräfte einmischen. So hatte Max Dessoir beim Lesen von »Gesprächen mit Jenseitigen« den Eindruck, »als ob er im Abteil eines Eisenbahnzuges der Unterhaltung zweier Familienmitglieder beiwohnt, von denen der eine schwachsinnig und der andere schwerhörig ist.« (Max Dessoir, Vom Jenseits der Seele). Gefährlich wird es, wenn »Todesdaten« »durchgegeben« werden, die zum Schocktod führen können.

Der Psychologe Wilhelm Wundt sagt: »Die großen Geister der Menschheit, die auf den Ruf zahlloser Medien bereitwillig erscheinen, sind wohl durch ihren Übergang ins Jenseits schwachsinnig geworden. Was sie verkünden, trägt nicht ihren Stempel, sondern den der Medien.«

Die gewonnene Schlacht

»Lord *Dowding*, Kommandant der britischen Luftverteidigung im Zweiten Weltkrieg, schrieb seinen Sieg in der großen Luftschlacht um England der Tatsache zu, daß er mittels eines Mediums von gefallenen englischen Fliegern hörte, wie sie abgeschossen worden waren, und von gefallenen deutschen Fliegern, wie ihre Angriffe organisiert gewesen waren. Wir haben es hier mit der spiritistischen Form von Wahrsagerei — der Nekromantie, dem Befragen der Toten — zu tun.« (Nach W. C. van Dam, Okkultismus und christlicher Glaube). — »Gewonnene Schlacht — verlorenes Weltreich« kann man zu diesem Sieg mit Hilfe des Spiritismus sagen.

Die überlagerte Persönlichkeit

Das bezeichnende Hüsteln

Der niederländische Dichter Frederik van *Eeden* (*Haarlem 1860) legte in England einer Frau Thompson ein Stückchen Stoff von der Kleidung eines holländischen Selbstmörders vor. Diese Dame (oder ihr »Kontrollgeist« Nelly) beschrieb den jungen Mann genau, nannte seinen Rufnamen und die Art seines Selbstmords. Dabei war ihre Stimme heiser wie bei diesem, der bei einem früheren Selbstmordversuch eine Kehlkopfverwundung erlitten hatte, und auch dessen bezeichnendes Hüsteln stellte sich ein. Bei späteren Sitzungen übernahm der Geist des jungen Mannes selbst die »Kontrolle«, und Frederik van Eeden hatte die Empfindung, mit jenem persönlich zu sprechen. Frau Thompson nahm Gesichtsausdruck und Bewegung des Jenseitigen an und erzählte unter Benutzung auch einzelner holländischer Wörter Einzelheiten aus dessen Leben, die van Eeden unbekannt waren, die er aber später bestätigt fand. (Nach Enno Nielsen).

Hans Bender gibt zu bedenken: »Die Parapsychologen müssen die Jenseitsforscher darauf hinweisen, daß auch identifizierte Stimmen Verstorbener aus dem Gedächtnis eines Mediums erzeugt werden können und daß unbekannte Informationen, die sie vielleicht vermitteln, durch außersinnliche Wahrnehmungen entstehen können.« (Nach Dreecken/Schneider, Signale aus dem Jenseits).

Die ermittelten Ahnen

An einer Sitzung bei dem Medium Arthur *Ford* 1967 in Cleveland nahm die Genealogin Mrs. R.M. *Conner* teil. Sie trug »eben das Material für eine Publikation über die ältesten Pionierfamilien aus Guernsey Country, Ohio, zusammen. Ein paar Orte, an denen zu Anfang des 17. Jh. Pionierfamilien gelebt hatten, waren einfach nicht aufzufinden. Während der Sitzung stellte mir Flechter (Fords »Kontrollgeist«) Jenseitige vor, die genau angaben, wo sie gelebt hatten, den Bezirk nannten und die Gegend beschrieben. Mit Hilfe dieser Hinweise war es mir möglich, alte, verschollen geglaubte Dokumente aufzustöbern und den Spuren verwandtschaftlicher Beziehungen nachzugehen.« (Nach Arthur Ford, Bericht vom Leben nach dem Tode).

Persönlichkeitsüberlagerungen untersuchte bereits um 1900 Th. Flournoy (»Etudes sur un cas de somnambulisme avec glossolalie«, Genf 1900). »Es handelt sich um das berühmte »Inkarnations-« oder »Besessenheits-Phänomen« Helene Smith aus Genf, die der Philosophieprofessor Flournoy fünf Jahre lang in zahlreichen Sitzungen einer genauen Prüfung unterzog.« (Nach Max Kemmerich, Die Brücke zum Jenseits). Leicht kann durch derartige Erscheinungen der Eindruck einer Wiedergeburt in einem anderen Körper, einer »Reinkarnation«, entstehen.

*

Johann Christoph Hampe erklärt: Das Ich des spiritistischen Mediums muß »ausgelöscht werden, damit ein Verstorbener Besitz von diesem Bewußtsein ergreifen und durch den Mund dieses Menschen sprechen kann. So fragwürdig und gefährlich diese Methode ist, so laut von allen, die es mit dem Menschen gut meinen, seit alters vor ihr gewarnt wird, so kann doch angesichts der erdrückenden Menge von Zeugnissen aus allen Zeiten ernsthaft nicht bestritten werden, daß es eine Besessenheit des Menschen durch einen anderen Geist, durch Geister, Dämonen, Engel und Tote geben kann. Das Evangelium selbst bringt viele Beispiele.« Der Spiritismus »läßt bestimmte Tote zitieren, um aus ihnen etwas herauszufragen. Dies ist das Verfahren, das den König Saul seinen Königsthron kostete. Er wollte in seiner Angst vor den Philistern durch die Hexe von Endor mit dem toten Priesterpropheten Samuel sprechen (1. Sam. 28). Solchen neugierigen Umgang mit den Toten . . . verbietet die Bibel . . . rigoros. Hier sucht der Mensch von unten her Offenbarung, auf Umwegen, während sie ihm doch in Gottes Wort schon längst vor Augen liegt«. (Nach Johann Christoph Hampe, Sterben ist doch ganz anders).

*

Wir sahn den Burggeist auf dem Turme lauern,
Viel dunkle Ritterschatten uns umschauern,
Viel Nebelfraun bei uns vorüberfliegen.
Und aus den Türmen steigt ein tiefes Ächzen,
Es klirrt und rasselt, und die Eulen krächzen;
Dazwischen heult des Nordsturms Wutgebrause.

Heinrich Heine

Materialisationen

Das sprechende Mädchen

Umstritten sind Materialisationen, von Geistern hervorge-
brachte Materien wie Gliedmaßen oder ganze Körper. Adalbert Freiherr von *Schrenck—Notzing* (1862—1929), ein Nervenarzt, widmete sich diesem Thema. Wir bringen ein Beispiel,
das der Philosoph Max *Dessoir* unter starkem Vorbehalt an-
führt: Das Medium Carlos *Mirabelli* (*1889 im Staat Sao Paulo,
† 1951) »sitzt frei auf einem Stuhl. Plötzlich hört man über einem Tisch, der in dem großen Zimmer steht, eine Kinderstim-
me ›Papa‹ rufen. Einer der Anwesenden, Dr. Ganimedes de
Souza, erklärt, er erkenne die Stimme seines an der Grippe verstorbenen Töchterchens. Kurz darauf sieht man an der Seite
Mirabellis ein Mädchen, ohne daß irgend jemand bemerkt hatte, woher es gekommen war. Der Vater umarmt das Kind und
erklärt unter Schluchzen und Weinen, es sei seine verstorbene
Tochter; das Kleid sei dasselbe, mit dem sie begraben worden
sei. (Gleichzeitig war Mirabelli in einen Zustand geraten, der
Schlimmes befürchten ließ; Puls und Atmung waren kaum
noch zu bemerken). Der Oberst Octavio Vianna tritt heran,
um sich persönlich von dem Unglaublichen zu überzeugen. Er
berührt das ›Gebilde‹ am Arm, fühlt ihm den Puls, sieht ihm
in die Augen, redet mit ihm und erhält Antworten. Überzeugt,
mit einem menschlichen Wesen gesprochen zu haben, kehrt er
auf seinen Platz zurück. Dann nimmt Dr. Ganimedes wieder
die Unterhaltung mit seiner Tochter auf, die voll von gemeinsamen Erinnerungen ist. Jetzt wird die ›Erscheinung‹ photo-
graphiert. Und nun erhebt sie sich in die Luft, bewegt sich mit
den Schwimmbewegungen eines Fisches während einiger Minuten. Plötzlich ist sie verschwunden. Dies geschah am hellen
Tage, in einem Kreis gebildeter Personen, und dauerte 36 Minuten.« (Nach Max Dessoir, Vom Jenseits der Seele).

*

*Die entstandene Materie (Teleplasma) ist schmerzempfindlich. Ge-
waltanwendung gegen das Teleplasma führt zu Verletzungen
beim Medium. »Wird zum Beispiel das Teleplasma mit einer Nadel gestochen, dann treten am Körper des Mediums die entsprechenden Stichstellen auf. Wird das Teleplasma mit einer Kerzen-
flamme angebrannt, dann entstehen am Körper des Mediums*

Brandstellen und Brandblasen.« (Nach Kurt E. Koch, Seelsorge und Okkultismus).

*

Die Fähigkeit, Materialisationen hervorzubringen, ist, wenn vorhanden, selbstverständlich sehr selten und nicht immer auf Abruf wirksam. Es liegt daher nahe, daß manchmal »nachgeholfen« wurde. Da nun allzu oft Medien beim Betrug ertappt wurden, so durch Max Dessoir, sind die Materialisationssitzungen in starkes Zwielicht geraten. — Über Materialisationen in Tiergestalt s. unter »Hexen, Magier, Kräfte von unten«.

Verbannte Geister

Die alte Handschrift

Eine alte Handschrift im Archiv zu Haus *Merlsheim* in Westfalen berichtet von einer Geisterverbannung auf Burg *Katzenstein* in Württemberg. Während ein wahrer Kern zu vermuten ist, sind bezüglich der Einzelheiten Zweifel berechtigt. Der Text zeigt, wie schwierig die Ermittlung der Tatschen bei übersinnlichen Erscheinungen sein kann:

Extract Schreibens aus denen Brieffen von Balderen vom 10.12.20.Jan.1737.In der Grafschaft Balderen denen Graffen von *Oettingen* zugehöriges altes Schloß Catzenstein, hat sich diese unerhörte Historie zugetragen. Es war kundbahr, daß allda viele Gespenster gesehen worden, und kein Mensch alda Ruhe hatte, haben also diese Graffen von Oettingen, aus anregen Ihre *Churfstl. Gnaden von Trier,* Einen Capuciner, *Pater Guido* dahin geschickt, das Schloß zu exorcissieren, welcher gesagt, daß alda viele Geister und viele Schätze begraben wären, ist also diesem Advent, in praesentia Ihro Churfstl. Gnaden von Trier und viele Herren angefangen worden, solche alda zu verbannen, Pater Guido mit Stola, particula de sta. Cruce und vom Heill. Walburgi oehl, versehen, hatt dies exorcissimus angefangen, worauf sich gleich Ein Teufel, an einem Tisch sitzend mit zwei Hörnern, Bährenfuß und Hibelen an den Füßen habend mit güldener Müntz vor sich habend gezeigt; Nachdem ihn der Pater gefraget, hat er gestanden, daß er, von denen Heyden vor 3 ad 4000 Jahren, in gestalte Einer Catzen sey alda veneriret worden, und deswegen noch den Namen hätte Catzenstein: dieser hat dem Pater Guido die Reliquien abgerissen, doch selbigen keinen Schaden gethan, ihn in einer Ecke geworffen, daß er alda gelegen, und man ihn vor Dodt gehalten, hat sich aber alda erhohlet und diesen Teuffel verbannisiret an sein gehöriges Orth; Die Hrn. Graffen haben das Geld vom Tisch hinweggenommen; Hierrauff hat sich gezeiget Ein Graf in Schöner Kleidung, aussagend, daß er verdampt wäre, seine Kleider auffmachend, daß eine feurige Lohen aus seiner Brust geflossen, Ruffend, Bauren—Bluth, ist also, von Pater Guido, an sein gehöriges Orth gewiesen worden; Hierauff hat sich eines Gräfinne gezeiget Von Oettingen, genand Fuggers, aussagend, daß sie vor 150 Jahren gestorben, und das Angesicht Gottes noch nicht gesehen, weilen sie in ihrer Jugend einen Jüngling verführet und viele Ueppigkeit getrieben, wäre aber jetzo die Zeit ihrer Erlösung ist also mit andern in die Capelle gangen und glorreich verschwunden. Nach dieser Ein Graff Max von Oettingen/:welcher Ihro Churfstl. Gnaden von Trier, noch wohl gekandt:/mit ein Eyßen Stück auf der Schulter, aussagend; daß er aus Neid dieses Schloß demolieret, wäre aber vom Kayser ins Gefängnis ad 16 Jahren gesetzt worden, alda seine Sünden bereuet, und allda, gestorben und auch glorreich verschwunden... Rummersdorff d. 14te-Febr:1737 (geschrieben vermutlich von einem Herrn von Ritz zu Etgendorf, der in Speyer Page bzw. Kammerherr war, an seinen Bruder, der eine Hofstelle in Düsseldorf hatte.) (Nach freundlicher Mitteilung von Dr. Werner von und zur Mühlen, Haus Merlsheim).

Jung-Stilling *warnt: »Übrigens ist das Geistercitieren (= Rufen) eine gottlose unerlaubte Vermessenheit, und das Beschwören und Verbannen lieblos und dem Christentum nicht gemäß.«*

Spuksichtige Tiere

Der zähnefletschende Hund

Pferde, Hunde, Katzen und Vögel nehmen mediumistische Erscheinungen oft schon wahr, ehe sie auf menschliche Sinnesorgane den geringsten Eindruck hervorrufen. »So sprang ein Hund in einem Spukhause während des Auftretens der Phänomene plötzlich wild knurrend, wie gegen jemand Unsichtbaren an, richtete sich zähnefletschend empor und biß wütend in die leere Luft, kurz gebärdete sich so, als stände er einem Menschen oder Tier gegenüber.« (Nach Feilgenhauer, in: Max Kemmerich, Die Brücke zum Jenseits).

Die eingeschüchterte Bulldogge

Eine bissige Bulldogge, welche während einer spiritistischen Tischsitzung »ins Zimmer gerufen wurde, als sich gerade eine sehr niedere Intelligenz durch Klopflaute im Tisch manifestierte, sprang wütend auf den Tisch los, dann aber zog sie sich, kaum in dessen Nähe gekommen, plötzlich laut winselnd mit eingezogenem Schweif zurück, ohne daß irgend etwas seitens der Anwesenden erfolgt war. Sie verkroch sich in eine Ecke, scheu nach dem Tisch blickend, und war nicht mehr zu bewegen in die Nähe des Tisches zu kommen.« (Nach Max Kemmerich, Die Brücke zum Jenseits).

Der entsetzte Hund

Der Freund einer Dame »hatte sich selbst entleibt. Eines Tages — Jahre nach dem Todesfalle — besuchte sie sein Schloß, und der alte Hund sprang mit den Zeichen größter Freude nicht etwa an ihr, sondern an ihrer Seite empor, offenbar um seinen Herrn zu begrüßen. Dann fiel er plötzlich mit einem Entsetzensgewimmer um. Sie selbst wie auch die Zeugen des Vorfalls waren sich um so mehr darüber im klaren, daß er das Phantom des Herrn erblickt hatte, als die Dame selbst dessen Anwesenheit verspürte.« (Nach dem Bericht einer befreundeten Dame des Schriftstellers Max Kemmerich, in: Die Brücke zum Jenseits).

Die schnurrende Katze

»Eine Katze liegt des Nachmittags ruhig am Fenster in einem Hause, von dem das Gerücht erzählt, es gehe der verstorbene Hausherr noch darin um. Am Tische sitzen die Angehörigen und sprechen von dem gerade vor Jahresfrist Dahingeschiedenen. Nach einer geraumen Weile, nachdem das Gespräch eine ganz andere Wendung über alltägliche Sachen genommen hat, springt auf einmal die Katze von der Fensterbank und bewegt und dreht sich an einer leeren Stelle mitten im Zimmer gemütlich schnurrend... hin und her. Sie schmiegt sich gleichsam an etwas Unsichtbares an. Als die Anwesenden nun das auffällige und unerklärliche Benehmen der Katze bemerken, sehen alle auch plötzlich den verstorbenen Hausherrn, wie er seine frühere Katze streichelt, und sie sich an seine Füße anschmiegt. Als die Anwesenden das bekannte Gefühl des Schauderns mit der › Gänsehaut ‹ überkommt, gewahren sie noch, wie die Gestalt durch die verschlossene Türe zum Nebenzimmer (dem Sterbezimmer) verschwindet. Die Katze aber blieb miauend und untröstlich noch lange vor derselben stehen, als ob sie sich nach ihrem Hausherrn zurücksehne.« (Nach Feilgenhauer, in: Max Kemmerich, Die Brücke zum Jenseits).

Spukende Tiere

Der riesige Hund

Tiere, insbesondere Hunde, Katzen, Pferde und Vögel, können spuken. Christian von *Stramberg* ging 1825 von *Pfaffendorf* (bei Koblenz) in später Nacht zu einem Kreuz am Fuß der Weinberge. Beim Verlassen des Ortes erblickte er zwischen den letzen beiden Häusern einen riesigen weißen Hund, der Länge nach liegend. Der Wanderer ging an dem Tier vorbei; da erhob es sich und folgte ihm bis zum Kreuz. Dort sah er es nicht mehr. Der Hund ähnelte einer in Buffons Naturgeschichte besprochenen Dogge des Prinzen Condé, die riesige Ausmaße erreicht. Stramberg waren alle großen Hunde in weitem Umkreis bekannt; dieses Ungetüm war ihm nie vorgekommen und hat sich auch nie mehr dargestellt. (Nach Christian von Stramberg).

Der gelähmte Hund

»Ein Hund, der gerade in einer Entfernung von sechzig Kilometer einer Vergiftung erlegen war, die ihn von einer Lähmung der hinteren Körperhälfte erlöst hatte, erschien seiner alten Herrin kurz nachher. Der Hund schien einzutreten indem er seine Hinterpfoten hinter sich herzog und legte sich dann vor den Kamin, wie er dies zu tun pflegte, bevor seine Herrin ihn aufs Land geschickt hatte. Diese erfuhr auf diese Weise erst von der Erkrankung und dem Tode des Hundes.« (Nach Maxwell, in: Max Kemmerich, Die Brücke zum Jenseits).

Die hinkende Katze

Jemand nahm eine Katze »wahr, die vor drei oder vier Jahren im gleichen Raum verendet war. Er kannte das Tier nicht, aber er beschrieb es und gab ein genaues Merkmal an: eine Klaue des Tieres war ausgerissen worden.« (Nach Maxwell, in: Max Kemmerich, Die Brücke zum Jenseits).
Das spukhafte Auftreten von Tieren deutet darauf hin, daß auch diese nach dem Tod weiterleben.

»Geister« von Pflanzen

Der »Geist« des Pflanzenblattes

Der Forscher Semjon Davidowitsch *Kirlian* befaßte sich seit 1939 als Elektrotechniker in *Krasnodar* am Kuban mit fluoreszierenden Lichtbündeln, die durch Hochfrequenzen hervorgerufen wurden. Der »Kirlian—Effekt« zeigt auf der menschlichen Hand und um Pflanzenblätter ein strahlenförmiges, bunt flammendes Umfeld. Bei Krankheit schwächt es sich ab, beim Tod (welkendes Blatt) verschwindet es. Bei »Fernheilung« und Handauflegen durch einen Heiler zeigte dessen Daumenkuppe Ausstrahlungen. — 2 Fotografien sahen fast gleich aus: »bei beiden rundum gut sichtbar die Ausstrahlungen — bunte Flammenbündel an der die Blattkonturen umgebenden Lichthülle. Freilich wies das zweite Blatt einen Unterschied auf: nämlich eine feine Linie, die etwa ein Drittel des Blattes abtrennte. Die Umrisse und Ausstrahlungen dieses Drittels erschienen durchsichtiger, der Hintergrund war verschwommen.« Es handelte sich um das gleiche Blatt, nur war 1/3 abgeschnitten worden. Doch war das Energieschema des ganzen Blattes noch vorhanden: der »Geist« eines Blattes. (Nach Dreecken/Schneider, Signale aus dem Jenseits).

Doppelgänger

Die zwei Weibspersonen

Ameley von *Staffel,* Ehefrau des Junkers Werner *Schilling* von
Lahnstein, Hauptmann auf *Ehrenbreitstein* (seit 1581, † 1598),
wurde oft von ihrem Mann, den Kindern und dem Gesinde
doppelt gesehen, als zwei Personen, die in Gestalt und Gebär-
den gleich waren. »Wann der Junker ins Bett liegen wollte, hat
er gemeiniglich zwo Weibspersonen drinnen funden, so einander allerdings gleich, also daß er nit wissen können, welche seine rechte Frau sey, bis er ihr mit ihrem Taufnamen gerufen, so
ist alsobald das eine Bild verschwunden, und die rechte Frau
liegen blieben.« (Nach Christian von Stramberg).

Die Mutter im Nonnengewand

In der Nacht vom 9. zum 10. 10. 1708 wollte *Prinz Eugen* von
Savoyen, der noch an den Folgen seiner kürzlich beim Sturm
auf die Festung Lille erhaltenen Verwundung litt, in den Lauf-
gräben ein schweres Geschütz besichtigen. Da befiel ihn ein
plötzliches Zittern, es wurde ihm schwarz vor den Augen und
er lehnte sich gegen die Grabenwand. Es war ihm als trete er in
einen langen dunklen Gang und als käme ihm seine Mutter,
die er jahrelang nicht gesehen, die aber beglückt Anteil an seinen Erfolgen genommen hatte, in schwarzem Nonnengewand
mit weißer Haube und einer brennenden Kerze in der Hand
entgegen. Kurz darauf erhielt er einen Brief des Bischofs von
Mecheln, der ihm mitteilte, daß am Morgen, der dieser Nacht
folgte, seine Mutter gestorben war. (Nach Eugen Caesar Conte
Corti, Der edle Ritter. Anekdoten um den Prinzen Eugen.
Berlin 1941).

Die doppelte Zarin

Im Palast zu *St. Petersburg* hielt in gewissen Sälen eine adelige
Leibgarde Wache. Zur Zeit der *Zarin Elisabeth* († 1762) sahen
die Wachhabenden eines Nachts im Thronsaal zu ihrem Erstaunen die Zarin im Ornat auf dem Thron sitzen. Keiner hatte den Mut, gegen die Gestalt vorzuschreiten. Eine Hofdame
weckte die Zarin, die ebenfalls den Thronsaal betrat. Sie ließ
auf die Gestalt schießen, die dann im Pulverdampf zerfloß.
(Nach Justinus Kerner, Blätter aus Prevorst).

Des Dichters Doppelgänger

Goethe sah sich 1771 als Doppelgänger. Er hatte sich vor seiner Abreise aus dem Elsaß von Friederike *Brion* in *Sesenheim* verabschiedet und ihm »war sehr übel zu Mute. Nun ritt ich auf dem Fußpfade gegen *Drusenheim,* und da überfiel mich eine der sonderbarsten Ahnungen. Ich sah nämlich, nicht mit den Augen des Leibes, sondern des Geistes, mich selbst, denselben Weg, zu Pferde wieder entgegen kommen, und zwar in einem Kleide, wie ich es nie getragen: es war hechtgrau mit etwas Gold. Sobald ich mich aus diesem Traum aufschüttelte, war die Gestalt ganz hinweg. Sonderbar ist es jedoch, daß ich nach acht Jahren in dem Kleide, das mir geträumt hatte und das ich nicht aus Wahl, sondern aus Zufall gerade trug, mich auf demselben Wege fand, um Friederiken noch einmal zu besuchen.

Es mag sich übrigens mit diesen Dingen, wie es will, verhalten, das wunderliche Trugbild gab mir in jenen Augenblicken des Scheidens einige Beruhigung. Der Schmerz, das herrliche Elsaß mit allem, was ich darin erworben, auf immer zu verlassen, war gemildert, und ich fand mich, dem Taumel des Lebewohls endlich entflohn, auf einer friedlichen und erheiternden Reise so ziemlich wieder.« (Nach Goethe, Dichtung und Wahrheit).

Der Freund im Schlafrock

Goethe ging 1813 mit Studiosus *Klemm* von *Weimar* zum Belvedere, blieb plötzlich stehen und rief: »Wahrhaftig er ist es, Freund Friedrich hier in Weimar! Aber um Gotteswillen, wie siehst du aus, in meinem Schlafrock und Morgenschuhen gehst du hier auf der regennassen Straße!« — In kürzester Zeit aber war die Erscheinung — von der der junge Klemm überhaupt nichts wahrgenommen — zerronnen. Als die beiden Spaziergänger in größter Erwartung in Goethes Wohnung zurückgekehrt waren, traf Goethe seinen Freund im Arbeitszimmer und in der beschriebenen Kleidung an. Es war der Sächsisch—Weimarische Hofrat Johann Friedrich Rochlitz aus Leipzig. Er war durchnäßt angekommen und ließ sich Goethes Kleider reichen. Rochlitz hatte seinen Freund in Gedanken auf dem Spaziergang begleitet, war auf dem Sofa sitzend eingeschlafen und hatte die Begegnung mit Goethe genau so geträumt wie dieser sie erlebte. (Nach Otto Piper, Der Spuk).

Der kniende Junge

Justinus *Kerners* Vater erkrankte 1798 in *Maulbronn* schwer, sein Aussehen machte seinem Sohn bange. Dieser fürchtete sich, in das Zimmer des Kranken zu treten und sah von der nahen Klostermauer hinein, die einen bedeckten Gang hatte. Eines Tages erblickte er sich von dort »kniend vor dem Bett des Vaters und hatte seine gelbe abgemagerte Hand in der meinigen. Ich blickte auf den Vater; sein schwarzes Auge sah mich verklärt an. Da faßte ich Mut, ich eilte wirklich zum Zimmer; ich fand meine Mutter vor des Vaters Bette im Gebet, meine Gestalt sah ich nicht mehr, aber nun kniete ich auch nieder und faßte seine Hand, und er blickte mich, wie ich es vorhin gesehen, verklärt an. Von da an trat ich öfters ins Krankenzimmer selbst, hatte meine Angst vor dem sterbenden Bilde überwunden, und mein Vater wurde auch freundlicher gegen mich, denn er hatte mein seltenes Erscheinen bald für Mangel an kindlicher Liebe gehalten, was es doch nicht war.« (Nach Justinus Kerner, Bilderbuch aus meiner Knabenzeit).

Der Sohn in der Kutsche

Über ein Doppelgänger—Erlebnis berichtet *Blücher* in einem Brief an seine Gattin: »*Coblentz* d. 16. April 1815... Da bin ich nun den Rhein passirt, sitze an sein uffer blicke zu rück in die vergangenheit und denke an die zu kunft, recht was tröstliches will mich nicht einleuchten, mein unglücklicher Frantz steht mich bestendig vor augen und ich haben den 13 ten des nachts im Fahren eine erscheinung gehabt, die niemand als ich und Wilhelm gesehen, da *Brünneck* und *Nostitz* schliffen, an diesem augenblick kann ich mich nicht des gedankens erwehren, daß Frantz todt ist, gib mich ia gleich nachricht... « Franz, Blüchers Sohn, war 1813 mehrfach, so durch einen Kopfschuß, schwer verwundet und schwermütig geworden. Er verfiel im Frühjahr 1815, kurz bevor Blücher wieder ins Feld rückte, in eine Gemütskrankheit, von der ihn erst 1829 der Tod erlöste.

Lächelnde Bestätigung

Lord *Bryon* unterhielt sich 1820 im *englischen Schloß N.* über Spuk. Man fragte ihn, ob er selbst zu den Doppelgängern gehöre und führte einige Berichte hierüber an. Byron lächelte und bestätigte damit diese Behauptungen. »Ich zweifle nicht, daß wir nach einem uns unbekannten Vorgang doppelt, also auch noch an einem anderen entfernten Ort anwesend sein können, aber welcher von beiden ich in diesem Augenblick wirklich bin, überlasse ich Ihnen zu entscheiden.« (Nach Ludwig Rosenberger).

In Gedankenschnelle über Kontinente

Sir Henry Morton *Stanley,* der Afrikaforscher, geriet im Kampf in den Reihen der amerikanischen konföderierten Truppen in Gefangenschaft. Am 16.4.1862 lagerte er sich neben seinen Freund Wilkes. »Ich tauschte einige Bemerkungen mit ihm über die kartenspielenden Gruppen uns gegenüber aus, als ich plötzlich einen leichten Schlag im Nacken verspürte und sogleich das Bewußtsein verlor. Im nächsten Augenblick erblickte ich deutlich das Dorf *Tremeirchion* und die grünen Hügelhänge von Hiradogg (in der englischen Grafschaft Wales) vor mir, während mir zumute war, als schwebe ich über die krähenbevölkerten Wälder von Brynbella immer näher darauf zu. Da glitt ich auch schon in das Schlafzimmer meiner Tante Mary. Meine Tante lag im Bett und war offenbar auf den Tod krank. Ich stellte mich neben das Bett, sah mich den Kopf hinunterbeugen und mich ihren ersterbenden Worten lauschen, die voller Bedauern klangen, voller Reue und Gewissensbisse, daß sie nicht so freundlich zu mir gewesen wäre, wie sie hätte sein sollen, oder wie sie es so gern gewesen wäre! Ich streckte meine Hand aus und fühlte den Druck der langen hageren Hände der sterbenden Frau, hörte › Lebewohl ‹ murmeln und erwachte unmittelbar darauf. Mir war, als habe ich das alles erlebt und dabei die Augen zugehabt. Ich kauerte noch in derselben zurückgelehnten Haltung, die Gruppen gegenüber waren noch in ihr Spiel vertieft und auch Wilkes saß wie vorher neben mir.« Am nächsten Tag starb seine Tante. (Nach Henry Morton Stanley, Mein Leben).

Das Haus, das ihr im Traum erschien

»Vor einigen Jahren träumte meine Frau zu wiederholten Malen von einem Hause, dessen innere Anordnung mit allen ihren Einzelheiten sie beschrieb, wiewohl sie keine Ahnung von der Örtlichkeit, wo sich dieses Haus befand, hatte. Später, im Jahre 1883, mietete ich von Lady B. für den Herbst in den Bergen *Schottlands* ein Haus, das von Jagdgebiet und Sümpfen für die Fischerei umgeben war. Mein Sohn, der sich damals in Schottland befand, führte die Verhandlungen, ohne daß meine

Frau und ich den in Frage stehenden Besitz besichtigt hätten. Als ich mich schließlich ohne meine Frau an Ort und Stelle begab, um den Vertrag zu unterzeichnen und vom Gute Besitz zu ergreifen, bewohnte Lady B. noch das Haus. Sie sagte mir sie wolle, falls ich keinen Widerspruch erhöbe, mir das Schlafzimmer, das sie gewöhnlich innehatte, anweisen, doch habe hier seit einiger Zeit eine › kleine Dame ‹ gespukt und erschiene dort immer wieder... Als später meine Frau ankam, war sie sehr erstaunt in dem Hause das ihres Traumes wieder zu erkennen. Sie durchstöberte es vom Keller bis zum Speicher; alle Einzelheiten stimmten mit dem überein, was sie so häufig im Traume gesehen hatte... Zwei oder drei Tage später statteten meine Frau und ich der Lady B. einen Besuch ab. Da die Damen sich noch nicht kannten, stellte ich sie einander vor. Da rief Lady B. sofort aus: › Oh! Sie sind die Dame, die in meinem Schlafzimmer spukte! «. (Nach Max Kemmerich, Die Brücke zum Jenseits).
Diesen Bericht verarbeitete André Maurois in einer Erzählung.

»Halluzination«

Der Zeichner und Maler Alfred *Kubin* lebte ein halbes Jahrhundert im Schlößchen *Zwickledt* (bei Passau, im Österreichischen), das sein Vater 1906 gekauft hatte. Der Künstler berichtet aus den 20er Jahren: »Ich war damals in Sorge um meine schon länger erkrankte Schwester und träumte auch von ihr. Als ich dann einmal auf der Landstraße nach Passau zu ging..., sah ich plötzlich an dem nahen Gebüsch eine Erscheinung — es war ein Frauengestalt, die so klar vor mir stand, daß ich mein Notizbuch herauszog und die Szene festhielt.« Als Kubin nach dem Zeichnen vorwärtstrat, zerrann die Erscheinung, die der Schwester ähnlich war. Nach der Skizze ist die Lithographie »Halluzination« gestaltet (in »Mein Werk«, Berlin 1931). (Nach einem Bericht Alfred Kubins von 1943, bei Ludwig Rosenberger, Geisterseher).

Der heilende Pater

Der 1968 verstorbene *Pater Pio,* ein stigmatisierter Kapuzinermönch, wurde im Kloster *San Giovanni Rotondo* in Apulien von unzähligen Pilgern aus aller Welt aufgesucht. Er hat ein großes Spital, die › Casa Sollievo die Sofferenza ‹, errichtet. Er soll gleichzeitig an mehreren Orten wunderwirkend erscheinen können, wenn er angerufen wird, und den Beichtenden verborgene Geheimnisse auf den Kopf zusagen... »Ein italienischer Handwerker hatte 1940 einen Arbeitsunfall erlitten, als dessen Folge ein Defekt der Lendenwirbelsäule festgestellt wurde. Mit Hilfe eines Gipskorsetts war er beschränkt arbeitsfähig. 1950 brach er beim Heben eines schweren Gegenstandes plötzlich zusammen und wurde, an den Beinen gelähmt und empfindungslos, dauernd bettlägerig. Mehrere Fachärzte stellten zwar eine organische Schädigung fest, kamen aber nicht zu einer eindeutigen Diagnose. Der Patient fühlte sich außerstande, zur Erneuerung seiner Gehaltsansprüche, der ital. Gesetzgebung entsprechend, einmal am Arbeitsplatz zu erscheinen. Freunde brachten dem Ungläubigen am Vorabend des › atto di presenza ‹ ein Buch über Pater Pio. Auf Drängen seiner Frau besah er sich die Photographie des Wundertäters und sagte spöttisch: › Wenn du schon so viele Wunder gewirkt hast, dann hilf doch auch mir ‹. Im selben Augenblick sah er einen Kapuziner in sein Zimmer treten und hörte die Worte: › Steh auf, dir fehlt nichts mehr. ‹ Die Erscheinung verschwand, er verspürte einen Liliengeruch (ein immer wieder berichtetes Motiv). Seine Frau hatte nichts wahrgenommen. Er... stand zur Bestürzung seiner Frau auf und konnte gehen. Am nächsten Tag leistete er den Anwesenheitsakt. Seither ist er geheilt. Der behandelnde Arzt äußerte..., daß er sich diese plötzliche Heilung nach langer, ergebnisloser Behandlung nicht erklären könne. Ein Jahr später fuhr der Patient zu Pater Pio. Dieser deutete nach der Messe auf ihn und sagte: › Mein Sohn aus Viareggio, komm zu mir. ‹ Bei der Beichte sagte ihm der Pater in Einzelheiten eine verschwiegene Sünde auf den Kopf zu, über die der Patient noch mit keinem Menschen gesprochen hatte.« (Nach Hans Bender, Unser 6. Sinn).

Menschen außerhalb ihres Körpers

Die befreite Seele

Einen Bericht über ein Außer-Körper-Erlebnis im *Altertum*, selbstverständlich ausgedeutet in Anschauungformen der antiken Welt, bringt der griechische Philosoph *Proklos* (* 410, † 485) in seinem Kommentar zu Platons Staat II, der Klearchos, dem Schüler des Aristoteles, folgt: Kleonymos aus Athen erwachte vom Scheintod und erzählte, seine Seele habe sich im Tode wie von Fesseln befreit gefühlt und nach Verlassen des Leibes sich emporgehoben, und über der Erde schwebend habe sie an Gestalt und Farbe mannigfache Stätten und Flüsse auf ihr gesehen, die sonst den Menschen unsichtbar sind. Schließlich sei er an einen der Hestia heiligen Ort gekommen, wo göttliche Wesen in Frauengestalt, die mit Worten nicht zu beschreiben seien, walteten. Er habe Strafe, Gericht und Reinigung der Seelen, worüber die Eumendien die Aufsicht hatten, gesehen. (Nach Paul Wendland, Antike Geister- und Gespenstergeschichten).

Der leblose Körper

Auch aus dem *Mittelalter* gibt es eine solche Darstellung. *Catharina von Siena* schreibt 1380: Ich »stürzte zu Boden, und es war, als sei die Seele aus dem Körper geschieden und sähe ihn an wie etwas Fremdes; . . . in meinem Körper schien ich nicht zu sein, sondern ich sah meinen Körper, als sei ich ein anderer. Und als meine Seele erschaute das Leiden jenes Körpers, wollte sie wissen, ob ich nichts in ihm zu tun hätte, um ihm zu sagen: mein Sohn, fürchte nichts! Allein ich sah, daß weder die Zunge noch ein anderes Glied sich bewegen konnte, und daß er wie ein Körper war, der vom Leben geschieden ist. So ließ ich ihn denn, wie er war, und mein Geist versenkte sich im Abgrund der Dreieinigkeit. Das Gedächtnis war ganz erfüllt von der Not der heiligen Kirche . . . Dann bat ich . . . um Rettung von der ewigen Verdammnis. Und indes ich so verharrte in schrecklicher Furcht, beweinten mich die Meinen als tot; doch war jetzt aller Schreck vor den Dämonen von mir gewichen. Dann sah ich meine Seele in Gegenwart des Lammes . . .« Später »fing mein Körper leise an zu atmen und zeigte, daß die Seele zurückgekehrt war in ihre Schale.« (Nach Enno Nielsen).

Die wunderbaren Bilder

Aus dem *16. Jahrhundert* hören wir über den Schriftsteller Etienne *La Boëtie,* * 1530, † *Germignan* bei Bordeaux 1563 (Freund des Philosophen Michel de *Montaigne):* »Er sprach vom Tode. Am Abend, als er nur noch der Schatten eines Menschen war, ließ er Montaigne rufen: › Mein Freund und Bruder ‹, sagte er zu ihm, › mag Gott es fügen, daß ich die Bilder in Wirklichkeit erlebe, die ich soeben gesehen habe. ‹ Und da er nicht wieder sprach, sondern mühsam nach Atem rang, denn die Zunge begann ihm den Dienst zu verweigern, brachte Montaigne sein Gesicht nahe an das seine und fragte ihn: › Was sind das für Bilder, mein Bruder? Wollt ihr nicht, daß ich ihrer auch genieße? ‹ — › Ich will es ‹, gab er zur Antwort, › aber mein Bruder, ich kann nicht. Sie sind groß, wunderbar, unendlich und unsagbar. «« (Nach Johann Christoph Hampe, Sterben ist doch ganz anders).

Die Entzückung

Der niederdeutsche Mystiker des *17. Jh.* Hemme *Hayen* erzählt: »Ich lag morgens im Bett; es war schon heller Tag und ich wachte schon ganz hell. Mein Gemüt lag in tiefer Betrachtung, und in der Entzückung, die ich bekam, schied mein neuer Mensch, gleich als bei der Seiten am Bett, von dem alten ab und ließ mich auf dem Bett liegen wie einen toten Klotz. Mich umwendend sahe ich meinen natürlichen Leib also tot liegen, ich selbst aber kam wieder in den hohen Glanz.«

Der unaussprechliche Lichtglanz

Aus dem *18. Jh.* stammt der Bericht des Pfarrers *Kern* in Hoxnhausen an die preußische Regierung zu Halberstadt (1773) über Johann *Schwertfeger:* ». . . Seine Frau und Kinder hielten ihn für tot, legten ihn auf Stroh und waren im Begriff, ihm das Totenhemd anzuziehen. Da schlug er seine Augen auf und sagte: › Schickt nach dem Prediger, denn ich will ihm offenbaren, was ich erfahren habe. ‹ Sobald ich in die Stube trat, richtete er sich von selbst auf, als hätte ihm nie etwas gefehlt, umarmte mich fest und sprach mit starker Stimme: › Ach was habe ich für einen Kampf ausgestanden! ‹ Der Kranke übersah sein ganzes Leben und alle Fehler, die er darin begangen hatte, selbst die ihm ganz aus dem Gedächtnis entschwundenen. Alles war ihm so gegenwärtig, als sei es erst jetzt geschehen. Er schloß seine Erzählung damit, daß er herrliche Töne vernommen und einen unaussprechlichen Lichtglanz gesehen habe: › Aus solcher Freude bin ich nun wieder in das Tal des Jammers zurückgekommen, in dem mich alles anekelt. ‹‹ (Nach Enno Nielsen).

Das Reich ewiger Klarheit und Ruhe

Ein Beispiel aus der *jetzigen Zeit* erzählt der Schriftsteller Paul Anton *Keller (* Radkersburg* 1907): Er war 30 Jahre alt, als er mit anderen Burschen in seinem Dorf den Maibaum errichtete. Doch der Stamm stürzte auf ihn nieder. »Ich hielt den Wipfel im Blick. Plötzlich überrieselte mich das Unbehagen vor einer unmittelbar drohenden Gefahr. In diesem Augenblick, einer Sekunde entscheidender Klarsicht, da mein bisheriges Leben in ein einziges, jäh aufgerissenes Blickfeld zusammenfloß und überschaubar war, knickte die Wipfelkrone ab. Pfeifen und Rauschen . . . Ich hörte Schreie. Ein furchtbarer Schlag riß mich nieder. Schmerz wühlte in meinem Körper. Dann erstarb jeder Laut. Doch nein, ich hörte noch, empfand, sah, erlebte und erfaßte das Ereignis des Augenblicks in einer Klarheit und Gelöstheit, wie ich nie vordem in meinem Dasein ein Lebendiges erlebt hatte . . . Ich sah mich selbst, sah meinen Körper neben der Grube im zertretenen . . . Wiesenstück liegen. Ein Lehmklumpen klebte an meiner rechten Schläfe, ich bemerkte ihn deutlich . . . Ich hatte Anteil an den Schreckensgesten meiner Freunde und der Verzweiflung der Lehrerin . . .« Ein Arzt kam. »Da sah ich nur noch den breiten Rücken des Arztes, der sich über diesen Körper beugte. Es kamen noch mehr Neugierige. Irgendeiner hatte dem Arzt meinen Rock abgenommen. Der Dorffriseur legte ihn neben die Regentonne. Seine Hand glitt in die obere Tasche und zuckte behend zurück. Die Finger umklammerten meine Uhr . . . Ich packte seinen Arm, griff aber hindurch, als faßte ich ins Leere. Ich stellte mich in den Kreis der Gaffer, es gab keinen Widerstand für mich. Daß die anderen mich nicht sahen, der ich doch so wach lebte wie nie zuvor, erstaunte und verwirrte mich. Plötzlich stand ich neben dem Arzt. Das wächserne Abbild meines Ich lag regungslos vor ihm. Verwunderung regte sich in mir, daß ich dies gewesen sein sollte, daß dieser bleiche Leib mir irgendwie zugehörte. Das Gesicht mit meinen Zügen erfüllte mich durch seine Leichenfarbe mit höchster Abneigung . . .« Paul Anton Keller sah, wie der Arzt ihm eine Injektionsspritze gab. »Eine dunkle Angst ergriff mich. In ihr verlor sich mein Gefühl von absoluter Ruhe. Dann konnte ich plötzlich nichts mehr von der Außenwelt erkennen.«

»Ich floß in wunderbar durchatmeten Zwischenreichen, deren ich mir kaum ahnend bewußt war und die ich dennoch mit sehr viel wacheren Organen erlebte, als sie Träumern und verwirrten Gehirnen geschenkt sind: Nochmals bekenne ich mich zur Realität des Erlebten und versichere eindringlich, niemals sonst in meinem Leben so deutlich, bis in sachlichste Verdichtung des Erfühlten, Wirklichstes erlebt zu haben ... Unbeschreiblich die Empfindung der Ruhe und Beglückung. Was mich je bedrängt, blieb weltweit ferne, war nicht einmal mehr in Gedanken zurückzurufen. Gedanken — besaß ich noch die Fähigkeit zu denken? Mir war, als habe sich alles in Gefühl aufgelöst, in klare Wahrnehmung, das sich mir als erhöhte und verklärte Wirklichkeit bekannte. Ich hatte schon Ohnmacht und Betäubung erlebt, aber die Sinneswelt, in der ich mich jetzt befand, war unendlich klarer, allen Organen und Nerven fern ... Plötzlich setzte Musik ein. In nichts ähnelten diese Klänge einer Musik nach irdischen Begriffen. Irgendwo über diesen göttlichen Melodien mußte das Reich ewiger Klarheit und Ruhe sein, dem ich nun mit ungeheurer Hinneigung entgegenschwebte ...«

»Das Licht, das sich mir öffnen wollte, trübte sich. Mir war, als zerre eine lieblose Kraft mein Ich in jene Tiefe, wo ich meinen Leib wußte, dessen ich mich mit Unlust entsann. Irgendwo fühlte ich Schmerz. Ja, kein Zweifel ich sank, wurde gezogen und konnte, so sehr sich alles in mir dagegen sträubte, den unsichtbaren Sauger nicht abwehren. Wieder brauste eine Welle heftigsten Schmerzes durch mich hindurch. Wie von einer brutalen Faust wurde ich aus der breiten Bahn flutenden Lichts gerissen, und jäh war mir, als röche ich Arzneien, Tabak, Gras und Tiere. Und da waren auch Menschen ... Und so, aus einer unabwendbar einsinkenden Ebene wühlenden Schmerzes, brach das Licht des Tages in meine Lider, eine Helligkeit, die erbärmlich war gegen die Welt des Lichtes, von der ich nun wußte. Tief über mich gebeugt erschien die haarumbuschte Stirn des Doktors, der nun sein Gesicht hob und mit einer mir fremd erscheinenden Stimme zu den Umstehenden sagte: › Er lebt!‹« (Nach Johann Christoph Hampe, Sterben ist doch ganz anders).

Betrug

Der »Geist« flog zum Fenster hinunter

»Wehe dem Schlosse und seinen Bewohnern!« verkündete ein
»Geist« in abgelegenen Gängen des Schlosses Philippsburg in
Ehrenbreitstein. Man benachrichtigte den *Erzbischof Franz Georg von Trier* (1729—1756); der meinte: »Er soll mir das selbst
sagen!« Der »Geist« schien keine Eile zu haben, nur allmählich
fand er den Weg in Vorzimmer und Galastuben. »Er wird
mich finden!« scherzte Franz Georg. In einer der folgenden
Nächte wurden seines Bettes Gardinen aufgerissen, doch blitz-
schnell ergriff er den »Spuk«, lud ihn auf die Schulter und warf
ihn zum Fenster hinaus. — Es war ein Hofdiener, Arme und
Beine hatte er gebrochen. Der Erzbischof ließ ihn heilen und
mit einem Gnadengehalt ziehen. »Indessen wähne man nicht,
als sei aus jenem Fenster aller Spuk hinabgeflogen, im Gegenteil bieten seitdem ... die Jahrbücher des Schlosses einen stets
zunehmenden Reichtum wunderbarer Begebenheiten«. (Nach
Christian von Stramberg).
*Bei Berichten über Geistererscheinungen ist Betrug nicht immer
auszuschließen. Allerdings ist eine Vorspiegelung von Spuk nicht
immer ungefährlich.*

Das »Spukhaus« in Tegel

Oberforstmeister von *Burgsdorf* beschrieb 1797 der Gesellschaft Naturforschender Freunde in Berlin gespenstische Vorgänge im Forsthaus von *Tegel*, deren Zeuge er war, insbesondere Gepolter und Geräusche. Zahlreiche Personen ließen sich
täuschen. Eine Kommission entdeckte schließlich im Flur eine
auf ein Kreuzholz gewickelte Gartenschnur, mit der sie die ge-
hörten Geräusche nachahmen konnte. Sogar Friedrich Nico-
lai, ein Anhänger der Aufklärung, hatte sich irreführen lassen.
Goethe verspottete ihn im Faust (I, Walpurgisnacht) als »Prok-
tophantasmist«:
»Ihr seid noch immer da! Nein, das ist unerhört,
Verschwindet doch! Wir haben ja aufgeklärt!
Das Teufelspack, es fragt nach keiner Regel,
Wir sind so klug und dennoch spukt's in Tegel.«
(Nach Wietholz, Geschichte des Dorfes und Schlosses Tegel.
Berlin-Tegel 1922).

Phantasie

»Der Großvater Knobelsdorff geht um«

»Wir erbten 1922 den Besitz *Buchelsdorf,* Kreis Grünberg, Schlesien, mit dem alten Schloß der Familie *Knobelsdorff.* Im kleinen Dorf von 230 Seelen geisterten viele Geschichten um das alte Schloß und den Park. Die uralten Eichen, die Käuzchen, der Eiskeller hinten im Park, waren Grund genug für die Dorfbewohner, in der Nacht lieber nicht durch den Park zu gehen. Im Mittelpunkt dieser Erzählungen stand natürlich das Schloß. Und so hörten wir zu unseren Staunen, daß im Turm in der Nacht der Großvater Knobelsdorff ›umging‹, ja, daß man ihn im Mondenschein sogar sehen könne. Nun: Der Großvater Knobelsdorff war wohl vorhanden im Turm, er stand aber als Gipsbüste, nur bis zur Brust geformt, auf dem Treppenabsatz im Turm, er wurde bei Vollmond bestrahlt, weiß leuchtete er dann — aber bewegen tat er sich nicht — ich weiß es genau!« (Nach einem Bericht von Georg Freiherr von Blomberg, * Köln 1915, für den Verfasser).

Die Phantasie kann dem Beobachter Streiche spielen. Man glaubt, Übersinnliches erlebt zu haben. »Am häufigsten tritt dies ein, wo ein einzelner Eindruck auf das Gesicht und das Gehör stattfindet und sich dabei kein wahrnehmbarer Gegenstand, zu dem er gehört, darbietet, und der Mensch doch psychisch genötigt ist, für den Eindruck einen bestimmten Gegenstand vorauszusetzen und zu suchen, von dem der Eindruck herrührt. (Nach Strümpell, Der Aberglaube, was er ist, woraus er entsteht und wie er sich überwinden läßt. Leizig 1890).

Trugbilder

Wie leicht optische Täuschungen entstehen können, zeigt das in diesem Buch wiedergegebene Bild *König Ludwigs II. von Bayern,* der 1886 im Starnberger See ertrank (Nach einer Postkarte, vollständig dargestellt bei: Anton Sailer, Bayerns Märchenkönig. München 1961). Es ist also erforderlich, jeden einzelnen Bericht über Geistererscheinungen sorgfältig und kritisch zu prüfen. [Das Bild befindet sich am Ende des Buches.]

Sage und Dichtung

Frankenstein

Eines der berühmtesten Phantasie-Monster ist *Frankenstein*, benannt nach einer Burg an der Bergstraße in Hessen. Kurz vor 1252 errichtete sie Konrad Reiz von Breuberg. Seine Nachkommen (seit 1670 Freiherren) nannten sich nach der Burg und schufen hier eine kleine Herrschaft. Mary Godwin, die 2. Gattin des Dichters Percy *Shelley*, schrieb einen der besten und bekanntesten Schauerromane: »Frankenstein« (1818 erschienen). Darin erzählt sie: Baron Frankenstein setzte aus menschlichen Einzelteilen ein Wesen zusammen und erweckte es zum Leben. Es erwies sich als Ungeheuer, dessen Zerstörungswut auch sein Schöpfer zum Opfer fiel. — Diesen Baron hat es nie gegeben, jedoch kannte Mary die Burg Frankenstein. Hier ist der berühmte Alchimist Johann Konrad Dippel (1673 bis 1734) geboren. — Auch wird von zwei vampirartigen Monstern auf der Burg berichtet.

Dracula

Als Vampir bekannt ist Prinz *Dracula* durch Bram *Stokers* Buch »Dracula« (1897 erschienen). Seine Residenz war Burg *Bran* in den Karpaten an der Grenze von Siebenbürgen und der Walachei. Er wurde 1430/31 in Schäßburg geboren und verbrachte einen Teil seiner Jugend in Deutschland. Sein Vater Vlad II. beherrschte die Süd-Walachei und führte den von ihm gestifteten Orden vom Drachen im Kampf gegen die Türken. Dracula nahm daran teil. 1476 fiel er in der Schlacht bei Bukarest. Schon zu Lebzeiten war er als grausam und blutrünstig bekannt und blieb auch nach seinem Tod der Schrecken der Bevölkerung. Sein Bildnis ist auf Schloß *Ambras* bei Innsbruck zu sehen. (Nach J. J. Mostard).

Es ist verständlich, daß so erregende Themen wie Geistererscheinungen gern von Sage und Dichtung aufgenommen werden. Berichte über derartige Dinge werden ausgeschmückt oder Geschichten erfunden. Wir besitzen eine reiche Fülle schöner Sagen, deren wahrer Kern oft nicht mehr zu ermitteln ist, und ebenso unzählige gern gelesene Dichtungen in diesem Bereich.

Zweites Kapitel

Geheimnisvolle Kräfte

Die anziehende Kraft

Goethe glaubte an eine anziehende Kraft im Menschen, die unter Liebenden besonders stark ist und auch in die Ferne wirkt. Er berichtet, daß ihn oft auf einsamen Spaziergängen ein mächtiges Verlangen nach einem geliebten Mädchen überfiel und er so lange an sie dachte, bis sie ihm entgegenkam. So durchstreifte er in seinen ersten *Weimarer* Jahren die Stadt in sehnsüchtigen Gedanken an die Geliebte. Es war beim Haus, das später Schiller bewohnte, als es ihn »anwandelte umzukehren und zurück zum Palais und von dort eine kleine Straße rechts zu gehen. Ich hatte kaum 100 Schritte in dieser Richtung getan«, als ihm die Ersehnte entgegenkam. (Nach Eckermann, Gespräche mit Goethe III).

Die erwartete Begegnung

Eckermann kam von einem Spaziergang auf der Erfurter Chaussee zurück und hatte etwa 10 Minuten vor *Weimar* den geistigen Eindruck, »wie an der Ecke des Theaters mir eine Person begegnete, die ich seit Jahr und Tag nicht gesehen und an die ich sehr lange ebenso wenig gedacht. Es beunruhigte mich, zu denken, daß sie mir begegnen könnte, und mein Erstaunen war daher nicht gering, als sie mir, sowie ich um die Ecke biegen wollte, wirklich an derselbigen Stelle so entgegentrat, wie ich es vor etwa 10 Minuten im Geiste gesehen hatte.« (Nach Eckermann, Gespräche mit Goethe).

Der vorher gehörte Ruf

Der Arzt und Dichter Friedrich Wilhelm *Weber* saß in einer Herbstnacht in seinem Studierzimmer in *Driburg* (Westfalen). Plötzlich vernahm er draußen gedämpfte Rufe, dann ein Geräusch, wie wenn ein Fenster geöffnet würde, und die Stimme eines Mannes, seine Mutter habe ein Bein gebrochen, er sei mit seinem Wagen gekommen, um den Doktor zu holen. Doch war niemand da. Etwa eine Stunde später hörte er wieder eine Stimme. Nun sah er einen Bauern. »Ihre Mutter hat wohl vor einer Stunde ein Bein gebrochen?« fragte Weber, und nach einer zusagenden Bewegung des Mannes, »Sie haben einen Wagen mitgebracht?«. Der Bauer bejahte auch dies. Nahe dem elterlichen Gehöft fragte der Mann: »Herr Doktor, wie wußten Sie, daß meiner Mutter ein Unfall zugestoßen war?« »Das habe ich mir so gedacht«, entgegnete Weber ausweichend. — »Nein, das konnten Sie sich nicht denken«, erklärte jetzt mit Bestimmtheit der Bauer und warf zugleich einen scheuen, aber vielsagenden Seitenblick auf den Arzt, der mit geheimnisvollen Kräften begabt schien. (Nach Julius Schwering, Friedrich Wilhelm Weber [1813—1894]. Sein Leben und seine Werke).

Die freudige Angst

Helene von *Dönniges* (* München 1845) wollte im Winter 1862/63 auf einem Juristenball in *Berlin* mit Ferinand *Lassalle* zusammentreffen: »In weißer Seide, mit weißen Rosen und silbernen Ähren im Haar, trat ich an Holthoffs Arm in den schon sehr gefüllten Ballsaal. › Er, der nie einen Ball oder eine große Gesellschaft besucht, will Sie, Töchterchen, endlich einmal ungestört sprechen — wie es gerade unter so vielen Menschen möglich ist. Lassen Sie uns den Helden des Tages suchen. ‹ — › Er ist noch nicht da! ‹ — › Das können Sie in dieser Menschenmenge nicht sehen, nicht einmal ich, der ich doch so lang bin und die meisten hier überrage. ‹ — › Nein, aber ich habe noch nicht die merkwürdige Empfindung, die seine Nähe mir immer bringt! ‹ — › Um Gotteswillen, Töchterchen, nur keine Nerven! ‹ — › Jetzt kommt er! ‹ rief ich, und Holthoff nickte erstaunt, denn da trat er von Waldeck, mit dem er beim Eintreten gesprochen, fort und kam auf uns zu. — Das Gefühl, von dem ich soeben sprach, war ein schwer zu definierendes. Es war eine Art freudiger Angst, wie ich sie nie vorher und auch nachher nie wieder empfunden habe. Das Herz krampfte sich mir zusammen, und doch flog meine Seele in freiem Jubel hin zu ihm ...« (Nach Helene von Dönniges, Von anderen und mir).

Die enge Verbindung

August *Strindberg* stand während des Zusammenlebens mit einer Frau immer in Verbindung mit ihr, sehr oft durch Geruchsempfindungen, »die waren aber subjektiv, weil andere sie nicht wahrnehmen konnten. Wenn sie auf der Reise war, fühlte ich, ob sie sich auf dem Dampfer oder im Zug befand; ich konnte die Umdrehungen der Schraube vom Stoßen der Puffer unterscheiden. Zu einer bestimmten Stunde des Tages näherte sie sich mir. Es war fünf Uhr morgens. Als sie einmal in Paris war, änderte sich dieser Besuch auf vier Uhr. Wie ich im Verzeichnis der Zeitunterschiede nachschlug, fand ich, daß die Uhr ungefähr vier in Paris ist, wenn sie bei mir fünf ist«. »Als sie mich haßte, nahm ich einen Geruch und Geschmack wie von Mortalin wahr; und eines Nachts so heftig, daß ich aufstehen und das Fenster öffnen mußte. Wenn sie wohlwollend meiner gedachte, nahm ich den Duft von Weihrauch, manchmal von Jasmin wahr. Diese Düfte konnten sich auch in Geschmackswahrnehmungen verwandeln.« »Ich hörte das Beifallklatschen nach meiner Premiere. Das Gespräch der Leute nach Schluß der Aufführung im Restaurant äußerte sich als Läuten in den Ohren. Das kann ich auch von Deutschland hören, wenn ich dort eine Premiere habe; trotzdem ich nicht im voraus weiß, daß ich gespielt werde.« »Ich bin so gewohnt, mit meinem Verkehrskreis in Verbindung zu stehen, daß ich es schon gehört zu haben glaube, wenn jemand kommt und etwas Neues erzählt. Es fällt mir schwer, mich überrascht zu fühlen, denn alles Neue ist so wohl vorbereitet. Als ein Kamerad, den ich sechsunddreißig Jahre lang nicht gesehen hatte, aus Kalifornien zurückkam, wußte ich es vorher, hatte von ihm geträumt, erwartete ihn an der Tür, als hätten wir uns gestern getrennt. Wenn ich die Morgenzeitung oder die Post lese, kommt mir alles bekannt vor.« (Nach August Strindberg, Ein Blaubuch).

Die verletzte Oberlippe

Die Gattin des Landschaftsmalers Arthur *Severn* berichtet aus *Brantwood,* Coniston, am 27. 10. 1884: »Ich erwachte mit einem Schreck, da ich fühlte, daß ich einen heftigen Stoß gegen den Mund erhielt und griff in dem deutlichen Gefühl, ich sei verletzt und meine Oberlippe blute, nach meinem Taschentuch, ballte es zusammen und preßte es an die schmerzende Stelle, und als ich mich so im Bette aufgerichtet hatte und es nach einigen Sekunden wegnahm, war ich erstaunt kein Blut zu sehen.« Es war 7 Uhr. Zur gleichen Zeit hatte ihr Ehemann beim Segeln einen Schlag gegen den Mund gerade unter die Oberlippe erhalten; es hatte lange geblutet. Als er dann beim Frühstück sein Taschentuch verstohlen an die Lippe brachte, stellte sich der Zusammenhang heraus. (Nach Max Kemmerich, Die Brücke zum Jenseits).

Drahtlose Telegraphie

Mark Twain (S. L. Clemens) schreibt in einem Brief aus *Hartford,* Conn., vom 4.10.1884: »... Vor ein paar Tagen, am 30. September, fiel mir plötzlich und sehr lebhaft ein, daß ein Auftrag auf Zigarren, den ich vor drei Wochen erteilt hatte, unbegreiflicherweise noch nicht ausgeführt worden war. Sofort telegraphierte ich, warum dies nicht geschehen sei; wenigstens schrieb ich das Telegramm nieder und wollte es eben abschikken, als ich mir wieder sagte: › Dies ist ja ganz unnötig. Die Leute sind gerade mit deinen Zigarren beschäftigt. ‹ Denn das war mir aus zwölfhundert Meilen Entfernung übertragen worden. Kaum habe ich diesen Brief an Sie bis hierhin geschrieben, da tritt soeben ein Dienstbote in mein Zimmer mit den Worten: › Herr, die Zigarren sind angekommen . . . ‹ Heute ist der 4. Oktober, Sie sehen, wie begründet mein Vertrauen war. Die Rechnung, die ich vorgestern erhielt, war vom 30. September datiert. Ich wußte ganz sicher, daß die Leute damals irgendwie mit meinen Zigarren beschäftigt waren, sonst würde ich nicht den starken Trieb empfunden haben, telegraphisch danach zu fragen . . . Es hat sich mir oft bewiesen, daß Menschen eine kristallklare geistige Verbindung miteinander auf weite Entfernungen hin haben können. Um solche Verbindungen mit vollkommener Sicherheit zu erzielen, müssen beide Gemüter für den Augenblick in einer besonders günstigen Verfassung sein . . .« (Nach Enno Nielsen).

Umgehende Erledigung

»Ich entschloß mich«, erzählt Wilhelm von *Scholz*, »an einem bestimmten Tage (es war der 27. Oktober 1921), trotzdem das meiner ursprünglichen Absicht widersprach, eine neue Novelle, den › Vincenzo Trappola ‹, an den Herausgeber Kayser der S. Fischerschen › Neuen Rundschau ‹ zu senden. Er wußte von dieser Erzählung und daß ich daran arbeitete, aus einem damals etwa drei Wochen zurückliegenden Briefwechsel. Ich schrieb zu der Einsendung einige Begleitzeilen, in welchen ich in bezug auf den erwähnten früheren Briefwechsel den Ausdruck gebrauchte: › Ich habe das Gefühl, daß zwischen uns eine Persönlichkeitsberührung besteht. ‹ Sie bestand, als ich dies schrieb, unmittelbar und in einem noch viel augenblicklicheren Sinne. Der Einschreibzettel meiner Absendung trägt den Poststempel: › *Stuttgart, 27.10.21,* 12-1 N. ‹ › *Berlin,* 27.10.21, 1 N. ‹ ist ein Telegramm datiert, das lautet: › Erbitten neue Novelle fürs nächste Heft. Drahtantwort. ‹ Ich konnte nur antworten, daß ich den Wunsch bereits drahtlos erhalten und erfüllt hätte.« (Nach Wilhelm von Scholz, Der Zufall und das Schicksal).

Der Hilferuf

»Im Frühjahr 1928« berichtet Oberst a. D. *Carl von Bock u. Polach,* »erkrankte mein damals 15jähriger Vetter an einer Blinddarmentzündung, die zunächst nicht erkannt wurde, der Blinddarm brach durch und mein Vetter starb. Die Eltern lebten in *Südwestafrika* auf einer Farm, mein Vetter war mit zweien seiner Brüder hier in Deutschland zur Erziehung. In der Todesstunde meines Vetters schrie meine Tante in Südwestafrika auf ihrer Farm plötzlich laut auf: › Helft Hans-Joachim, helft Hans-Joachim! ‹ und konnte nur mit Mühe durch meinen Onkel beruhigt werden. Zwei Tage darauf erhielten sie dann telegraphisch die Todesnachricht.« (Nach einem Brief von Oberst a. D. Dipl.-Ing. Carl von Bock u. Polach, * Detmold 1901, vom 9.6.1980 an den Verfasser).

Das engverbundene Ehepaar

Zwischen dem Dichter und Schriftsteller Edgar *Struchhold* (* Köln-Ehrenfeld 1914, † Bendorf-Sayn 1974) und seiner Ehefrau fanden oft Gedankenübertragungen statt; beide dachten zur selben Zeit an das Gleiche, manchmal an Dinge, von denen lange nicht die Rede gewesen war. (Nach einem Bericht der Ehefrau des Dichters).

Telepathie mit Tieren

Der treue Hund

Lord *Carnarvon* (* 1866) ermöglichte als Amateur-Archäologe die Entdeckung des Grabes des Pharaonen Tut-ench-Amun (1922/23). Er starb 1923 in Kairo unter mysteriösen Umständen 10 Minuten vor 2 Uhr Kairoer Zeit. Zur gleichen Stunde geschah in seinem Landsitz *Highclere* etwas Merkwürdiges: Seine Foxterrierhündin, die er sehr geliebt hatte, begann plötzlich zu jaulen, setzte sich auf die Hinterbeine und fiel tot um. — Als Lord Carnarvon eben gestorben war, fiel auch in *Kairo* etwas Eigenartiges vor: in der ganzen Stadt gingen plötzlich die Lichter aus und nach drei Minuten wieder an. Das Elektrizitätswerk hatte keine Erklärung für den Stromausfall. (Nach dem Bericht seines Sohnes in: Philipp Vandenberg, Der Fluch der Pharaonen, Bergisch Gladbach 1977).

Der trauernde Löwe

Prinz Eugen von Savoyen wurde am Morgen des 21.4.1736 in seinem Stadtpalais zu *Wien* tot im Bett aufgefunden. Der Aufseher in der Menagerie des Schlosses *Belvedere* erklärte, sein Herr sei sicher um 3 Uhr früh gestorben, denn der älteste der dortigen Löwen habe um diese Stunde »wider alle Gewohnheit ganz entsetzlich zu brüllen angefangen und von selbiger Stund an sich ungemein traurig bezeiget und wenig mehr gefressen oder gesoffen«. (Nach Egon Caesar Conte Corti, Der edle Ritter. Anekdoten um den Prinzen Eugen. Berlin 1941).

Mensch, verspotte nicht den Teufel,
Kurz ist ja die Lebensbahn,
Und die ewige Verdammnis
Ist kein bloßer Pöbelwahn.

(Heinrich Heine)

Seltsame Verknüpfungen

Die erloschene Inschrift

In der Pfalzkapelle zu *Aachen* befand sich eine Inschrift in roter Farbe, in deren letzter Zeile die Worte Carolus princeps standen. Wenige Monate vor dem Tod *Karls des Großen* war das Wort princeps (= Fürst) völlig erloschen. (Nach Einhard, Vita Caroli Magni).

Das blutrote Schwert

Der Naturphilosoph Girolano *Cardanus* (* 1501, † 1576) sah eines Tages in *Pavia* »plötzlich an der Wurzel des rechten Ringfingers die blutrote Figur eines Schwertes. Ich erschrak heftig... Am selben Abend kommt ein Kurier mit einem Brief meines Schwiegersohnes, ich soll sofort nach Mailand kommen, mein Sohn sei verhaftet. — Vom folgenden Tag an begann jenes blutige Zeichen 53 Tage lang zu wachsen und immer größer zu werden, bis es schließlich am letzten Tage bis zur Fingerspitze reichte und wie flammendes Blut leuchtete«. Am 7.4.1560 um Mitternacht »ward mein Sohn mit dem Schwert hingerichtet, am andern Morgen in der Frühe war das blutige Mal fast ganz erloschen, und einen Tag später war es verschwunden«. (Nach Ludwig Rosenberger).

Der Riß in der Mauer

»Am 5.Juli 1717 überfiel eine Räuberbande das Gelbe Schloß in *Heroldsberg* (einst Besitz der Freiherren von *Geuder*) und plünderte es von oben bis unten aus. Alles, was nicht niet- und nagelfest war, mußte mitgehen. Der Hausherr saß um diese Zeit als Vorderster Losunger erst in der Kleinen Ratsstube, dann im Ratskeller zu Nürnberg, wo er große Ämter als Patrizier inne hatte. Seine Abwesenheit nützten die Räuber aus, wollten auch den Knecht zwingen, mitzugehen. Der widersetzte sich und wurde unter der Haustüre erschlagen. Seit dieser Zeit ist neben dieser Stelle ein breiter Haarriß in der Mauer, der nie mehr geschlossen werden kann.« (Verfaßt von Karl Borromäus *Glock*, Gelbes Schloß in Heroldsberg, Quellen: Friedrich Freiherr von Geuder-Rabensteiner und Georg Edler von Mayer-Starzhausen).

Der goldene Ring

Die Verknüpfung des Schicksals einer Familie mit einem Gegenstand erwähnt Udo von *Alvensleben*, Kunsthistoriker, bekannt durch seine Tagebücher (herausgegeben durch Harald von Königswald). Eine Frau von Alvensleben auf Burg *Calbe* an der Saale habe einen goldenen Ring von einer Zwergin (unter den Zwergen sind wohl unterworfene und sozial tiefstehende Bevölkerungsteile zu verstehen) als Dank für Hilfe erhalten, mit dem Gebot: Solange er ungeteilt bei dem Geschlecht bleibe, werde es blühen, andernfalls werde es ihm schlimm ergehen. Dennoch teilten drei Brüder, die Stammväter der Hauptlinien, den Ring. Die »Rote Linie« entledigte sich des Reifes freventlich zu Rogätz und erlosch. Die »Weiße Linie« schmolz ihren Ring ein und vergoldete damit einen (noch vorhandenen) Abendmahlskelch; sie ist stets von der Gefahr bedroht, auszusterben. Die lebenskräftige »Schwarze Linie« bewahrte den Ring sehr sorgfältig in Calbe, später in Erxleben, in Kriegszeiten auch in Klöstern und Kirchen. 1945 wurde er aus Erxleben geborgen, seit 1946 befindet er sich in der Obhut eines westdeutschen Domkapitels: Das beweist, wie ernst die Familie diese Tradition nimmt. (Nach Udo von Alvensleben, Alvenslebensche Burgen und Landsitze, Dortmund 1960).

Das Glück von Edenhall

Die Verbindung des Schicksals mit einem Glas, einem bunt emaillierten syrischen Becher des 13. oder 14. Jh., schildert Ludwig *Uhland* in seinem Gedicht »Das Glück von *Edenhall*« (Schloß in England). Freilich ist die dort dargestellte Handlung erfunden, das Gefäß befindet sich unversehrt im Besitz der Familie.

Der schwarze Ritter

An die *Löwenburg* im Schloßpark von *Wilhelmshöhe* bei Kassel knüpft sich die Sage des »schwarzen Ritters«. Der Tradition nach wurde jedesmal beim Tod eines hessischen Fürsten unter dem Adel des Landes ein stark gebauter Mann ausgesucht, der in schwarzer Rüstung dem Leichenwagen bis zur Gruft voranritt, wo er feierlich den Degen des verstorbenen Landesherren zu zerbrechen hatte. Hieran knüpft sich weiter die Sage, daß dieser schwarze Ritter jedesmal seinem Herrn alsbald in den Tod nachfolge. Wir wissen aus der bildlichen Darstellung der Beisetzung Landgraf Wilhelms VI. in dessen »Ehrensäule« vom

Jahre 1663, daß auch hier ein schwarzer Ritter — es war der Kammerpage Viktor von Büren — vor dem Leichenwagen herritt, wir wissen aber nur, daß in einem Falle ein schwarzer Ritter das Opfer seines Leichendienstes wurde, eben bei der Bestattung des ersten hessischen Kurfürsten, Wilhelm I. († 1821). Es war Christian Freiherr von *Eschwege,* * Reichensachsen 1793. Er hatte sich dem Dörnbergschen Aufstand, zur Befreiung seines Vaterlandes von der Franzosenherrschaft, angeschlossen, wurde gefangen und zum Tode verurteilt. Durch Freunde gerettet, trat er in das freiwillige Jägerkorps ein und kämpfte so tapfer in den Befreiungskriegen, daß er von seinem Landesherrn den Orden vom eisernen Helm, von dem König von Preußen den Orden pour le mérite erhielt. Es war der letzte »schwarze Ritter«, der in seinem schwarzen Harnisch auf gepanzertem Pferd die besondere Aufmerksamkeit erregte. Noch heute wird von den Verwandten dieses Totenritters als Tatsache verbürgt, daß in der Todesnacht des Kurfürsten im elterlichen Hause zu *Reichensachsen* das lebensgroße Bild des jugendlichen Jagdjunkers mit großem Krachen von der Wand stürzte und im Fall von den vielen, auf einer darunter stehenden Kommode zur Schau gestellten Tassen gerade eine solche mit dem Bilde der Löwenburg zerschlug. Diese zertrümmerte Tasse wird noch jetzt in Reichensachsen aufbewahrt. Die durch dieses Omen geängstigte Mutter soll vergeblich versucht haben, den Sohn von dem übernommenen Leichendienst fern zu halten.

Schon vor Beginn des Zuges fiel es auf, daß das unter dem nördlichen Bogen des Wilhelmshöher Schlosses haltende Pferd in der ungewohnten Ausrüstung unruhig wurde und nur mit Mühe von mehreren Leuten gehalten werden konnte. Auch Eschwege war von der schweren, jede Ausdünstung verhindernden Rüstung schon so erhitzt, daß sein unter dem aufgeschlagenen Visier hervorschauendes Gesicht ganz blaurot war. So zog er sich, als der Sarg in die Kapellengruft gesenkt wurde, eine schwere Erkältung zu, die offenbar nicht ausgeheilt wurde. 4 Monate später erlag er am 11.7.1821 nach 9tägigem Krankenlager einem Nervenfieber.

Wilhelm *Bennecke* hat den Vorfall zum Gegenstand einer Ballade gemacht, auch Graf Karl von *Berlepsch* schildert die Sage:

»Zu Wilhelmshöhe im Waffensaal,
Da hält ein Ritter in schwarzem Stahl
Auf hohem hölzernen Pferde.

Ein Sagen geht von Ahn zu Ahn:
Wer je die Rüstung angetan,
Den deckt gar bald die Erde.«

Anna Maria *Witte* verfaßte eine weitere Dichtung (»Der letzte
schwarze Ritter von Wilhelmshöhe«, Berlin 1913). (Nach Paul
Heidelbach, Die Löwenburg, »Draußen und drinnen«, Beilage
zum Casseler Volksblatt, 12.2.1926).

Der gespaltene Lebensbaum

Helene von *Dönniges*, die Freundin Ferdinand Lassalles, ver-
mählte sich nach dessen Tod in einem Zweikampf (Genf 1864)
mit dem Bojaren Yanco von *Racowitza*, dem Duellgegner.
Während der langen Trauungszeremonie auf dem Gut ihres
Gemahls in der Walachei nach dem griechischen Ritus im
Kirchlein, verdunkelte sich draußen der Himmel. »Schwere
Gewitterwolken zogen auf und bald folgte Blitz auf Blitz — da
plötzlich ein gewaltiger Donnerschlag! — wir alle standen ge-
blendet und erschreckt — der Blitz hatte dicht vor dem Kirchlein in einen Baum — den nächsten von drei gleichen, eingeschlagen — und den Stamm mitten entzwei gespalten. Es entstand ein Gemurmel in und um das Gotteshaus —, › böses
Omen! ‹ — › die arme junge Frau! ‹ — wurden Stimmen laut —
denn der gespaltene Baum war Yancos Lebensbaum! Sein Vater hatte bei der Geburt seiner drei Kinder je einen jungen
Baum — einen neben den andern, auf dem Kirchhügel ge-
pflanzt. Sie hatten sich alle gut entwickelt — jetzt lag der jüng-
ste gefällt am Boden. Uns beiden wurde dies eigentümliche Ereignis von den Verwandten aus dem Gedächtnis gescherzt —
aber das Omen hat sich erfüllt . . .« Nicht lange darauf starb
Yanco. (Nach Helene von Racowitza [von Dönniges], Von
Anderen und mir, Erinnerungen aller Art).

Was wollte ich um dein Lächeln geben,
Um deine Zweifel, du gute Frau,
Doch wieder sag ichs: bei meinem Leben!
Marie, wir sahen und hören genau!

Annette von Droste-Hülshoff

Die Trompete beklagt die Toten

Um die Übermacht der französischen Truppen bis zum Ein-
treffen der Armee des Prinzen Karl von Preußen aufzuhalten,
griff 1870 General von Bredow mit 800 Reitern bei *Vionville*
nahe Metz die gegnerischen Batterien und das Fußvolk an, ein

Todesritt, bei dem fast die Hälfte der Preußen fiel. Als der Trompeter nach der Rückkehr zum Sammeln blasen wollte, gab die Trompete nur ein schauerlich klagendes Wimmern von sich: sie war durchschossen. Ferdinand *Freiligrath* schildert das in seinem Gedicht »Die Trompete von Vionville«:

Und er nahm die Trompet', und er hauchte hinein;
da — die mutig, mit schmetterndem Grimme
uns geführt in den heiligen Kampf hinein,
der Trompete versagte die Stimme!

Nur ein klanglos Wimmern, ein Schrei voll Schmerz
entquoll dem metallenen Munde;
eine Kugel hatte durchlöchert ihr Erz —
um die Toten klagte die wunde.

Der Blitzschlag in die Kirchenfassade

König Ludwig II. von Bayern wurde 1886 in der Gruft der St.-Michaels-Kirche in *München* beigesetzt. »Zwölf Gugelmänner in langen Faltengewändern und spitzen Gugeln, durch deren Schlitze die Augen gespenstisch funkeln, heben den Sarg vom Wagen, um ihn durch das weitgeöffnete Kirchenportal zu tragen. In diesem Moment fliegt eine pechschwarze Wettererwolke herauf, verschlingt die Sonne, wandelt den strahlenden Tag in düster-bedrohliche Nacht. Weltuntergangsstimmung bricht über München herein. Drinnen im weiten Kirchenraum ist die feierliche Handlung beendet, und die Gugelmänner gehen mit dem Königssarg auf die Tür zu, die in durchbrochener Eisenarbeit das kurbayrische Wappen zeigt, und hinter der eine ausgetretene Marmortreppe hinunter in die Gruft der Wittelsbacher führt. Im selben Augenblick, als der Sarg sich abwärts neigt, erschüttert eine ohrenbetäubende Detonation die Mauern. Ein Blitz hat in die Fassade der Kirche eingeschlagen, Gesimsteile stürzen aufs Pflaster vor dem Portal. Es bleibt bei diesem einzigen Blitz- und Donnerschlag. Von einem normalen Gewitter ist nicht die Spur zu merken. Nur ein sintflutartiger Wolkenbruch geht nieder, ein eigenartiger Wolkenbruch, unter dem sich die silbernen Epauletten und Portepees der Offiziere schwarz verfärben. Unzählige sind Zeuge des grandiosen Vorgangs gewesen - auch mein eigener Vater, der als junger Offizier zu der Beisetzung abkommandiert war.« (Nach Helena von Fortenbach, Die Wittelsbacher).

Der plötzliche Windstoß

Der Astronom Camille *Flammarion* († 1925) war mit seinem Werk über die Atmosphäre beschäftigt. Als er gerade an dem Kapitel über die Windstärke schrieb, fegte plötzlich ein heftiger Windstoß alle seine losen Blätter vom Schreibtisch weg zum Fenster hinaus. (Nach Camille Flammarion, L'Inconnu et les problèmes psychiques).

Das verlorene Medaillon

»Ich bin kein Mystiker«. schreibt *Kronprinz Wilhelm von Preußen,* »ich spiele nicht mit okkulten Gewalten. Ich leugne aber auch ihre Existenz nicht. Meine eigene Erfahrung hat mich gelehrt und hat mich in meiner Überzeugung gestärkt, daß uns mitunter das Schicksal vor kommendem Unglück warnt. Als ich in den Krieg zog, schenkte mir meine Frau ein Medaillon. Auf diesem war die heilige Cäcilie orgelspielend dargestellt. Ich trug diese kleine Münze wie einen geheiligten Talisman. Er begleitete mich von Schlacht zu Schlacht, von Feldzug zu Feldzug. Am 7. November 1918 verschwand mein kleiner Glücksbringer. Umsonst durchsuchte ich meine Sachen. Ich konnte den für mich so wertvollen Talisman nicht mehr finden. Meine Ordonnanzen durchkämmten das Hauptquartier wie mit Staubkämmen. Wir suchten das Medaillon an allen möglichen und unmöglichen Orten. Das Suchen steckte an. Meine Offiziere beteiligten sich gleichfalls daran. Wir stellten das ganze Hauptquartier auf den Kopf, aber das Medaillon blieb verschwunden. Ich habe es nie wieder gesehen. Es war ein für allemal verloren. Zwei Tage später begann die Revolution! Natürlich ist keinerlei Verbindung zwischen diesen beiden Ereignissen zu suchen. Der Verlust war ein reiner Zufall. Und doch kennt jeder irgendein Vorkommnis in seinem Leben, welchem er einen tieferen Sinn beimißt.« (Nach Aufzeichnungen des Kronprinzen [† 1951] in: Heinrich Bessler, Das Gespensterschiff).

Das beschädigte Denkmal

In der Nacht vom 7. zum 8.2.1934 warf ein Sturm Baumäste auf das Askanierdenkmal Heinrichs des Kindes in der Siegesallee zu *Berlin,* das schwer beschädigt wurde. Am Morgen danach starb der Schöpfer dieser Marmorgruppe, August *Kraus,* in seiner Grunewaldvilla an einem Herzschlag. (Nach Wilhelm von Scholz).

Die verlöschende Lampe

Über *König Paul von Griechenland* († Schloß *Tatoi* bei Athen 1964) berichtet Königin Friederike, seine Gemahlin: »Am Nachmittag des Mittwochs, des 4. März 1964, ging ich in sein Krankenzimmer und fand Paul mit einem glücklichen Ausdruck in seinem Gesicht. Ich fragte: › Wie geht es dir? ‹ › Ich dachte, ich wäre davongegangen ‹, sagte er sanft. › Ich fühle mich noch immer weit fort. Es braucht seine Zeit, bis man sich daran gewöhnt hat. Ich muß schon ganz auf der anderen Seite gewesen sein ... Ich hatte eine Vision einer langen dunklen Straße mit einem strahlenden Licht an ihrem Ende. Sie gab einem ein wundervolles Gefühl des Friedens und des Glücks. Es ist ein großer geistiger Aufschwung. Das ist die wirkliche Heilige Kommunion. ... Ja, jetzt verstehe ich alles. Es ist die Wahrheit. Dies ist die wundervollste Zeit unseres Lebens. ... Ich möchte sehr gerne dorthin ... Dort gibt es keine Probleme mehr, nur Glück; wenn wir dort sind, kommt alles ins Lot. Dort werden wir frei sein. ‹ Mit Pauls letztem Atemzug verlöschte auch die Flamme der Öllampe (vor einer heiligen Ikone von der Insel Tinos), die vor ihm brannte, plötzlich.« (Nach den Memoiren der Königin Friederike von Griechenland, in: Jean-Baptiste Delacour, Aus dem Jenseits zurück. Bergisch Gladbach 1973).

Die schöne Musik

Der Theosoph Jakob *Böhme* († *Altseidenberg* bei Görlitz 1624) rief vor seinem Tod seinen Sohn Tobias »und fragte, ob er auch die schöne Musik höre? Als er sagte Nein, sprach er, man sollte die Tür öffnen, daß man den Gesang besser hören könne. Darnach fragte er, wie hoch es an der Uhr? Als man antwortet, es habe 2 geschlagen, sprach er: › Das ist noch nicht meine Zeit, nach dreyen Stunden ist meine Zeit. ‹« Um 5 Uhr morgens starb er. (Nach Abraham von Frankenberg, Bericht von dem Leben und Abschied des in Gott selig ruhenden Jacob Böhmens. Amsterdam 1682).

Die Musik aus der Wand

Vor *Goethes* Tod hörte man Musik in der Wand, wo Goethe saß. Zuerst vernahm sie Fräulein von Pogwisch, als sie einmal

114

die Treppe hinaufging. Sie fürchtete sich so sehr, daß sie umkehrte und durch einen anderen Aufgang ins Zimmer zu gelangen suchte: aber auch da tönte ihr Musik entgegen. Nun nahmen auch die anderen Hausbewohner wahr, daß leise Töne in feinen Melodien aus den Wänden quollen. — Als weiteres Vorzeichen des nahenden Todes betrachtete man es, daß brennende Kerzen plötzlich erloschen, obwohl kein Luftzug zu bemerken war. (Nach Ludwig Rosenberger, Geisterseher).

Rätselhafte Harfenklänge

Eduard *Mörike* feierte am 8.9.1874 in *Stuttgart* seinen 70. Geburtstag und legte sich früh schlafen. Plötzlich erklangen harfenähnliche Töne, die sanft im kleinen Zimmer verhallten. Mörikes Schwester und Tochter hörten sie. Zugleich rief der Dichter aus seinem Schlafzimmer »Wo ist die Musik?« Rätselhaft wie die Klänge gekommen waren, verschwanden sie. Da sagte Mörike: »Das geht mich an. Es ist mein letzter Geburtstag.« Am 4.6.1875 starb er. (Nach Otto Piper, Der Spuk).

Hilfreiche Eingebungen

Der aufgezeigte Weg

Wilhelm von *Kügelgen* (1802—1867) verirrte sich auf einer Wanderung nach Schloß *Hummelshain* (Thüringen) in einem dichten, unwegsamen Wald. Nach einer kurzen erquickenden Ruhe erschien ihm plötzlich alles heimisch, Wurzeln, Grashalme und Steine. Eine Kenntnis der Stelle aus der Kindheit wäre mit all diesen Einzelheiten nicht denkbar. Neu belebt schritt Kügelgen weiter von einem bekannten Ding zum anderen, bis er, außerhalb des Waldes, die nächtlichen Umrisse des Schlosses sah. (Nach Kügelgen, Jugenderinnerungen eines alten Mannes).

Die treue Erzieherin

Ein erstaunliches Erlebnis hatte der Historiker und Dichter Bolko Freiherr von *Richthofen,* 1899 in Mertschütz (Kreis Liegnitz) geboren. Sein Vater besaß das dortige Rittergut und hatte wegen verschiedener ehrenamtlicher Tätigkeiten eine zweite Wohnung in *Liegnitz.* Dort betreuten Frau M. *Junker* und später zusätzlich deren Tochter Anna, die unverheiratet blieb und als Erzieherin in Privathaushalten, meist bei Familien des Adels, besonders bewährt war, den Schüler Bolko während seiner Gymnasialzeit vorbildlich. Beide waren warmherzig und beruflich besonders tüchtig. Nach dem 2. Weltkrieg lebte Fräulein Anna Junker in Naumburg an der Saale, Bolko Freiherr von Richthofen stand mit ihr in Briefwechsel. Sie erkrankte an Magenkrebs, der Arzt befürchtete ein langes Leiden.

Vor seinem Umzug von Freiburg im Breisgau nach Oberbayern 1956 wollte Professor von Richthofen einen Besuch in Schönau machen, traf jedoch seinen Bekannten nicht an. »Bei dem schönen Wetter des betreffenden Tages benutzte ich die Anwesenheit zu einer Wanderung von dort auf den nächsten der den Namen Belchen tragenden Berge. Auf dem Kamm des Gebirges hatte ich das Gefühl, eine geistige Stimme teile mir folgendes mit: Auf dem Gipfel des *Belchen* könne ich gut ein Mittagessen einnehmen. Vorher solle ich aber einen Brief an Fräulein Junker schreiben und ihr nochmals besonders herzlich für alles danken, was sie und ihre Mutter für mich in Lieg-

116

nitz getan haben. Es sei die letzte Nachricht, die sie von mir vor ihrem Tode erhalten würde. Da meine Mutter eine Veranlagung zum »Hellsehen« besaß und z. B. in einer von ihr verfaßten Skizze »Mein Garten« schon im Jahre 1927 die Heimatvertreibung der Schlesier als leider später geschehend vorausgesehen hatte, nahm ich das Gefühl mit der erwähnten geistigen Stimme nichtirdischer Herkunft ernst, schrieb auf dem Belchen angelangt erst sofort dem Fräulein Junker im Sinne des erwähnten Rates und steckte den Brief sofort in den Briefkasten vor den Eingang der Gaststätte. Dann bestellte ich in dieser ein Mittagessen, fragte aber vorher eine Kellnerin, wie es mit dem Abgang der Post aus dem genannten Briefkasten stehe. Sie erwiderte: › Der Briefträger war soeben hier und hat den Kasteninhalt geleert und zur Weiterbeförderung mitgenommen. Das geschieht bei uns immer nur einmal an jedem Tag. ‹ Einige Tage später erreichte mich ein Brief der warmherzigen sächsischen Betreuerin von Fräulein Junker aus Naumburg an der Saale. Sie schrieb, mein Brief sei gerade eingetroffen und sie habe den Inhalt sofort am Krankenbett Fräulein Junker vorgelesen. Diese habe strahlend zugehört und gesagt, durch den Briefinhalt sei dieser Tag für sie einer der glücklichsten in der Zeit ihrer so schweren Erlebnisse der Nachkriegszeit. Weiter fügte die nette sächsische Briefschreiberin hinzu, vor kurzem war um 10 Uhr vormittags der behandelnde Arzt bei Fräulein Junker. Sie habe ihn gefragt, wie er jetzt den Zustand der Schwerkranken beurteile. Seine Antwort sei gewesen: › Genauso wie bisher. ‹ Danach schloß der Brief mit freundlichen Grüßen der Schreiberin und besonders herzlichen von Fräulein Junker. Am Rand hatte die Briefschreiberin nachträglich die Glosse hinzugefügt: › Wider alles Erwarten ist Fräulein Junker heute abend um 22 Uhr plötzlich sanft entschlafen. ‹« (Nach einem handschriftlichen Bericht von Professor Dr. Bolko Freiherr von Richthofen vom 30.11.1980 für den Verfasser).

Niemand soll sich einreden und zutrauen, daß er, was im Diesseits von ihm versäumt worden ist, noch nach dem Tode drüben bei Gott verdienen könne.

Augustinus

Der gesteuerte Zufall

Die rechnende Kugel

Der *Zufall* hat seine *Gesetzmäßigkeiten*. Beweis hierfür sind die Zahlenfolgen beim *Roulette.*Zwar ist bei jedem einzelnen Spiel völlig offen, in welche Zahl die Kugel fällt, jedoch auf längere Zeiträume erscheinen die einzelnen Zahlen etwa gleich oft wie auch die einfachen Chancen: die Farben Rot und Schwarz, Pair (gerade) und Impair (ungerade) sowie Manque (1—18) und Passe (19—36). Die Angleichung wird im Verhältnis um so stärker, je mehr Spiele beobachtet werden. Diese Gesetze machen sich die Systemspieler zunutze. Freilich kommt diese nervenzermürbende Tätigkeit einer Arbeit gleich, und die Spielbanken haben sich nicht umsonst das Recht vorbehalten, jedermann ohne Angabe von Gründen aus dem Casino zu verweisen. Vom 10. 10. bis 2. 11. 1950 fielen in der Spielbank Bad Homburg, Tisch 1, auf:

Schwarz	Rot	Pair	Impair	Manque (1—18)	Passe (19—36)
222	275	254	243	272	225
269	260	241	288	255	274
257	253	248	262	238	272
245	239	242	242	235	249
993	1027	985	1035	1000	1020

Der Mittelwert, dem sich hier die Zahlen bei 2020 Spielen nähern, ist 1010. Es fiele also hier aus dem Rahmen, wenn etwa eine Chance 1500 mal erschienen, die andere nur 520 mal. Ein solch seltenes Ereignis würde durch die Ergebnisse der folgenden Spiele unweigerlich wieder ausgeglichen.

Die Unglückszahl 16

Im Dezember 1793 wurde *König Ludwig XVI.* in *Paris* vor den Konvent geladen. Am Morgen schlug er dem Dauphin vor, jetzt bei dem Lärm statt der üblichen Stunde in der Geographie eine Partie Siam zu spielen, was der Kleine gern tat; er verlor jedoch diesmal alle Spiele und rief ärgerlich: »Ich kann es nicht über 16 bringen, diese Zahl ist eine Unglückszahl!« »Das wußte ich schon lange!«, antwortete der König. Das Spiel wurde aufgegeben. (Nach Johann Baptist von Weiß, Weltgeschichte).

Der bedeutsame 22. März

Goethe hielt den 22. März als einen für sein Leben besonders einflußreichen Tag, »ja er glaubte, daß der übrige Teil des Jahres sich glücklich für ihn gestalten werde, sobald dieser Tag gut vorübergegangen war. Tatsache ist auch, daß er sich während seiner letzten Erkrankung sorgfältig nach dem Datum erkundigte, wie es noch am Morgen seines Sterbetages (22. März 1832) der Fall war. Er sprach dabei von dem Eintritt des Frühlings und dem Einfluß der schönen Apriltage auf seine Wiederherstellung«. (Nach Ludwig Rosenberger, Geisterseher).

Die schicksalsschwere Zahl 23

Max *Dauthendey* († 1918) berichtet: »Meine, mich durch das ganze Leben begleitende schicksalsschwere Zahl ist die Zahl 23. 23 Jahre nach dem Tode meiner Mutter starb mein Vater, und ich kann sicher sein, daß immer der 23. jedes Monats mir irgend eine schwerwiegende Nachricht, eine Schicksalswende, einen besonderen Glücksfall oder außergewöhnlichen Unglücksfall bringt. Trete ich eine Reise an, so will es der Zufall, daß das meist am 23. des Monats geschieht. Und habe ich Verträge zu unterschreiben, die wichtiger Natur sind, so ist es sicher am 23. Monatstag, an welchem ich meine Unterschrift geben muß. Das Haus, in welchem ich wohne und dieses niederschreibe, trägt die Nummer 23, und an einem 23. eines Monats wurde die Wohnung bezogen.« — (23 Jahre nach dem Tod seines Vaters starb Max Dauthendey). (Nach Ludwig Rosenberger, Geisterseher).

Verfolgt durch Zahlen

Sigmund *Freud* erzählt von einem mysteriösen Erlebnis, das er 1904 in Griechenland hatte. Es war ihm auf der Reise aufgefallen, wie viele Male ihn die Zahl 61 oder 60, verbunden mit 1 oder 2, an allen Dingen mit einer Zahl, wie Fahrkarten usw., verfolgte. Er notierte sorgfältig jedes Beispiel dieser Art und fühlte sich erleichtert, als man ihm in *Athen* ein Zimmer im ersten Stock gab, wo gewiß kaum wieder eine solche Zahl einträfe. Aber er entging ihr nicht. Das Zimmer trug die Nummer 31, die Hälfte von 62. Von da an trat ein Wechsel ein: in den nächsten fünf oder sechs Jahren wurde er von der Zahl 31 verfolgt, die überall herumspukte, wo er hinging. Im allgemeinen, ergänzte er, neige er zu der Erklärung, »daß derartige Obsessionen das Ergebnis teils einer aus dem Unbewußten motivierten Erhöhung der Aufmerksamkeit sei, teils einer unleugbar existierenden Bereitschaft des Zufalls«, die auch bei der Bildung von Wahnideen eine Rolle spiele. (Nach Ernest Jones, Das Leben und Werk von Sigmund Freud).

Der erstaunte Ahnenforscher

Von merkwürdigen Zusammenhängen berichtet Hans Joachim von *Brockhusen*. Er forschte über seinen Ahn Professor Burkhard *Mithoff* (Mithobius, 1501—1564). »Da er zeitweise in *Marburg* gewirkt hatte, suchte ich am 20.7.1979 im dortigen Historischen Seminar einige Daten hierzu auf und stellte mit einigem Verwundern fest, daß er genau am 20.7.1535 erstmals den Kopf eines hingerichteten Verbrechers seziert hatte. Dies war — abgesehen von der Gregorianischen Kalender-Reform, die in diesem Zusammenhang beiseitebleiben kann, — vor genau 444 Jahren geschehen, während ich mich obendrein betroffen fühlte, da ich an einem 4.4., morgens nach 4.00 Uhr geboren bin. Wie nennt man solch ein Erlebnis: Zufall oder Fügung? ... Über hundertmal wollte ich etwas nachschlagen, öffnete eine Buch und faßte ohne Blättern die gesuchte Stelle auf Anhieb.« (Nach Hans Joachim von Brockhusen, Termingerechtes Ahnengedenken, in: Der Herold 1982, Heft 6/7, S. 166 bis 167).

Duplizitäten

Ein namhafter Unternehmer (Name dem Autor bekannt) erzählt von fünf Duplizitäten, die in ihrer außergewöhnlichen Spannweite des Phänomens nicht erklärbar sein dürften.

1. Fall: Bei Abschlußarbeiten im Jahre 1973 ergab sich ein Übertrag von DM 21237,50. Während der Arbeit lief der Wirtschaftsfunk leise mit. Im Augenblick der Niederschrift sagte der Sprecher die gleiche Zahl auf Heller und Pfennig.

2. Fall: Trauung eines Patenkindes in Italien. Im gleichen Augenblick, in dem die junge Italienerin dem jungen Manne das Ja-Wort vor dem Altare gibt, kehrt die Erinnerung wieder, daß am gleichen Tag, selbst zur gleichen Stunde und zur gleichen Minute, ihm sein Sohn vor genau einem halben Jahrhundert geboren wurde.

3. Fall: Am 6. Dezember 1983 las er in einem Zeitschriftenbeitrag das Wort › überflüssig ‹, das im gleichen Zeitpunkt vom Sprecher des Bayerischen Rundfunks in einem völlig anderen Zusammenhang gesprochen wurde.

4. Fall: Eine ähnliche, verblüffende Übereinstimmung ergab sich am übernächsten Tag, als der Unternehmer Boris Pasternaks › Krankenhausaufenthalt ‹ las. Bei dem Wort › Nachtwache ‹ angekommen, las der Erzähler am gleichen Rundfunk innerhalb einer Schulfunksendung über die › Fuggerei ‹ zu Augsburg das gleiche Wort.

5. Fall: Ein sehr hoher Würdenträger der Kurie wird 1982 im gleichen Krankenhaus behandelt wie der Unternehmer. Beide sind sich seit 60 Jahren befreundet. Nach einem der Gespräche — fast Zimmer an Zimmer — geleitete der Prälat seinen › Gast ‹ hinaus auf den Flur. Beide sahen dabei auf die große elektrische Wanduhr. Fünf Minuten später rief der Prälat seinen Freund an: Rufen Sie sofort die Schwester, sie solle ihre Mitschwestern in der Hauskapelle alarmieren: in der gleichen Minute, in der sich Prälat und Unternehmer getrennt hatten, war das blutige Attentat auf den Papst vor dem Petersdom erfolgt.

Anziehungskraft des Zusammengehörigen

Das weggeflogene Blatt

Zu seinem »Deutschen Dichterwald« sammelte Justinus *Kerner* 1812 Beiträge von seinen Freunden. *Eichendorff* sandte das Lied »In einem kühlen Grunde« mit der Unterschrift »Florens«. Kerner wohnte in einem freigelegenen Haus in *Welzheim* (Württemberg). »Als ich nach Empfang des Briefes von Löben jenes schöne Lied mit Vergnügen gelesen hatte, legte ich es auf meinen Schreibtisch, nahe an ein offenstehendes Fenster, aber plötzlich weht es ein vorüberfahrender Windstoß vom Tisch durchs Fenster hoch in die Luft über Häuser und Bäume dahin. Ich bemühte mich nun, dieses wahrhaft zum fliegenden Blatt gewordene Lied viele Stunden lang, selbst in Begleitung eines scharfsehenden Jägers, eines Freundes von mir, in Wäldern und Feldern aufzusuchen, aber vergebens. Der Verlust desselben war mir um so empfindlicher, als das Manuskript der Sammlung schon längst zum Druck abgegangen und, sollte dieser Beitrag noch aufgenommen werden, eine schnelle Nachsendung nötig war. Was war nun das fernere Schicksal des Gedichts? Am anderen Tag kam ein mit Maultrommeln, Armbändern und Fingerringen handelnder Tiroler zu mir, und siehe da, ich erblickte das Blatt um eine dieser kleinen Waren gewickelt. Schnell frug ich ihn: › Wo fandest du denn dies Papier? ‹, worauf er mir erzählte, daß er es bei Kaisersbach, eine Stunde von Welzheim, auf einem blühenden Flachsfelde gefunden und diesen Fingerring darein gewickelt habe. Daß ich ihm, sehr vergnügt das Papier behaltend, ein Dutzend seiner Maultrommeln, meiner Lieblingsinstrumente, entnommen, ist begreiflich.« »Nicht nur, daß das Blatt zu Kerner zurückkommt, sondern auch, daß das Lied vom › zerbrochenen Ringlein ‹ um einen Fingerring gewickelt zu ihm zurückkommt, ist zu bemerken.« (Nach Wilhelm von Scholz).

Der Dichter Wilhelm von Scholz (* 1874, † 1969) zeigt in seinem Werk »Der Zufall und das Schicksal«, in welch seltsamer Weise verlorene oder gestohlene Gegenstände wieder zu ihren Eigentümern zurückkehrten. Er schließt hieraus auf eine »Anziehungskraft des Bezüglichen« und vermutet, daß das Geschehen angeordnet sei, wie wenn es der Traum eines uns unerkennbaren größeren und umfassenderen Bewußtseins wäre. Das Ergebnis muß freilich *nicht immer nützlich, es kann auch gleichgültig oder gar schädlich sein.*

Der Ring in der Königskerze

Als Moritz von *Schwind* seine Fresken auf der *Wartburg* malte, ging er »einmal mit seiner Gattin, die zwischen dem Plaudern Blumen pflückte, durchs Annatal. Plötzlich bemerkt Frau von Schwind, daß ihr Trauring fort ist. Trotz Umkehrens, immer wiederholten Suchens, immer weiteren Zurückgehens finden sie den Ring nicht wieder. Verloren! Ein Jahr später gehen Schwinds wieder durchs Annatal, und Frau von Schwind erinnert ihren Gatten daran, daß sie den Ring damals ungefähr an dieser Stelle eingebüßt hat. Siehe da — der gelbblühende Schaft einer Königskerze trägt den schmalen Goldreif auf seiner Spitze! Um den Maler des Märchens nehmen Natur und Leben die Züge des Märchens an.« (Nach Wilhelm von Scholz).

Das rettende Blatt

Ein junger Bergsteiger war in den *Tiroler* Bergen abgestürzt. Er lag in einer engen Felsschlucht, sein toter Bergführer neben ihm. Hilfe war nicht zu erwarten, da die beiden nicht in das Ausgangsdorf hatten zurückkehren wollen. — Im Rucksack seines Führer fand er ein Gebetsbuch. Er löste ein Blatt heraus und beschrieb es mit knappen Angaben seines Unglücks. Nach Tagen (!) gewann er unter äußerster Anstrengung einen Felsvorsprung, von dem aus ein heftiger Wirbelwind die Schlucht herauftobte. Plötzlich riß der Wind ihm das Gebetbüchlein aus der Hand und verwehte die schon stark zerlesenen Blätter in alle Richtungen. »Seines letzten Trostes beraubt, stieg er wieder in sein Felsengrab hinunter, fiebernd und hungernd. —

*

Den unausweichlichen Tod vor Augen, gewahrte er plötzlich eine Seilschlaufe, die in die Felsspalte hinabgelassen wurde ... eine Bergnotmannschaft rettete ihn. Was war geschehen? — Das beschriebene Blatt war tief ins Tal hinabgewirbelt worden, bis ins Dorf, in die Nähe der Kirche. Ein Kind fand dort das Blättchen und gab es an Erwachsene weiter.« Der Bergsteiger war gerettet. »Zufällig!? Es wäre Hohn, dem Zufall mehr zuzutrauen als Gott, der noch immer › Winde zu seinen Engeln machen‹ kann (Psalm 104,4).« (Nach Börries Freiherr von Münchhausen).

Das passende Ersatzteil

Der amerikanische Bestsellerautor und Flieger Richard *Bach* bereiste 1966 mit einer Detroit-Parks P 2 A Speedster Baujahr 1929 — einem seltenen Doppeldeckertyp, von dem nur acht Stück gebaut wurden — den Mittelwesten der Vereinigten Staaten. In Palmyra in Wisconsin lieh er sie an einen Bekannten aus, der damit schließlich eine Bruchlandung machte. In seinem Buch Nothing by Chance (Kein Zufall) schildert Bach, wie es ihnen gelang, die Maschine wiederherzurichten. Nur mit dem Ersatz für eine Tragflächenstrebe, die nicht mehr zu gebrauchen war, sah es ziemlich hoffnungslos aus, weil es dieses Teil kaum mehr gab. Da kreuzte auf einmal ein Mann auf und fragte die beiden, ob er ihnen irgendwie behilflich sein könne. »Oja«, sagte Bach sarkastisch, »haben Sie vielleicht eine Tragflächenstrebe für eine 1929er Detroit-Parks Speedster, Modell P 2 A?« Der Mann ging in seinen Hangar und kam kurz darauf mit dem Ding zurück. (Nach Edward Ziegler, Zufall — oder doch mehr? In: Das Beste aus Readers Digest 1979).

Das wiedergebrachte Buch

»1971 veröffentlichte der Londoner Schriftsteller George *Feifer* einen in Rußland spielenden Roman mit dem Titel › Das Mädchen aus Petrowka ‹. Er lieh sein einziges, mit einer Menge handschriftlicher Anmerkungen versehenes Exemplar des Buches einem Freund, der es verlor. Wiederholte Suchaktionen nützten ebensowenig wie das Aussetzen von Belohnungen. › 26 Monate später ‹, erinnerte sich Feifer, › reiste ich nach *Wien*, um einen Artikel über die Verfilmung des Romans zu schreiben. Dort erzählte mir der Schauspieler Anthony Hopkins, der in dem Film eine der Hauptrollen spielte, von einem seltsamen Erlebnis im Sommer zuvor. Nach Unterzeichnung des Filmvertrags war er nach *London* gefahren, um sich den Roman zu kaufen, hatte ihn aber nirgends bekommen. Auf der Rückfahrt sah er in der U-Bahnstation Leicester Square auf einer Bank ein Buch liegen. Er nahm es auf und drehte es herum, um den Titel zu lesen. Es war › Das Mädchen aus Petrowka ‹. Er hatte sich die ganze Zeit über die vielen Randbemerkungen darin gewundert und fragte mich nun, ob ich mir nicht vielleicht einen Vers darauf machen könne «. (Nach Edward Ziegler, Zufall — oder doch mehr? Das Beste aus Readers Digest 1979).

Der zerbrechende Baum

Förster *Abt*, 30 Jahre alt, war mit seinem kleinen Auto im Wald der Gemeinde *Stoßweier* bei Münster im Elsaß unweit der »Schlucht« unterwegs. »Dabei kommt er an einer Lichtung vorbei, die erst vor kurzem entstanden ist, weil hier ein alter, größtenteils hundertjähriger Bestand von Tannen verjüngt werden mußte: im Augenblick eine kahle Fläche. Allein an einer Stelle, an der der Weg des Försters vorbeiführt, in einer Entfernung von etwa 30 m vom Waldrand, hart an der Straße, ist ein einziger, etwa 30 m hoher und sicherlich 100 Jahre alter Nadelbaum übrig gelassen worden. Es war der jetzt dort vorbeifahrende junge Forstmann, der auf diesem Waldstück die Bäume zum Fällen bestimmt hatte. Sein Mitarbeiter, der ihn damals begleitete, war, wie er jetzt sagt, etwas überrascht gewesen, daß gerade dieser eine Baum stehen bleiben sollte; wohl für Samen oder für ein wenig Beschattung des Nachwuchses? In dem Augenblick aber, in dem der Förster Abt jetzt an dem Baum vorbeikommt, bricht in der Höhe von etwa 10 m der Stamm auseinander; der obere Teil der Tanne, im Gewicht von etwa zwei Tonnen, stürzt auf den kleinen Wagen, genau auf dessen Mitte, wo der Fahrer sitzt. Der Tod muß den Förster augenblicklich ereilt haben. Erst 24 Stunden später, nachdem Abts Frau Alarm geschlagen hatte, wurde die Tragödie offenbar. Und wenn es auch keine Augenzeugen gibt, so schließen die Umstände Zweifel über ihren Hergang doch aus. *Es bleibt dabei unerklärlich, wie ein Baum, der nach Aussage der Fachleute, soweit man das vom Boden aus beurteilen konnte, durchaus gesund war und deshalb vom Fällen vorerst hatte verschont werden können, plötzlich und noch dazu auf so ungewöhnliche Weise zerbrechen konnte. Es soll an jenem Tag eine nennenswerte Luftbewegung oder gar einen Sturm nicht gegeben haben. Doch das Unheimlichste dabei ist, daß der Baum in dem Augenblick brach, als das Auto des Forstmannes vorbeikam. Kein Wunder, wenn die Forstarbeiter und Kollegen Abts von einem verwunschenen Wald sprechen. Wäre Abt nur eine Sekunde früher oder später an dem Baum vorbeigefahren, ihm wäre das Schicksal, das der Baum, den er überleben lassen wollte, ihm bereitete, erspart geblieben. Es ist eine unheimliche, eine kaum glaubhafte und doch wahre Geschichte um einen Baum. Baumsagen und Baumlegenden: hier hat sich eine in der Wirklichkeit ereignet.« (Nach einem Bericht in der Frankfurter Allgemeinen Zeitung, Anfang Juli 1981).*

Das entfesselte Unbewußte/
Schöpferische Träume

Die gelöste Konstruktionsaufgabe

Alfred *Krupp* (*1812) aus *Essen* befaßte sich einmal wochenlang mit einer Konstruktionsaufgabe, ohne sie lösen zu können. Während einer längeren Eisenbahnfahrt rechnete er daran und schlief verärgert und ermüdet ein. Als er nach einiger Zeit erwachte, stand auf dem Papier die richtige Lösung — in seiner eigenen Handschrift.

Das Wirken des Unbewußten wie auch übersinnliche Kräfte werden durch den Traum begünstigt; die hemmenden Faktoren des Wachseins sind ausgeschaltet.

Die Atome fügen sich zusammen

Der Chemiker Friedrich August *Kekulé von Stradonitz* (†1896) beschäftigte sich als Professor in *Gent* 1865 mit dem Problem, wie die Atome eines Benzolmoleküls angeordnet sind. Er fand die Lösung nicht, da er eine stabförmige Fügung vermutete. »Da saß ich«, erzählt er, »und schrieb an meinem Lehrbuch. Aber es ging nicht recht; mein Geist war bei anderen Dingen. Ich drehte den Stuhl nach dem Kamin und versank in Halbschlaf. Wieder gaukelten die Atome vor meinen Augen. Kleinere Gruppen hielten sich diesmal bescheiden im Hintergrund. Mein geistiges Auge, durch wiederholte Gesichte ähnlicher Art geschärft, unterschied jetzt größere Gebilde von mannigfacher Gestaltung. Lange Reihen, vielfach dichter zusammengefügt; alles in Bewegung, schlangenartig sich windend und drehend. Und siehe, was war das? Eine der Schlangen erfaßte den eigenen Schwanz, und höhnisch wirbelte das Gebilde vor meinen Augen. Wie durch einen Blitzstrahl erwachte ich. Auch diesmal verbrachte ich den Rest der Nacht, um die Konsequenzen der Hypothese auszuarbeiten . . .« Die ringförmige Anordnung war entdeckt, der »Benzolring«. (Nach einer Rede von Friedrich August Kekulé von Stradonitz).

Die kreisenden Elektronen

Der Physiker Niels *Bohr* († 1962) erfuhr durch einen Traum den Aufbau der Atome: »Planeten schossen an der Sonne vorbei. Sie waren mit der Sonne verbunden durch dünne Bänder und drehten sich um die Sonne, auf der ich selbst saß. Diese

Sonne war umgeben von einem brennenden Gas. Doch plötzlich wurde das Gas fest. Die Sonne und die Planeten wurden Körper, die ich greifen konnte, und da erwachte ich. ... Die Sonne und die Planeten waren der Atomkern und die Elektronen. Das sind heute alltägliche Vorstellungen. Damals aber wußte ich erst, wie alles war, als ich es geträumt hatte.« (Nach einem Bericht von Niels Bohr).

Fernwirkung durch starke
Erregung oder Versenkung

Die fürchterlichen Geräusche

Als König Friedrich Wilhelm I. von Preußen 1730 verreist
war, hörte die Königin eines Abends im Schloß *Monbijou* in
Berlin furchtbaren Lärm im Nebenraum. Sie glaubte, eine Vase
sei herabgefallen, man fand aber nichts in Unordnung. Das
wiederholte sich dreimal. Es folgte ein noch viel fürchterliche-
res Geräusch in einem Korridor. Die Königin ging mit ihren
Begleiterinnen dorthin und hörte Gewimmer und Geschrei.
Umher war nichts zu finden. Es war der Abend, an dem der
König den Kronprinzen Friedrich (den späteren *Friedrich den
Großen*) verhaften ließ, um ihn vor ein Kriegsgericht zu stel-
len. (Nach den Memoiren der Markgräfin Wilhelmine von
Bayreuth).

Das ausgesprengte Weihwasser

Eduard *Mörike* zog 1843 nach *Mergentheim*. Dort weckte ihn in
einer Nacht »ein plötzliches Gefühl, als wenn kalte schwere
Tropfen gewaltsam in das Gesicht gespritzt würden; ich glaubte ihren Fall zugleich auf dem Deckbett zu hören. Ich fühlte
nach der Nässe auf der Haut, auf Kissen und Decke umher: da
aber alles durchaus trocken war, beruhigte ich mich mit dem
Gedanken, es müsse Einbildung gewesen sein, obwohl ich nie
mit so viel Schein der Wirklichkeit geträumt zu haben glaubte«. Eine Freundin von Mörikes Schwester hatte seine Familie
in ihr Gebet eingeschlossen. »Zuletzt griff sie, als Katholikin,
nach dem geweihten Wasser und sprengte, was sie sonst nie tat,
für jedes einzelne besonders, der Reihe nach und in der Richtung, wo die Lagerstätte eines jeden war, einige Tropfen in die
Luft.« (Nach Eduard Mörikes Werken).

Die klingenden Gläser

Über Nikolaus *Lenau* berichtet Justinus *Kerner*: »Wir saßen
einmal nach dem Nachtische, er (Lenau), ich und meine Gattin, als er auf einmal im Gespräche verstummte und als wir auf
ihn blickten, saß er starr und leichenblaß auf dem Stuhle; im
nächsten andern Zimmer aber, in dem sich kein Mensch befand, fingen Gläser und Tassen, die dort auf Tischen standen,
auf einmal klingende Töne zu geben an, als würde von jeman-

den an sie geschlagen. Wir riefen: › Nimbsch, was ist dies? ‹ Da
fuhr er plötzlich zusammen und erwachte wie aus magneti-
schem Schlafe, und als wir ihm von jenen Tönen im andern
Zimmer während seiner Erstarrung erzählten, sagte er: › Das
ist mir schon öfter begegnet; meine Seele ist dann wie außer
mir. ‹‹ (Nach Ludwig Rosenberger, Geisterseher).

Das wandernde Tischchen

Der Oheim von Carmen Sylva, *Prinz Max von Wied,* der Forschungsreisende (1782—1867) »schrieb aus Amerika, daß er in einer Gesellschaft gewesen, wo man Tische durch Händeauflegen bewegt habe, daß er aber meinen Vater nicht habe bewegen können, an solchen › Dummheiten ‹ teilzunehmen. In unserm Hause aber ward dadurch die Neugier aufs neue geweckt, und da man dachte, › viel hilft viel ‹, standen alsbald alle, Große und Kleine, um den großen Tisch und hielten die Finger darauf und aneinander. Und wir Kinder kicherten schon und fanden es ein bißchen langweilig, als auf einmal der Tisch anfing, sich ein wenig zu bewegen. Natürlich beschuldigte einer den andern, er habe gedrückt, was aber doch nicht gut möglich war. Übung macht den Meister, nach sehr kurzer Zeit fing der Tisch an, sich sehr stark zu bewegen, und nun bemerkten wir zu unserer großen Verwunderung, daß, wenn man meine Mutter in ihrem Rollstuhl heranbrachte und sie nur einen Finger auf den Tisch legte, dieser sofort sich stärker bewegte, ja durchs Zimmer zu wandern anfing, so daß man sie nachrollen mußte. Mit hellem Gelächter sah man zu, versuchte auch bald andere Gegenstände, befand nicht alle gleich beweglich und nicht alle Menschen gleich begabt hierzu. Ein besonderes Talent entwickelte Graf Oriola, er brauchte nur auf drei bis vier Schritte die Hand auszustrecken, so kam ein kleiner Tisch auf ihn zumarschiert, zu unserm unbeschreiblichen Jubel, zum unbeschreiblichen Grausen meiner Erzieherin, aus deren Zimmer man ihn geholt und die sich nun weigerte, ihn wieder bei sich aufzunehmen. So blieb er im Salon als Versuchskaninchen.« (Nach Carmen Sylva, Mein Penatenwinkel).

Über die Gefahren derartiger Versuche berichtet der Abschnitt »Hexen, Magier, Kräfte von unten«.

Der rasende Bleistift

In *Paris* scharte sich im Hause der fürstlichen Familie von *Wied* ein Freundeskreis. »Dann wurde die Kette gebildet«, erzählt *Carmen Sylva,* »ein Bleistift durch einen großen wollenen Ball gesteckt, auf den zwei ihre Hände legten, gewöhnlich mein Vater und ein junges Mädchen, das viel Kraft hatte; und nun wurden lauter philosophische Fragen gestellt. Mein Vater gewann die Überzeugung, daß sich auf diese Weise ein inneres Leben und Denken ohne Mitwissen des Gehirns manifestiere,

und nannte darum sein Buch ›Das unbewußte Geistesleben ‹.
— Der raschen Bewegung des Bleistiftes zu folgen oder gar ihn
mit dem Willen zu dirigieren, wäre undenkbar gewesen, zumal
es zwei waren, die noch dazu nicht ihn, sondern nur ihre Hände auf dem Wollenballe hielten, so daß der Bleistift die freieste
Bewegungsmöglichkeit hatte. Und oft habe ich ihn über das
Papier rasen sehen, wenn ich mit in der Kette stehen durfte.
Bald fanden sich einzelne, die auch lateinisch schreiben konnten. Die einen schrieben wundervolle Gebete, die andern
philosophische Abhandlungen, wieder andere über medizini-
sche Dinge — kurz, alle schrieben, was ihnen im gewöhnlichen
Leben gar nicht in den Sinn gekommen wäre . . .« (Nach Carmen Sylva, Mein Penatenwinkel).
*Die steuernden Muskelbewegungen erfolgen unwillkürlich und
unbewußt, aber unter intelligenter Führung eines abgespaltenen
seelischen Komplexes. Meist ist ein einziger Teilnehmer unbewußt
führend«... (Hans Bender, Prapsychologie).*
*Derartige Praktiken bergen schwere Gefahren, wie der Abschnitt
»Die schauerliche ›Molla‹« (im Kapitel »Gerufene Geister«) erweist.*

Die ausgestreckte Zunge

Wegen unheilbarer Krankheit ihrer Eltern, berichtet Carmen
Sylva, kam eine Engländerin, »die meine Mutter in Schlaf ver-
senken konnte. Sie war uns Kindern durchaus unangenehm
und wurde auch meiner Mutter zuwider, so daß sie bald abge-
schafft wurde. Sie hatte aber bei allen die Lust erweckt, solche
Versuche anzustellen, und so entdeckte man, daß ein Bruder
meiner Mutter, Nikolaus von Nassau, eine ganz außerordentliche magnetische Kraft besaß, die der Zwanzigjährige zu aller-
hand Knabenstreichen benutzte: die Erzieherin seiner jüngeren Schwester auf einem Stuhl festzubannen, sie an der Hofta-
fel die Zunge ausstrecken zu machen oder meiner Mutter mit
der Reitpeitsche auf die Hand zu schlagen, die wegzuziehen er
ihr unmöglich gemacht hatte. Man spielte wie Kinder mit dem
Feuer, da man keine Ahnung weder von der Bedeutung der
Sache, noch ihrer Gefährlichkeit hatte. Erst als einige Damen
Nervenanfälle bekamen, hörte mein Oheim mit seinen Späßen
auf, worüber wir Kinder sehr betrübt waren«. (Nach Carmen
Sylva, Mein Penatenwinkel).
*Groß sind die Gefahren der Hypnose. Der Mensch »mag gewisse
seit langem eingewurzelte Hemmungen oder Komplexe oder Äng-
ste besitzen, die zurückgedrängt wurden und durch das Mittel der*

Hypnose in gefährdender und unkontrollierter Weise durchbrechen können ... Nervöse und seelische Leiden können außer physischen Störungen« aus der Hypnose erwachsen. Sollte der Hypnotiseur »eine seelisch zwiespältige oder unruhige Persönlichkeit sein, so gehen seine Patienten oder Versuchspersonen das Risiko ein, daß ihnen diese Unsicherheit übertragen wird«. (Nach Harold Sherman, Außersinnliche Kräfte).

Die gespenstische Klingel

Der Komponist Emil Nikolaus Freiherr von *Rezeniček* bezog um 1890 die Parterrewohnung seines neugebauten Hauses in Karolinental bei *Prag*. Nach einigen Wochen ertönte in der Nacht zwischen 1 und 2 Uhr die elektrische Wohnungsklingel. Niemand war da. Von da an klingelte es jede Nacht etwa um die gleiche Zeit, zuerst einmal, zweimal und kurz, dann immer öfter und länger. Rezeniček und der Portier lauerten nun: die Klingel schrillte, niemand war da. Der Komponist klemmte einen Holzspan zwischen Klöppel und Glocke. »Nachdem ich mit dieser Arbeit fertig war und zu Bett gehen wollte, hörte ich draußen ein heftiges Tack-Tack, wie wenn jemand mit knöchernem Finger ungeduldig gegen den Knopf der Klingel drücken würde. Ich springe wieder hinaus (diesmal hatte ich auch ein Licht) und sehe, wie der besagte Drücker heraus- und hereinspringt, immer schneller Tack-Tack-Tack-Tack, schließlich ununterbrochen und mit wahnsinniger Geschwindigkeit. In diesem Momente fällt der Holzspan (jedenfalls durch den starken Kontakt) herab, und die Glocke gellt in geradezu schauerlicher Weise minutenlang durch die Nacht, so daß nach und nach das ganze Haus zusammengelaufen kam. Mir aber wurde die Sache zu bunt. Ich nahm, kurz entschlossen, die Glocke ab und ging schlafen ...
Jedenfalls ließ ich die Glocke nicht mehr anbringen und hängte ein Schild heraus: › Es wird gebeten zu klopfen. ‹ Nun war einige Wochen Ruhe. Da, eines Nachts, klopfte es um die bewußte Stunde an unsere Schlafzimmertüre. Kurz, aber sehr stark, so daß ich und meine Frau zu gleicher Zeit aus dem Schlafe fuhren. Ich sah nach — nichts zu sehen. Und von diesem Zeitpunkte an klopfte es jede Nacht, und zwar zuerst nur an unserer Türe, dann aber immer mehr, es hämmerte wie mit Fäusten an allen Türen, und schließlich war es, als wenn sich Körper mit der ganzen Schwere dagegen würfen. Nun begann es aber auch aus dem Keller gegen unsere Fußböden zu wettern, kurz, — es war ein Höllenspektakel. Ich hatte die Polizei

benachrichtigt, die im Keller gerade während des ärgsten Radaus nachsah, aber ebensowenig entdeckte, wie die Hausbewohner und Hunderte von Menschen, die auf der Straße standen und sich die › Hetz ‹ mit anhörten . . .« Rezeníček zog aus. Von dem Spuk zeigte sich nichts mehr. (Nach einem Bericht von Nikolaus Freiherr von Rezeníček, Berlin 1913. In: »Süddeutsche Monatshefte«).

Der krachende Bücherschrank

C. G. Jung hatte 1909 mit Sigmund Freud ein Erlebnis: »Während Freud seine Argumente vorbrachte, hatte ich eine merkwürdige Empfindung. Es schien mir, als ob mein Zwerchfell aus Eisen bestünde und glühend würde — ein glühendes Zwerchfellgewölbe. In diesem Augenblick ertönte ein solcher Krach im Bücherschrank, der unmittelbar neben uns stand, daß wir beide furchtbar erschraken. Wir dachten, der Schrank fiele über uns zusammen. Genauso hatte es getönt. Ich sagte zu Freud: › Das ist jetzt ein sogenanntes katalytisches Exteriorisationsphänomen. ‹ — › Ach ‹, sagte er, › das ist ja ein leibhafter Unsinn! ‹ — › Aber nein ‹, erwiderte ich, › Sie irren, Herr Professor. Und zum Beweis, daß ich recht habe, sage ich nun voraus, daß es gleich noch einmal so einen Krach geben wird! ‹ — Und tatsächlich: Kaum hatte ich die Worte ausgesprochen, begann der gleiche Krach im Schrank. Ich weiß noch heute nicht, woher ich diese Sicherheit nahm. Aber ich wußte mit Bestimmtheit, daß das Krachen sich wiederholen würde. Freud hatte mich nur entsetzt angeschaut . . . Ich hatte das Gefühl, ihm etwas angetan zu haben.« (Nach C. G. Jung, Erinnerungen).

Das große Durcheinander

Vilma Molnar, eine Bauerntochter aus dem Burgenland, brachte vielfältige Veränderungen an Gegenständen durch Fernbewegung hervor. »Die Spukerscheinungen waren an ihre Person gebunden und traten dann im Schloß *Schönau,* nachdem sie sich eingelebt hatte, in unverminderter Stärke auf. Eine Reihe neuer Zeugen, die Baronin zu *Mühlen,* die alte Köchin Amalie, die Fürstin *Windischgraetz,* die Kinder derselben sowie das Dienstpersonal der Wiener Stadtwohnung bestätigten die Richtigkeit. Wie in zahlreichen anderen Spukfällen wird ein Teil der Vorgänge auch in Räumen beobachtet, in denen Vilma nicht anwesend ist. Schon diese Tatsache allein läßt sich gegen die Auffassung, daß dieses ganze Treiben ausschließlich durch Schwindeleien der Agentin zustande gekommen sei, geltend machen. Dagegen spricht auch das oftmals elementare und massenhafte Auftreten dieser Vorgänge, die Gewalt der Würfe und die Entfernung der Abwurfstelle von ihrem Körper. Es kommt dazu: das Öffnen geschlossener Behälter, der Lärm in dem Zimmer über der Küche, während die Mädchen bei Tisch saßen. Als man hinaufging, fand man ein Durcheinander von Möbeln und Gegenständen, das unmöglich unter den vorhandenen Bedingungen von Vilma präpariert sein konnte.« (Nach Adalbert Freiherr von Schrenck-Notzing (1862—1929), in: Bruno Grabinski, Spuk und Geistererscheinungen).

Spuk in der Anwaltskanzlei

»Weit bekannt geworden ist der › Spuk ‹ in einer Anwaltskanzlei in *Rosenheim* 1967/68, in der rätselhafte Vorgänge beobachtet wurden: An einer zweieinhalb Meter hohen Decke befestigte Neonröhren erloschen immer wieder, Elektriker stellten fest, daß sie um 90 Grad aus ihren Halterungen gedreht waren, heftige Knallerscheinungen wurden gehört, Sicherungsautomaten lösten selbständig aus, die Entwicklerflüssigkeit eines Fotokopiergerätes wurde immer wieder verspritzt, Telefonstörungen legten den Fernsprechverkehr lahm, während zugleich die Telefonrechnungen zu einer ungewöhnlichen Höhe anwuchsen . . .« Alle Prüfungen durch Fachleute blieben ohne Ergebnis, die Techniker waren ratlos. »Es wurde rasch deutlich, daß es sich um psychokinetische Phänomene handelte, die von der neunzehnjährigen Büroangestellten Annemarie abhingen. Die Ausschläge der Meßinstrumente traten nur auf, wenn sie sich in der Kanzlei befand, Hängelampen begannen hinter ihr zu schwingen, wenn sie durch die Gänge ging. Zwei Physiker, Dr. Karger und Diplomphysiker Zicha, prüften jede mögliche physikalische Ursache . . .« Eine Beschreibung der Phänomene mit vorhandenen Prinzipien der Physik war nicht möglich; »die Ausführung dieser Bewegungen scheint vor allem bei den Telefonstörungen von intelligent gesteuerten Kräften herzurühren. Die vermuteten technischen Störungen hatten sich als Spuk erwiesen. Nun begann eine Eskalation: Bilder drehten sich an den Wänden oder fielen herunter, Schubladen schoben sich vor den Augen eines Physikers — Professor Büchels — selbständig aus den Führungen, schließlich bewegte sich ein dreieinhalb Zentner schwerer Aktenschrank zweimal um 30 Zentimeter. Als Annemarie auf mein

Betreiben in einer anderen Kanzlei untergebracht wurde, hörten die Erscheinungen im Büro des Rechtsanwalts A. schlagartig auf und begannen in milderer Form, langsam ausklingend, an dem neuen Arbeitsplatz.« (Nach Hans *Bender*, Unser 6. Sinn).

Die »Weiße Frau« von Schloß Bernstein im Burgenland.
Eines der seltenen Fotos aus Grabinski [s. Literatur]

Fernwirkung durch Tiere

Die Katze schaltet die Lampe an

»An einem kalten Tag des Jahres 1970 setzte *Dr. H. Schmidt* eine Katze in eine ungeheizte Gartenhütte. Die einzige Wärme in der Hütte kam von einer 200-Watt-Lampe, die mit einem der Ausgänge eines binären Zufallszahlengenerators verbunden war. Jedesmal, wenn der Generator einen + 1-Impuls erzeugte, wurde die Lampe angeschaltet und blieb dies auch, bis der Generator einen - 1-Impuls erzeugte, dabei wurde sie ausgeschaltet. Nach der Wahrscheinlichkeitstheorie hätte das Gerät annähernd eine gleiche Anzahl von + 1- und - 1-Impulsen erzeugen müssen, und die Lampe hätte etwa die Hälfte der Zeit angeschaltet sein müssen. Schmidt fand aber tatsächlich heraus, daß das Gerät signifikant mehr + 1-Impulse als - 1-Impulse erzeugte, wenn die Katze in der Hütte war, so daß das Tier einen längeren Zeitraum über Wärme erhielt als erwartet. Um sicherzugehen, daß der Effekt nicht von irgendeiner im Gerät liegenden Zufälligkeit herrührte, führte Schmidt Kontrolläufe in Abwesenheit der Katze durch und ebenso häufig vertauschte er die beiden Anschlüsse des Generators. Er fand, daß das Gerät sich vollkommen normal verhielt, wenn die Katze abwesend war, aber weiterhin bei Anwesenheit der Katze die Lampe häufiger als erwartet anschaltete. Die Abweichung gegenüber diesen Ergebnissen durch Zufall lagen über 60 zu 1.« (Nach John L. Randall, Biologische Aspekte bei PSI, in: Neue Wege zur Parapsychologie, hrsg. von John Beloff).

Eidechsen regeln die Heizung

Graham *Watkins* brachte 50 Eidechsen der Art Anolis sagrei unter eine 250-Watt-Heizungslampe, die an einen Zufallszahlengenerator angeschlossen war. »Er entdeckte, daß der von ihm erhaltene Effekt entsprechend den Wetterbedingungen variierte. An heißen, feuchten Tagen blieb die Lampe häufiger ausgeschaltet, als dies nach der Wahrscheinlichkeitstheorie hätte der Fall sein sollen, während an kalten, regnerischen Tagen der angeschaltete Zustand häufiger war.« (Nach John L. Randall, Biologische Aspekte bei PSI, in: Neue Wege zur Parapsychologie, hrsg. von John Beloff).

Suggestion

Die verschwundenen Dukaten

Dr. *Faust* war ein Meister der Suggestion. Stadtschreiber Endres Schoch zu *Schwäbisch Hall* überliefert einen Bericht, den ihm David Heinlein 1517 gab: »...Siedete zwaa stund lang, stunde do allplötzlich ein männdlein neben der pfannen mit einem Bocksbart, grod wie ein setter fahrender scholar anzuschaun, lachete mi aus, spottet und meckert in san bart als ein ziegenbouck: so mächtig viel salz, das gibt Durst, schwenkt ein flaschen, ließ mich ein schluck brannten wein trincken und lachete wieder. mußt dann nach meiner pfannen sehen und — oh miraculum — als ich sie leeret dünket mich, kein salz sei druff sunder lauter dukaten. klirrete und glitzete voll gold und war ein libelich bild. schaut hin, wullt die dukaten fassen, aber, dunderholl, glitten mir durch die händ und war eben salz, bloß salz, wenig gnuech. hat mi der gaukelkerl gäfft und meckert über mein tumbheit. wullt ihm an den kragen. stunde der kerl aber an andern pfannen und macht sein Späß.«

Sodann im Wirtshaus traf David Heinlein den Dr. Faust in lustiger Gesellschaft. »Langt der Faustus in sein große Taschen hebt ein weiß Stäblein an die Kerzen, geht ein dicker Dampf auf, als wie Weihrauch, werden alle still. Faustus macht ein abrakadraba und murmelt lateinisch verslein. Wird da auf einmal die Stuben hell und sahe ich und alle, keiner bringt sein maul mehr zu, ein herrlich bild. oben auf dem Markt an der Michelkirch stehn groß Tisch. lauter vornehme leuth laufen dazwischen. auf einem tisch mordsgroße platten mit rebhuhn und braten und viel guetm essen, auf eim andern wein in großen Krügen und latwergen und inmitten ein Tisch, drauf ein Haufen Goldstück. so hoch, daß man drob fast nit mehr die kirchen sah. und alles gueter weile und lachend und plaudernd. staunende saßen alle, da ruft plötzlich der Faustus mit tiefer stimm, als wenn er in ein trichterlein ruft: ›So vile gold ist s'Hall, zeigt ihr Sieder, wie mans Gold macht! Gebt Rezeptum for das Gold! Auf ihr Häller, sullt die Heller springen lan!‹

Waaß nit, warn alle so voll weins oder hats das bild und der rauch gmacht, die Sieder langten in die taschen und auf dem tisch klimperten Dukaten, Heller und andere Münz aus des Heiligen Römischen Reichs Orten, wie sie die Sieder beim Kauf tauscheten, legt auch ich so Goldfüchse dazu. Gab einen nit kleinen Hauf. Lärmeten wir all dabei und trinckhen aus des

Bäcken Keller. Steiget wieder ein rauch aus des Faustus Stäblein, nun ein dunkler Rauch, höreten weiter das Klirr und Klimper am Tisch. Verzog sich der Rauch lang nit. Wurd es wieder heller, aber o Miraculum, das Geld war verschwunden und der Doktor Faustus war au nit mehr zu sehen. Stürmten wir beim Bäck die Treppen herunter wollten dem Kerl nach, purzelten über unser Bein, schrien, daß die reißigen Stadtknecht kamen und uns am Kragen nahmen, Faustus und Dukaten waren fort.«
(Nach Rudolf Schlauch, Hohenlohe Franken, Heroldsberg 1980³).

Heilende Hände

Carmen Sylva, erzählt: Ihre Mutter erhoffte Hilfe durch *Graf Szapary*, der in *Paris* wahre Wunderkuren durch Händeauflegen machte. Auf einer Reise kam er nach Bonn. »Er sah meine Mutter an und wollte ablehnen. Da trat das unglückliche Kind an ihn heran. Er sah meinen Vater im vorgerückten Stadium der Schwindsucht... Da ergriff ihn ein solches Mitleid, daß er zusagte: › Ihr Leben kann ich vielleicht retten, aber Ihr Bein nicht. Sie sehen ja, es ist ganz tot!‹ Es bestand tatsächlich nur noch aus den Knochen, auf denen ein wenig Haut hing.« Dann fuhr man nach Paris, »wir Kinder mit Erzieher und Erzieherin in einem Abteil, mein armer Bruder mit seiner Kinderfrau, dem größten Engel, den ich je gekannt, in einem andern, meine Eltern mit Fräulein von Preen und dem Grafen Szapary in einem dritten. Während der Fahrt lag meine Mutter in einer Hängematte, die der Graf mit der einen Hand festhielt, während er mit der anderen unausgesetzt seine magnetischen Striche machte«. Die Behandlung war sehr schwer, »in der ersten Zeit dauerte sie oft bis zu acht oder neun Stunden täglich, und zuweilen fürchtete Szapary, meine Mutter würde ihm unter den Händen sterben. Erst nach nahezu sechs Monaten fing ein leises Leben in den Zehen an sich zu regen, so daß er ausrief: › Oh! Sie werden gehen!‹ Nun massierte er das Bein, bis es wieder lebendig wurde, und nach einigen Wochen tat meine Mutter die ersten Schritte«. »Einige Tage später sah sie mein Bruder Otto zum ersten Mal in seinem Leben gehen. Da stand er auf, nahm ihre Hand und ging langsam und feierlich mit ihr auf und ab, ohne ein Wort zu sagen. Es war das ergreifendste Ereignis in unserm Kinderleben.« Als die Mutter gesund wurde, stellte es sich heraus, daß auch sie selbst »magnetische Kraft« besaß, sie besuchte die Kranken des Grafen und nahm ihm ein

Teil der Behandlung ab. (Nach Carmen Sylva, Mein Penaten-winkel).

Wir haben diesen Bericht unter Vorbehalt hier eingereiht. Die sehr langsame Heilung macht es wahrscheinlich, daß kein Fall magischer Beeinflussung vorliegt, vor der wir im Abschnitt »He-xen, Magier« warnen.

Die verschwundenen Warzen

»Ein mir gut bekannter Hausarzt in *Lothringen* hat folgende verblüffende Methode, bei Kindern die Warzen zu entfernen. Er läßt seine jungen Patienten die Hand auf ein weißes Blatt Papier legen. Danach umfährt er mit einem Bleistift die Finger und erhält damit ein getreues Abbild der Hand. Der Patient nimmt dann das Blatt mit heim und muß auf den nächsten Tag alle Warzen in das Handbild einzeichnen. Beim zweiten Be-such wirft der Arzt das Blatt vor den Augen des Kindes in das Feuer und erklärt: › So, jetzt verschwinden deine Warzen in ei-nem Tag. ‹ Der Arzt hat mit dieser suggestiven Warzenentfer-nung einen großen Erfolg. Bei Erwachsenen geht das allerdings nicht.«

»In D., südlich von *Hannover,* lernte ich einen Arzt kennen, der folgendes erfolgreiche Warzenrezept hat. Er bestreicht bei seinen Patienten die Warzen und murmelt dabei den Anfang der Odyssee: Ennepe Musa andron polytropon hos mala polla epathen usw. Dieses fremdsprachliche Zitat wirkt als geheim-nisvoller Zauber und beeinflußt das Gewebe. Die Warzen ver-schwinden durch Suggestion.« (Nach Kurt E. Koch, Seelsorge und Okkultismus).

Die verkannte Biene

»Eine junge Dame«, erzählt der Philosoph und Mediziner Karl Ludwig *Schleich,* »sitzt auf ihrem Diwan. Ein Ventilator, elek-trisch bewegt, steht in der einen Ecke des Zimmers auf einem Tischchen. Bei einem Krankenbesuch sagt, furchtbar erschrek-kend, die junge Dame echt hysterisch: › Mein Gott, das summt ja so! Wenn das eine große Biene wäre! ‹ — › Nun, mein Fräu-lein, dann würden wir sie zum Fenster hinausjagen. ‹ — › Nein, nein, sie könnte mich stechen. O Gott! Wenn das mein Auge träfe! ‹ Während ich sie zu beruhigen suchte, da ja selbst das ein reparabler, nicht tödlicher Schaden sein würde, schwoll unter dauerndem Wehklagen und dauerndem Zureden das untere Augenlid der Ärmsten zu einer fast hühnereigroßen Geschwulst (Ödem) an, mit teigiger Konsistenz und deutlich entzündlicher Rötung bei großer Schmerzhaftigkeit.« (Nach Karl Ludwig Schleich [† 1922], Vom Schaltwerk der Gedanken).

Segensreiche Kräfte

Das helfende Walburgis-Öl

Die heilige *Walburga*, fürstlichen Geblüts, in England geboren, starb am 25.2.779 als Äbtissin in Heidenheim. 870 wurden ihre Gebeine nach *Eichstätt* überführt (1035 entstand dort die heutige Abteikirche St. Walburg) und am 12.10.1042 zuletzt dort neu gebettet. Wohl schon nach 870 nahm man das »Walburgis-Öl« wahr, das nach Art großer Tautropfen die Gebeine bedeckte und sich als wundertätig erwies. Seit 1042 erscheint der Öl-Fluß als öffentliches Wunder. Er besteht seitdem — mit Unterbrechungen — jedes Jahr vom 12. Oktober bis zum 25. Februar. »Wenn ein Unwürdiger sich des Öls bemächtigte oder wenn jemand unehrerbietig mit dem Walburgis-Öl umging, dann verflüchtigte es sich und verlor jegliche Wirkung.« Die Flüssigkeit ist kristallhell, farb-, geschmack- und geruchlos. Sie sammelt sich in perlenartigen dicken Tropfen (daher als »Öl« bezeichnet) unter dem Sargstein der Heiligen unter dem Gruftaltar. »Seltsam ist, daß das kostbare Walburgis-Öl reichlicher fließt, wenn im Kloster St. Walburg die große Liturgie stattfindet oder die hochgebildete Kommunität ein Fest begeht. Das Walburgis-Öl kommt auch zu sonst ungewohnter Zeit zum Vorschein. Das war z. B. am 7. Juni 1835 der Fall, als König Ludwig I. von Bayern die Urkunde unterzeichnet hatte, auf Grund derer die Abtei St. Walburg wiedereröffnet wurde und Novizinnen aufgenommen werden durften. Obwohl man von dieser Urkunde erst mehrere Tage danach erfuhr, stellte man fest, daß der Ölfluß aus dem steinernen Sarg der Heiligen am Tag der Ausstellung, am genannten 7. Juni, erstmals und reichlich wieder in Erscheinung trat, nachdem er lange Zeit vorher völlig still gestanden war. Bei traurigen Anlässen des Klosters versiegt er in der Regel ganz«. Freilich, es bedarf neben tiefer, hingebender, fast kindlicher Gläubigkeit und uneingeschränkten Vertrauens verschiedener Voraussetzungen religiöser Art, um eine Wirkung des Walburgis-Öls wahrscheinlich zu machen. Der übernatürliche Ursprung dieses kostbaren Öls ist durch 900 Jahre hindurch in einer ununterbrochenen Kette wunderbarer Heilungen bewiesen. Selbst der strengen Wissenschaft hielt das sogenannte »Walburgis-Wunder« stand.

Die gefüllte Kirche

Norman Vincent *Peale* trat als Pfarrer durch seine Lehre vom positiven Denken hervor und beschrieb die Wirkung der positiven Phantasie. Eines Sonntag abends sollte er wie sonst den Gottesdienst halten. Ein »furchtbares Unwetter ging über *New York* nieder. Der Sturm heulte, mit Hagel vermischte Regenschauer peitschten durch die Straßen«. Auf der langen Autofahrt mit seiner Frau Ruth von der Wohnung zur Kirche wurde er nervös und sah sich schon vor leeren Bänken predigen. »Das ist doch schrecklich, einfach fürchterlich. Bei diesem Wetter geht doch kein vernünftiger Mensch aus dem Haus!« klagte er. Da erinnerte ihn Ruth an seine Lehre vom positiven Denken. »Denk lieber an all die Menschen in diesen Wohnblocks mit ihren Sorgen! Stell dir doch vor, wie sie alle in die Kirche geströmt kommen, bedrückt von Problemen und Nöten, um dort Rat und Hilfe zu finden! Komm, darum beten wir jetzt. Wir wollen beten, daß die Kirche voll ist, nicht damit dein Stolz befriedigt wird, sondern damit du Menschen vorfindest, denen du helfen kannst. Stell dir eine ganz volle Kirche vor, und dann danke dem Himmel dafür, daß sie voll sein wird!« – »Also saßen wir Hand in Hand da und beteten mit diesem Bild vor Augen. Dann fuhren wir das letzte Stück bis zur Kirche — und so unglaublich es klingt: Sie war bis auf den letzten Platz gefüllt! Man wird mir entgegenhalten, die Kirche wäre an dem Abend so oder so voll gewesen. Das kann natürlich sein. Aber wer weiß, wie viele Unentschlossene plötzlich den Impuls verspürt haben mochten, doch noch zu gehen?« (Nach Norman Vincent Peale, Die Kräfte Ihrer Phantasie. In: Readers Digest 1983).

Hexen, Magier, Kräfte von unten

»Drum hab’ ich mich der Magie ergeben,
ob mir durch Geistes Kraft und Mund
Nicht manch Geheimnis werde kund.«
(Johann Wolfgang von Goethe, Faust I, Nacht).

Die Hexensalbe

Rauschzustände durch bestimmte Drogen können übersinnliche Kräfte wecken: Hier ist die »Hexensalbe« zu erwähnen. Mit ihrer Hilfe kann man den Eindruck gewünschter Erlebnisse erreichen. Man glaubt, innerhalb der eingebildeten Welt zu sein. Feste Vorstellungen, was man erzielen will, sind erforderlich; hierauf muß der Sinn gelenkt werden. Dies war einst der »Hexensabbat«. Selbstversuche von Gelehrten bestätigen die Wirkung: Sie fielen in einen zwanzigstündigen rauschähnlichen Schlaf, hatten wilde Träume, glaubten in der Luft zu fliegen und erlebten schließlich das Bild eines orgiastischen Festes mit grotesken sinnlichen Ausschweifungen. Der Königsstuhl in *Rhens* war bekannt und gefürchtet wegen der Hexensabbate, die angeblich hier gefeiert wurden. Allerdings zeigen die Protokolle, daß die Rhenser Frauen, die als Hexen angeklagt waren, wohl die genannte Salbe meist nicht angewendet hatten. (Nach Christian von Stramberg und Erwin Richter).

Die Hexenfahrt

Jean *Bodin,* ein französischer Rechtsgelehrter, berichtet von der Hexenverfolgung des Jahres 1571 zu *Bordeaux.* »Es war eine alte Zauberin daselbst, welche vor den Richtern bekannte, daß sie mit ihren Genossen alle Wochen an gewisse Orte geführt und getragen würde. Als nun einer der obersten Richter, Monsieur Belot, die Probe machen wollte, sagte sie, daß sie nicht könne, wenn sie nicht ihrer Bande entledigt würde. Hierauf befahl er, sie zu entledigen. Darauf schmierte sie sich ganz nackend mit einer Salbe und fiel fühllos wie tot nieder. Als sie nach fünf Stunden wieder zu sich kam, erzählte sie Vorgänge, welche sich an fremden Orten ereignet hatten, was man dann in Wahrheit also befand. Diese Geschichte erzählte mir ein noch lebender Graf und Ordensritter, welcher dem Vorgang beigewohnt hatte.« (Nach Enno Nielsen).

Die teuflische Vereinigung

»Die Hexen zu dem Brocken ziehn,
Die Stoppel ist gelb, die Saat ist grün.
Dort sammelt sich der große Hauf,
Herr Urian sitzt oben auf.«
(Johann Wolfgang von Goethe, Faust I, Walpurgisnacht)

Gerson (Deckname) wandte die Hexensalbe an. »Ich entglitt rasch in das Reich der Schatten — und hatte später den Eindruck, einen großen Teil meines Lebens dort verbracht zu haben.«

»Die Salbe gibt den Hexen Mut,
Ein Lumpen ist zum Segel gut.
Ein gutes Schiff ist jeder Trog;
Der flieget nie, der heut nicht flog.«
(Johann Wolfgang von Goethe, Faust I, Walpurgisnacht)

»Nach der abklingenden Start-Erregung überfiel mich Müdigkeit. Dann aber weiteten sich die Räume, und ich flog — auf irgendeinem sonderbaren Gefährt sitzend — hinaus, dahin über Landschaften und Städte, über Wälder und Seen. Langsam näherte ich mich einer Bergkuppe.«

»Ein Hundert Feuer brennen in der Reihe;
Man tanzt, man schwatzt, man kocht, man trinkt, man liebt;
Nun sage mir, wo es was Besseres gibt?«
(Johann Wolfgang von Goethe, Faust I, Walpurgisnacht)

»Dort erwartete mich eine bunte, ja, erschreckend vielgestaltige Gesellschaft. Es war tiefe Nacht, sternenlos und finster, einige brennende Reisigbündel warfen Licht auf die sonderbaren Wesen um mich, erzeugten abenteuerliche Reflexe. Ich kümmerte mich — meines Auftrages eingedenk, der unverrückbar in mir feststand — um nichts, ich hörte nicht auf die lockenden oder höhnischen, aufreizenden Worte, die man mir allenthalben zurief. Ich suchte unverdrossen nach einer bestimmten Gestalt, die mir seit den › gesetzten ‹ Suggestionen › vor Augen ‹ stand. Plötzlich drängte sich durch die Menge, die das Plateau ausfüllte und mich bedrängte, eine hagere, kleine Gestalt in rotem Rock. › Wir haben dich erwartet, Freund ‹, sagte der Redegewandte, › tritt unserer Vereinigung bei — und es soll dir künftig an nichts mehr fehlen! ‹ › Ich suche weder dich noch deinesgleichen ‹, versetzte ich schroff. Ich sah weiter suchend um mich, ohne mich um den Rotgewandeten zu kümmern. Abseits sitzend entdeckte ich auf einem Baumstumpf sitzend einen alten Mann, der mir nicht in die finstere und ausgelassene Gesellschaft zu passen schien. Er kam mir merkwürdig bekannt vor. Denn er entsprach in etwa meiner suggestiv-imaginativen Vorarbeit. Ich schritt auf ihn zu. › Sind Sie es, der mir die verlangte Auskunft geben kann? ‹ fragte ich unumwunden. › Ob Sie denen gehorchen oder mir, junger Mann ‹ erwiderte wehmütig der Alte, › ist gleich. Das Ergebnis wird für Sie immer dasselbe — das Schrecklichste sein! ‹ Selbst in meinem › Traumgesicht ‹ erschrak ich heftig. Mit bebender Stimme verteidigte ich mich: › Ich will nichts für mich. Was etwa ich erhalte — ich will es in den Dienst der Menschheit stellen! ‹

Der Alte erhob sich, und ich erkannte einen alten Mann, der in meiner Nachbarschaft wohnte, den ich als Eigenbrötler kannte, und den ich mir unbewußt als Ziel vorgestellt hatte. › Solange Sie sich dieser Verpflichtung bewußt sind, wird Sie der Fluch nicht treffen, der an jede Gabe dieses Ortes gebunden ist. Warum aber fragen Sie nach einem Schatz? Graben Sie am Ort, an dem Sie wohnen — dort finden Sie der Schätze genug! ‹

Irgendwie im innersten befriedigt, wurde ich allmählich an den Ort meines Starts zurückversetzt, doch man verfolgte mich. Ich fühlte, wie Greifer an meinen Armen und Beinen zerrten, wie sich eine riesige Hand um meine Kehle legte. Ich schrie, aber ich hörte später, daß ich keinen Ton herausgebracht hatte. Die Schrecken dauerten eine Unendlichkeit an, böse Gesichter schoben sich vor meine Augen, brutale Stimmen forderten mich zum › Beitritt ‹ auf, sonst müßte ich mein Leben dort lassen.«

»Soweit der Bericht Gersons, der rund zwei Stunden nach Beginn des Experiments langsam zu sich kam, mit bleichem Gesicht, schweißbedeckt, Furcht in den Augen. Erst allmählich schien er zu erkennen, wo er sich befand. › So bin ich doch wieder zurückgekommen ‹ stammelte er. Die Versicherung, daß er keinen Augenblick die Couch verlassen habe, nahm er fassungslos entgegen. Die Erklärung, daß er sich wohl gewunden, mit Armen und Beinen um sich geschlagen, wiederholt wie ein Erstickender nach seiner Kehle gegriffen, vergeblich versucht habe, sich mündlich bemerkbar zu machen, stieß anfangs ebenso auf Unglauben.

Gerson beseitigte nach und nach mit Hilfe einiger Nachbarn die Trümmer von seiner zerstörten Heimstatt und der Buchhandlung. Unter den Trümmern fand er — fast völlig unverdorben — eine Anzahl wertvoller alter Handschriften, die ihm später ein kleines Vermögen einbringen sollten.« (Nach H. E. Douval, Praktische Anleitung zur Bewußtseins-Erweiterung).

Der böse Geist

Den Hexen sind die Magier gegenüberzustellen, die sich die übersinnlichen Kräfte (von unten) zunutze machen. Der bekannteste Zauberer des Mittelalters war Dr. Johannes *Faust* (* *Knittlingen* bei Maulbronn 1480, † Staufen im Breisgau 1540/41). Er wurde zum Sinnbild forschenden Menschentums, das aus der Raum-Zeit-Beschränkung hinausstrebt; seine Gestalt ist aus der Geschichte in das Reich der Sage und Dichtung hineingewachsen. — Die »Zimmersche Chronik« berichtet über ihn: »Vil haben allerhandt anzeigungen und vermuetungen noch vermaint, der bös gaist, den er in seinen Lebzeiten nur sein schwager genannt, hab ine umbbracht.« Die Sage weiß, daß er einen Geist (Mephistopheles) zum Diener hatte. *Hier können wir einen »selbstgestalteten« Geist vermuten, eine Personifikation, die man durch Vorstellungskraft formen kann und die dann dem Magier sichtbar erscheint, auch fühlbar, und mit ihm Gespräche führen kann. Dies eröffnet einen Einstieg ins Unterbewußtsein, übersinnliche Fähigkeiten werden verwertbar (wie Hellsehen, Fernbewegung). Merkwürdigerweise gewinnen diese »Geister« immer stärkeres Eigenleben und geraten außer Gewalt des Magiers. Sie nun in ihrer Macht zu beschränken und auszuschalten, gelingt nicht immer.*

Das Ich steht hier seelischen Kräften gegenüber. »Oft betragen sie sich als gefährliche Gegner, mitunter richten sie in der Ökonomie der Persönlichkeit furchtbare Verwüstungen an. Der Theologe, der dahinter den Teufel vermutet, steht dabei der seelischen Wahrheit und Empirie bedeutend näher als der Rationalist, der diesen dunklen Gestalten — vergeblich — die Autonomie abzuhandeln sucht.« (C. G. Jung; nach Heinrich Bessler).

Der aufdringliche Lama

Ein Selbstversuch aus neuerer Zeit verdeutlicht die Gestaltung eines »Geistes«: Die Orientalistin und Tibetforscherin Alexandra *David-Neels* († 1969) wählte als »Vorlage« einen dicken Lama (Geistlichen), der harmlos und lustig aussah. Nach einigen Monaten war er »fertig«, wurde eine Art Tischgenosse und kam auch, wenn die Forscherin gar nicht an ihn dachte. »Die Illusion war besonders visueller Natur, aber manchmal fühlte ich mich auch wie von der Berührung eines Gewandes leise gestreift und empfand, wie eine Hand sich auf meine Schulter legte. Ich führte damals durchaus kein eingeschlossenes Leben, sondern ritt alle Tage aus, lebte unter dem Zelt und erfreute mich wie immer einer ausgezeichneten Gesundheit. Allmählich ging eine Veränderung mit meinem Lama vor. Die ihm von mir verliehenen Züge modifizierten sich; sein pauschbäkkiges Gesicht wurde mager und nahm einen etwas höhnischen, bösartigen Ausdruck an. Er fing an, unbequem zu werden, kurz, er entglitt mir. — Eines Tages sah ein Hirte, der mir Butter brachte, das Phantom, das er für einen Lama aus Fleisch und Bein hielt ... Ich entschloß mich zur Auflösung der Sinnestäuschung, deren ich nicht mehr völlig Herr war, und das gelang mir denn auch, wenn auch erst nach sechs Monaten (!). Der Lama hatte ein zähes Leben.« (Nach Rudolf Passian, Abschied ohne Wiederkehr).

Die gelösten Knoten

Der Physiker und Astronom Johann Karl Friedrich *Zöllner* (1834—82) erfuhr durch den Mathematiker Felix *Klein* (1849 bis 1925) eine Eigenschaft des vierdimensionalen Raums: daß sich ein Knoten, der sich in einer geschlossenen Schnur befindet, dort allein durch Verzerrung auflösen läßt. »Nehmen wir also eine Schnur, knüpfen in sie einen Knoten, bringen die Enden der Schnur zusammen und versehen sie mit einem Siegel, so ist es unmöglich, den Knoten zu lösen, ohne das Siegel zu verletzen oder die Schnur an einer Stelle zu durchschneiden. Könnten wir sie aber aus unserem dreidimensionalen Raum in einen vierdimensionalen heben, so ließe sich dort der Knoten durch bloße Verzerrung lösen, und was vom Lösen der Knoten gilt, das gilt gleicherweise auch vom Schürzen.« Zöllner wollte nun so die 4. Dimension experimentell beweisen. Das Medium Henry *Slade* führte dies zu Zöllners Zufriedenheit durch, »und damit war für diesen die Geisterwelt eine wissenschaftlich bewiesene Tatsache. Von anderer Seite wurden natürlich Zweifel an der Ehrlichkeit Slades laut, und der Streit für und wider versetzte Zöllner in immer größere Erregung. Das mag zu seinem frühen Ende beigetragen haben«. (Nach Erich Schneider, Mathematik ernst und heiter).

Das schwebende Taschentuch

Thomas *Mann* nahm an einer Sitzung bei dem Nervenarzt und Forscher Adalbert Freiherr von *Schrenck-Notzing* in dessen palaisartigem Haus in der Nähe des Karolinenplatzes in *München* teil. Hier bewirkte das Medium Willi Schneider, nach seinen Angaben durch den führenden Geist Minna, Fernbewegungen verschiedener Art (Telekinese).

Insbesondere erhob sich ein Taschentuch. Es »hatte sich vom Boden erhoben und war aufgestiegen. Vor aller Augen mit rascher, sicherer, energischer und fast schöner Bewegung stieg es aus Schattengründen in den Lichtschein der Lampe empor, der es rötlich färbte, — stieg auf, sage ich, aber das ist nicht richtig, nicht so war der Vorgang, daß es leer und flatternd emporgeweht wäre, es wurde genommen und erhoben, eine tätige Stütze steckte darin, die sich oben in knöchelartigen Erhebungen darunter abzeichnete und von der es faltig herniederhing; von innen her wurde lebendig damit manipuliert, drückende und schüttelnde Umgestaltungen wurden damit vorgenommen in den zwei oder drei Sekunden, während welcher es frei ins Lampenlicht gehalten wurde, — und dann kehrte es mit ebenso ruhiger und sicherer Bewegung zum Boden zurück. Das war nicht möglich, — aber es geschah«. Und zwar »nicht einmal, sondern alsbald aufs neue: kaum unten, so kam das Tuch wieder empor ins Licht, schneller diesmal als zuvor, und jetzt sah man mit unverkennbarer Deutlichkeit das von innen erfolgende Hinein- und Übergreifen der Glieder eines Greiforgans, das schmäler als eine Menschenhand, klauenartig erschien. Hinab und wieder herauf ... Zum drittenmal oben, wird das Tuch von etwas Unsichtbarem kräftig geschwenkt und gegen das Tischchen geworfen, — nicht recht darauf, nicht gut gezielt, es bleibt an der Kante hängen und fällt auf den Teppich«.

»Mehrmals hatte der Baron zu mir herübergefragt, ob ich sähe, ob ich alles gut sehen könne. Gewiß, wie hätte ich das wohl nicht sehen sollen. Ich hätte die Augen schließen müssen, um es nicht zu sehen, — während ich diese meine Augen doch niemals im Leben gespannter offen gehalten hatte als jetzt. Ich hatte Größeres gesehen auf Erden, Schöneres, Würdigeres. Aber daß etwas Unmögliches trotz seiner eigenen Unmöglichkeit geschah, das hatte ich noch nicht gesehen.«

Thomas Mann deutete die Vorgänge als magisch objektivierte Traumvorstellungen des Mediums. Er beschloß, nicht mehr hinzugehen. »Es führt zu nichts, oder doch zu nichts Gutem ... Zwar habe ich bisher nur einige Flecken Höllenfeuers gesehen, allein das muß mir genügen.« (Nach Thomas Mann, Okkulte Erlebnisse. Erstmals Berlin 1924).

Die verbogenen Gabeln

Uri *Geller* verbog 1975 im Fernsehprogramm Gabeln durch geheimnisvolle Kraft. Während der Schau verbogen sich bei Zuschauern, die mediale Veranlagung hatten, ebenfalls Besteckteile. Uri führte die Erscheinungen auf eine Kraft von außerhalb zurück. (Nach Kurt E. Koch, Okkultes ABC).

Die belichteten Filme

Ted *Serios* aus *Chicago* konnte durch Vorstellung und Konzentration auf Polaroid-Filmen eindeutige Bildstrukturen erzeugen. 1967/68 brachte ein Filmteam in Zusammenarbeit mit dem *Freiburger* Institut für Parapsychologie eine eigene Kamera und versiegelte Filme für die Dreharbeiten in Denver mit. »Ted Serios wurde gebeten, einen prähistorischen Menschen auf den Film zu bringen. Stunden mit immer erneuten › Belichtungen ‹ vergingen. Schließlich wurden sog. › blackies ‹ erzielt — aus unerklärlichen Ursachen voll belichtete Filme, die eine ganz schwarze Kopie ergaben. Dann zeigten sich vage Strukturen und endlich in elf Aufnahmen ein an einem Felsen kauernder Mensch mit langen Haaren und einem Lendenschurz. Es konnte festgestellt werden, daß diese Szene fast identisch mit dem Teilstück eines Wandgemäldes im › Museum for Natural History ‹ in Chicago war.« (Nach Hans Bender, Parapsychologie).

Das Tonband spricht

Der in Schweden lebende Maler Friedrich *Jürgenson,* ein aus Odessa stammender Balte, entdeckte 1959, daß unbekannte Stimmen auf dem leeren Tonband eines Aufnahmegeräts erscheinen können. 1970 stellte Hans *Bender* fest, daß die Stimmen paranormalen Ursprung haben. Manchmal treten Stimmen auf, deren Tonfall mit der Sprechweise Jenseitiger zu ihren Lebzeiten vergleichbar ist. (Nach W. C. van Dam, Okkultismus und christlicher Glaube und Hans Bender, Unser 6. Sinn).

Die zaubernden Fakire

Felix Graf von *Luckner* arbeitete als junger Mann in *Australien* als Gehilfe für eine Gesellschaft von Fakiren, die durch das Land zogen. »Unter ihren Leistungen war besonders überraschend das Wachsen eines Mangobaumes. Der Fakir hatte einen Kern, den er in die Erde steckte. In kurzer Zeit sieht man, wie die Erde bricht und ein Blatt zum Vorschein kommt und ein kleiner Stiel. Der Fakir deckt ein Tuch darüber und spricht einige Worte. Auf einmal ist der Mangobaum ein Meter groß. Das Tuch wird wieder darüber gedeckt, und der Mangobaum wächst weiter und bekommt drei bis vier Blätter. Ich selber habe beim Wegräumen nicht entdecken können, daß irgend etwas in Vorbereitung war. Irgendein Zuschauer kommt, und der Fakir fragt ihn: › Was haben Sie denn da für einen Ring, der ist sehr wertvoll, den dürfen Sie nicht verlieren. Aber Sie haben ihn ja schon verloren. Sehen Sie, ich habe ihn hier ‹, und der Fakir hat den Ring an seiner Hand. Ich habe dies oft mitangesehen und genau darauf geachtet, aber es ist unmöglich, sich zu erklären, wie es gemacht wird, welche geheimnisvolle Kraft den Leuten das ermöglicht. Man würde Hypochonder werden, wenn man darüber nachgrübelte. Sie haben als Apparat eigentlich nichts weiter als den Wagen, mit dem sie sich fortbewegen.« (Nach Felix Graf von Luckner, Seeteufel).

Menschen schweben in der Luft

»Ein siebzehnjähriges Mädchen, das entschieden gläubig ist, betrat in einer Schule einen Raum. Ohne es zu ahnen, platzte es mitten in eine spiritistische Sitzung hinein. Ein Medium schwebte gerade zur Decke. Das Mädchen konnte nur einen Gebetsseufzer ausstoßen. Da fiel das Medium nieder auf den Boden und schlug hart auf. Die Gegenwart des gläubigen Mädchens störte das finstere Handwerk der Geister.«

»Ein Missionar der Sudan Interior Mission arbeitete in *Afrika* und begegnete zum ersten Mal einer Levitation, die sich im Freien abspielte. Er hielt es für seine Pflicht, dieses spiritistische Phänomen zu stoppen. Er legte die Hand auf die Schwebende und wollte beten. In diesem Augenblick wurde er von einem elektrischen Schlag niedergestreckt. Das war für ihn die erste Lektion, daß man praktizierenden Medien nicht die Hände auflegen darf. Jesus hat nur Kranken die Hände aufgelegt. Bei den Besessenen hat er nur geboten. — Die Afrikaner, die diesem öffentlichen Schauspiel beiwohnten, lachten über den Missionar. In okkulten Dingen sind die Heiden gewöhnlich besser informiert als die Missionare.« (Nach Kurt E. Koch, Okkultes ABC).

Die Geisterpost

Ein Herr von *Poncet,* so berichten seine Töchter Fritze und insbesondere Lore, war in einer Abendgesellschaft des *Herzogs Karl von Kurland* im *Kurländer Palais* in *Dresden.* Man erzählte Erinnerungen an Kurland. »100 Dukaten« rief der Herzog, »indem er sein Glas auf den Tisch stieß — gäbe er darum, zu wissen, was jetzt eben die tolle Gräfin X. mache. Der Herzog mochte das freilich nur so hingesagt haben, denn wer hätte ihm Auskunft geben sollen! Aber um so mehr war man erstaunt, als Herr Schrepfer (ein Abenteurer) sich erbot, die gewünschte Nachricht zu schaffen. Er wollte augenblicklich, sagte er, einen Brief nach Mitau befördern, nur müsse der Herzog zurückdatieren, damit die Sache dort nicht auffiele, und mit der Antwort dreißig Minuten Geduld haben. Unmöglich! rief mein Vater; der beste Renner könne in dreißig Minuten keine drei Meilen machen, geschweige denn dreihundert, und die Antwort wolle auch geschrieben sein. Die dreißig Minuten, sagte Schrepfer, seien nur die Antwort, sein Bote brauche gar keine Zeit. Schreiben Ew. Durchlaucht! — fügte er hinzu; ich setze hundert Dukaten gegen die Ihrigen. Da schickte der Herzog nach Papier und Feder, schrieb, siegelte, adressierte, und Schrepfer reichte den Brief mit unverständlichem Gemurmel zur Türe hinaus. Der Herzog aber sagte leise zu meinem Vater: Behalte Er die Augen offen, daß der Kerl uns keinen Streich spielt. Nun wußte niemand, ob es Zufall war oder was sonst, aber indem der Brief verschwand, erhob sich draußen ein Orkan. Der Sturm schlug wie mit Fäusten gegen die Fenster, polterte im Kamin und riß Ziegel von den Dächern; es war ein schrecklicher Aufruhr in der Natur. Ein schlimmes Wetterchen, bemerkte Herr Schrepfer, indem er sich die Hände rieb, und die Unterhaltung in früherer Weise fortzuführen suchte. Den andern Herren war die Sache unheimlich. Gespannt, was werden würde, zogen sie ihre Uhren aus den Taschen, und das Gespräch ward schleppend; bald schwieg man gänzlich. Das Unwetter draußen hatte sich gelegt, und auch im Zimmer war es so still geworden wie in einer Uhrmacherwerkstatt. Es war nichts zu hören als das Ticken der Taschenuhren, deren jeder die seinige vor sich liegen hatte, um den Gang des Minutenzeigers zu verfolgen.

Nur noch drei Minuten — sagte der Herzog endlich —, Er wird sich dazuhalten müssen, Monsieur Schrepfer! In demselben Augenblicke fuhren alle Köpfe auf, und aller Augen starr ten nach dem hohen Fenster des Gemaches, an welchem man ein scharfes Pochen vernahm, wie von dem Schnabel eines großen Vogels. Schrepfer eilte hin, schob den Vorhang zurück, öffnete und langte einen Brief herein, den er dem Herzog überreichte. Der Herzog unterzog das Kuvert genauer Prüfung. Es mochte ihm auffallen, daß das Siegel schwarz und die Aufschrift von fremder Hand sei. Ob das Schreiben auch nichts Unangenehmes enthalten werde, fragte er. Schrepfer erwiderte, Se. Durchlaucht könnte es ja ungelesen in den Kamin werfen, würde aber natürlich die Wette damit verloren geben. Da brach der Herzog das Siegel auf und entfaltete den Brief. Aber seine Züge verfinsterten sich, er fuhr sich ein paarmal mit der Hand über die Stirn, warf sich zurück in seinen Lehnstuhl und sagte: Wenn das etwa ein Spaß sein solle, so finde er ihn nicht sonderlich ergötzlich. Darauf reichte er das Blatt an meinen Vater, es vorzulesen. Das Schreiben war von einem Bruder der Gräfin und enthielt nur einige Zeilen mit der Anzeige, daß letztere vor einigen Stunden gestorben sei. Bei der dringenden Eile des Kuriers, der sogleich wieder abreisen wolle und auf Antwort bestehe, sei ein Mehreres nicht möglich. Nach einigen Wochen bestätigte sich die Nachricht.

› Und diese Fabel lehrt, ‹ fügte Fräulein Fritze hinzu, › daß der Gottseibeiuns dem Monsieur Schrepfer seinerzeit den Hals umgedreht hat, im Rosental bei Leipzig. ‹«

(Nach einem Bericht der zwei alten Damen von Poncet, Fritze und Lore, über ihren Vater, dargestellt von Wilhelm von *Kügelgen,* Jugenderinnerungen eines alten Mannes, der in seiner Jugend einige Wochen in Kost und Wohnung in einem Weinbergschlößchen der Familie von Poncet zwischen *Loschwitz* und *Wachwitz* bei Dresden lebte).

Der schnelle Bote

»Ein *Wudu-Zauberer* auf *Haiti* wollte einem Kollegen, der rund 150 Meilen entfernt wohnte, einen Brief senden. Er schickte seinen Boy los. Etwa 100 m vom Haus entfernt wurde der Boy unsichtbar. In rund einer halben Stunde erreichte er das Haus des Kollegen. Der Zauberer schrieb den Antwortbrief. In etwa zwei Stunden war der Boy mit der Antwort zurück und hatte dabei ohne jegliches Verkehrsmittel rund 300 Meilen zurückgelegt. Der Antwortbrief ist der Beweis, daß der Junge dort gewesen war.
Die Missionare, die mit solchen Zauberern zu tun haben, wissen um die Wahrheit solcher Vorgänge. Man darf allerdings keine

Kurzschlüsse ziehen. So fähige Zauberer sind auch in heidnischen Gebieten sehr selten.« (Nach dem Bericht eines amerikanischen Missionars, in: Kurt E. Koch, Okkultes ABC).

Das Windreiten

»Eines Tages stellte ein *Missionar* in *Ecuador* fest, daß für das geplante Mittagsmahl das Mehl fehlte. Sein Koch erklärte: ›Das ist doch kein Problem. Ich will es schnell besorgen!‹ Der Missionar fragte: ›Wie willst du das bewältigen? Zur Stadt sind es rund zehn Meilen.‹ ›Das laß nur meine Sorge sein. Ich verstehe dieses Handwerk.‹ In wenigen Minuten war der Koch mit dem erforderlichen Mehl zurück. Auf langes Drängen hin erklärte er dem Missionar das Phänomen des ›Windreitens‹, wie auch die Translokation genannt wird.« (Nach dem Bericht des Missionars an Kurt Koch, in: Okkultes ABC).

Der kleine Plagegeist

»Ich war ein Kind«, berichtet eine Frau, »von etwa sieben Jahren, als meine Eltern und meine drei Geschwister jede Nacht geplagt wurden. Entweder flog etwas gegen unsere Schlafzimmertür, oder es rollte etwas Schweres den langen Gang entlang. Auch hatten wir Kinder ein Roulette-Spiel mit Kugeln. So kam es vor, daß die Kugeln darin laut umherrollten. Dann sagte einmal jemand zur Mutter, sie können diesem Tun gut abhelfen. Wir sollten nur des Nachts punkt 12 Uhr in den drei höchsten Namen einen Mannshut nehmen, einen Spruch sagen und mit einem Stecken drauflosschlagen. Das hatten wir alle dann getan. Am anderen Morgen kam ein alter Mann zu uns und bat aufzuhören, auf ihn des Nachts loszuschlagen. Er wäre über und über voller Beulen und hatte ein geschwollenes Gesicht. Er sagte, daß er uns wohl ein wenig geplagt hätte, aber es sei ja nur ein ›Schrätteli‹. Nun haben wir uns aber alle schuldig gemacht, indem wir mit Gleichem vergolten haben. Damals wußten wir wohl nicht, was wir damit anstellten. Aber der Fluch muß von daher wohl auch auf uns liegen. Wenn ich auch nur ein Kind war und von nichts wußte, möchte ich doch auch von dieser Schuld los werden.« Der Ausdruck ›Schrätteli‹ ist die im Schweizer Dialekt übliche Verkleinerungsform von Waldschrat. Man versteht darunter einen Waldgeist, Waldteufel, Plagegeist. (Nach Kurt E. Koch, Seelsorge und Okkultismus).

Die ausgesandte Katze

»Es gibt starke Materialisationsmedien, die in der Trance Energie abspalten, diese Energie in eine Katze verwandeln und dann das Tier aussenden, um irgendeinem Nachbarn Ärger zu bereiten. Auf diese Weise kann Milch und Butter verschwinden. Kühe werden ausgemolken und dergleichen mehr. Wird eine solche Katze erwischt und geschlagen, so fallen die Schläge auf das Medium zurück.

Solche Beispiele gibt es in der Literatur, in der Missionsgeschichte und in der Seelsorge. Ich erinnere an die Wehrwolfgeschichten ...
Die rund 30 Katzengeschichten aus der Schweiz liegen auf der gleichen Ebene.« (*Nach Kurt E. Koch, Okkultes ABC*).

Die Frau als Leopard

Ein Jäger in *Liberia* war auf der Jagd. »Sein Boy trug ihm die Flinte. Im Dschungel beobachteten sie beide einen Leoparden. Der Jäger ließ sich lautlos das Gewehr reichen, legte an, zielte und schoß. Er hörte unmittelbar danach einen Schrei einer Frau: › Du bist ein Mörder. Du hast mich getroffen. ‹ Beide eilten zu der verletzten Frau. Der Jäger fragte den Boy: › Hast du nicht einen Leoparden gesehen? ‹ › Doch, ganz sicher ‹. › Ich wahrhaftig auch. Wie soll ich mir das erklären? ‹ Sie leisteten der jammernden Frau Erste Hilfe und brachten sie zum Dorf zurück. Die Angehörigen der verletzten Frau brachten den Jäger vor Gericht. Der Richter hörte sich alles an und sprach dann zu aller Erstaunen den Jäger frei. Er begründete seine Entscheidung mit folgenden Worten: › Ich weiß, daß die Aussage des Jägers wahr ist. Diese Frau war meine erste Frau. Ich habe mich scheiden lassen, als ich entdeckte, daß sie sich in einen Leoparden verwandeln kann. ‹«

Diesen Bericht hörte Kurt E. Koch in Liberia von einem Distriktgouverneur, einem gläubigen Christen mit europäischer Schulbildung. Ähnliches hatte er schon aus anderen afrikanischen Ländern vernommen. Es ist die unheimliche Umwandlung eines ganzen Menschen in ein Tier. (Nach Kurt E. Koch, Okkultes ABC).

Der furchtbare Geist

Geist. »Wer ruft mir?«
Faust (abgewendet). »Schreckliches Gesicht!«
Geist. » Du hast mich mächtig angezogen, An meiner Sphäre lang' gesogen, Und nun —«
Faust. »Weh! ich ertrag' dich nicht!«
Geist. »Du flehst eratmend, mich zu schauen, Meine Stimme zu hören, mein Antlitz zu sehn; Mich neigt dein mächtig Seelenflehn,

Da bin ich! — Welch erbärmlich Grauen Faßt Übermenschen
dich! Wo ist der Seele Ruf?«   (Goethe, Faust)

Gerson (Deckname) trank eine Droge mit suggestiver Zielsetzung, sich einen Geist, eine »archetypische Gestalt« (= Leitbild des Kollektiv – Unbewußten) vorzustellen. »Vor mir . . . leuchten plötzlich zwei grünlich schimmernde Augen auf, nur große, starre, unheimlich drohende Augen«, dann mehrere Augenpaare. Es »nähert sich mir unversehens ein sonderbares Etwas, schleimig, kalt, legt sich mir auf den Körper, plötzlich sind Hände da, greifen nach meinem Hals. Entsetzt fahre ich hoch, greife nach der ungreifbaren, körperlosen Masse, die mich trotzdem weiter umklammert, ich stoße gegen etwas Nachgebendes, gallertartig – Widerliches, Weiches, endlich Nachgebendes. Ich spreche, jetzt völlig wach, einen Bannspruch. Der unheimliche Körper, plötzlich kompakter, zusammenhängender Körper, weicht zurück, zischt böse: › Du wolltest mich sprechen – was also willst du?‹ Eine große Masse wächst vor mir auf, nimmt die Form eines überdimensionalen Mannes mit riesigen, grünlich schimmernden Augen, im dunklen Habit, an. › Wie ist dein Name?‹ – frage ich bebend. Ich halte nach dem Freund Ausschau, der irgendwo in der anderen Ecke sitzen muß, in der Ecke, die durch Dunkelheit verborgen ist. Ich weiß, daß sein Eingreifen erst erfolgen soll, wenn ich ihn ausdrücklich rufe. › Ich frage ja nicht nach deinem Namen ‹, erwidert jetzt drohenden Tones das grausige Wesen. › Dann sag' mir bitte, woher du kamst ‹ frage ich mit letztem Mut. › Das solltest du wohl wissen ‹ antwortet das Phantom.

Weitere Fragen beantwortete der Schreckliche nicht, aber er bemühte sich, wie ich empfand, mich aus meinem Körper zu zerren. Da rufe ich in letzter Furcht, fast überwältigt von Grauen, den Namen des Freundes. Er eilt herbei. Ein Buch fällt polternd vom Schreibtisch, eine Kerze, die mein Freund entzündet hatte, erlischt jäh. Ein strenger Geruch breitet sich im Raume aus. Der Eindringling, den ich beschworen hatte, schien verschwunden.

Für mich gab es nichts Wirklicheres als das Erlebte. Der Beobachter freilich sah nur meine Erregung, hörte mich mit jemandem sprechen, sah meine Abwehrbewegungen, hörte meinen Ruf, eilte herbei, sah und hörte das unmotivierte Fallen des Buches, registrierte das Verlöschen der soeben angezündeten Kerze, spürte wie ich den strengen Geruch, der zurückblieb.« (Nach H. E. Douval, Praktische Anleitung zur Bewußtseins-Erweiterung).

Die schwer widerstehlichen Lockungen

Eine »Hexe« von Schloß *Aunoy* in Frankreich, die als liebrei-
zende Frau erschien, ließ um 1590 nicht ab, Emmerich *Print*
aus *Horchheim* am Rhein zu verfolgen. »Regelmäßig an zwei
Tagen der Woche, den Montag und den Donnerstag, drängte
sie ihm ihre Gegenwart im Bette auf; in dem Zustand zwischen
Wachen und Träumen vernahm er die bittersten Vorwürfe um
seine Lieblosigkeit, um seine Treulosigkeit, es wurden ihm Zu-
mutungen gemacht, durch Lockungen unterstützt, von denen
man kaum glauben sollte, daß ein Mann von dreißig Jahren
ihnen widerstehen könnte. Dann endlich ließ ab die Verschmähte, um Flüche auszustoßen und Drohungen, die in den
folgenden Nächten sich verwirklichend, Qualen erzeugten,
unter deren Einflusse das Leben dem armen Junker eine uner-
trägliche Last.« (Nach Christian von Stramberg, Rheinischer
Antiquarius).

Es gibt schwer angefochtene Menschen, die sexuelle Spukerlebnisse
haben und damit gequält werden. Es handelt sich dabei... um
Wacherlebnisse. Dämonen in schöner Mädchen- und Jünglingsge-
stalt suchen die Menschen nachts sexuell heim. In der Gegenwart
tritt dieses Phänomen in der Seelsorge immer wieder auf. (Nach
Kurt E. Koch, Seelsorge und Okkultismus).

Die Blutverschreibung

Mephistopheles: »Ich will mich hier zu deinem Dienst verbinden.
Auf deinen Wink nicht rasten und nicht ruhn;
Wenn wir uns drüben wiederfinden,
So sollst du mir das gleiche tun.«
(Goethe, Faust I, Studienzimmer).

In einem Kreis saßen ein Pfarrer, der Kirchenälteste, ein Handwerker und ein okkult Behafteter. Dieser berichtete: 1935
wollte er heiraten. Weder seine Braut noch er besaßen Geld zu
einem Schlafzimmer. In einem Gasthaus riet ihm ein Bekannter, einen Blutvertrag mit dem Teufel zu schließen, um 500
Mark zu bitten, den Vertrag um Mitternacht auf den Tisch zu
legen und bei abgedunkeltem Zimmer dreimal einen Ruf-
spruch zu sagen. Er ritzte sich einen Finger an, schrieb ein Ge-
such um 500 Mark mit der Verpflichtung, seine Seele dafür zu
geben. Als er dreimal gerufen hatte, wurde ihm unheimlich.
»Er sah zwei rotglühende Augen über sich. Dann fuhr eine

fahle Hand über den Tisch. Der erschrockene Mann machte Licht. Er fand ein Bündel Banknoten im Wert von 500 Mark auf dem Tisch. Der erste Zettel war verschwunden. Dafür lag ein anderer Zettel da: › Komme morgen um Mitternacht an den Kreuzweg oberhalb des Dorfes! ‹ Der Mann war von diesem Zeitpunkt an sehr unruhig. Er beschloß, am nächsten Abend nicht zum Kreuzweg zu gehen. Als der zweite Abend herankam, wurde er aber mit großer Gewalt innerlich gedrängt, doch den Kreuzweg aufzusuchen. Er steckte eine Pistole zu sich und ging. Am Kreuzweg sah er eine scheußliche Gestalt, halb Mensch, halb Tier. Er schoß sein ganzes Magazin auf die Gestalt los, die dann vor seinen Blicken verschwand. Das Rätselhafte an der ganzen Geschichte war dem Mann selbst, daß er noch immer die 500 Mark hatte und niemand kam, um sie ihm wieder abzunehmen, etwa mit der Erklärung, man hätte sich einen Scherz mit ihm erlaubt. Der Mann kaufte sich das Schlafzimmer und heiratete. Er wurde aber seine innere Unruhe, die er von dem Augenblick des Geldempfanges an verspürte, nicht mehr los. Er hatte oft Stunden, wo er meinte, von Furien gehetzt zu sein. Sein Blick wurde flackernd, sein Gesicht zerfurchte sich, er bekam weißes Haar. Im Alter von 43 Jahren, zur Zeit der Beichte, sah er aus wie ein Siebzigjähriger. Während der Beichte, die 2 1/2 Stunden dauerte, wurden die vier Männer von Zeit zu Zeit erschreckt durch ein Klopfen an die Fenster. Das Seltsame war, daß die Holzläden zu waren, das Klopfen aber nicht das dumpfe Klopfen auf Holz, sondern auf Glas war. Der angefochtene Mann wurde trotz der Beichte von seiner Unruhe nicht frei.« (Nach Kurt E. Koch, Seelsorge und Okkultismus).

Kurt E. Koch bemerkt: »Bevor mir dieses Phänomen in der Seelsorge begegnete, hielt ich es nur für Auswüchse des mittelalterlichen Teufelsglaubens.«

Auch die Kultur, die alle Welt beleckt,
Hat auf den Teufel sich erstreckt;
Das nordische Phantom ist nun nicht mehr zu schauen:
Wo siehst du Hörner, Schweif und Klauen?
Und was den Fuß betrifft, den ich nicht missen kann,
Der würde mir bei Leuten schaden . . .

Johann Wolfgang von Goethe

Schadenzauber

Der schlimme Spruch

Im Gebiet von *Gstaad* und *Saanen* gibt es einen seltsamen Brauch der dortigen Bauern: »Wenn sie einem Mann Schaden zufügen wollen, dann versuchen sie sich einige Kopfhaare zu beschaffen. Das geschieht etwa bei einem Friseur, dem sie ein Trinkgeld geben und zum Schweigen verpflichten. Sie nehmen dann die Haare des Feindes, bohren in einen Balken ihres Hauses ein Loch, stecken die Haare hinein, klopfen einen Pflock rein, sprechen einen Spruch dazu, den sie dem 6. und 7. Buch Moses entnommen haben und verwünschen ihren Feind. Überraschenderweise gehen diese Verwünschungen in Erfüllung.« (Nach Kurt E. Koch, Okkultes ABC).

Das 6. und 7. Buch Moses hat mit dem biblischen Moses nichts zu tun. Die Zauberer des Mittelalters nahmen Moses als Schutzherrn, weil er die ägyptischen Zauberer in der Kraft Gottes besiegte. Kurt E. Koch sah als ältestes Exemplar eines von 1503. Deutschland war wohl das Ursprungsland, doch gibt es auch Übersetzungen. »Wer ein solches Buch besitzt, soll es bitte sofort verbrennen. Ich behaupte nicht, daß schon der Besitz dieses Buches den Besitzer dem Teufel ausliefert, ich habe aber Beweise dafür, daß solche Häuser, in denen dieses Buch aufbewahrt wird, Unglückshäuser sind.« (Nach Kurt E. Koch, Okkultes ABC).

»Im schwarzmagischen Schadenzauber (in Brasilien Makumba, in Afrika Voodoo genannt) erhalten Gedanken, in Form bestimmter Sprüche und von dazu begabten und geschulten Menschen gedacht beziehungsweise gesprochen, sogar die Kraft, einen Menschen krank zu machen, ja ihn zu töten. Daran ist kaum zu zweifeln. Die Heimat dieser Praktiken scheint Zentralafrika zu sein, weil auch noch heute in Brasilien diese Praktiken ausschließlich von Schwarzen ausgeübt werden.« — »Wir alle treiben solche schwarze Magie, solchen Schadenzauber, wenn wir uns unbeherrschten Seelenstimmungen hingeben. Der Unterschied ist lediglich der, daß unsere negativen Gedanken und Seelenstimmungen schwach und nur über lange Zeiten hin wirksam sind, während der geschulte Magier seinen Gedanken eine viel höhere Durchschlagskraft zu verleihen vermag. ... Gedanken sind ... Weltenkräfte, die wir wohl noch sorgfältiger unter Kontrolle halten müßten als unsere Atomsprengköpfe tragenden Interkontinentalraketen.« (Nach Otto Julius Hartmann, Von der Macht der Gedanken).

Das Gänsesterben

Ein siebenjähriges Mädchen hütete die Gänse. »Ein Mann, der wegen seiner schwarzen Magie bekannt war, kam vorbei und fragte: › Mariechen, wieviel Gänse hast du?‹ Das Kind nannte die Zahl. Der Mann ging weiter. Da kippte plötzlich eine Gans nach der anderen um und verendete. Das Mädchen lief heim und erzählte den Vorfall. Sofort eilte der Vater ans Wasser und murmelte einen Spruch, den er aus dem 6. und 7. Buch Moses gelernt hatte. Das Gänsesterben hörte sofort auf.

Wie sieht es nun in dieser Familie aus? Die Gänseliesel war zeit ihres Lebens mit Depressionen behaftet. Sie wollte glauben, versuchte zu Christus zu kommen und konnte nicht. Die Berichterstatterin, die Enkelin jenes magischen Banners, sieht Gesichte und hat starke Glaubenshemmungen. Ihr Sohn, der Urenkel, ist geisteskrank, hat Wahnvorstellungen und ist schon zum dritten Mal im Irrenhaus. Die Magie fordert stets ihr Opfer. Magische Kräfte werden stets teuer bezahlt.« (Nach Kurt E. Koch, Okkultes ABC).

Die geflochtenen Schwänze

»Einer meiner Amtsnachbarn im *Schwarzwald* wurde eines Tages auch zu einem Hof gebeten. Der Viehstall wurde nächtlich immer heimgesucht. Die Schwänze der Tiere waren morgens geflochten, außerdem waren die Kühe ausgemolken. Der Bauer hatte beide Zugänge zum Stall doppelt gesichert und sogar nachts manchmal einen Knecht zum Wachen eingestellt. Auch er selbst blieb gelegentlich nachts im Stall. Es war alles umsonst. Der Spuk blieb. Da wußte er sich keinen anderen Rat mehr, als den Pfarrer zu holen, damit er im Stall bete und um den Schutz und Segen Gottes bitte. Der Pfarrer mußte mehrmals zu dieser geistlichen Handlung gebeten werden, bis die Intensität des Spukes nachließ.« (Nach Kurt E. Koch, Seelsorge und Okkultismus).

Der unerträgliche Mann

»So habe ich einen Mann gekannt,« erzählt *Goethe*, »der, ohne ein Wort zu sagen, durch bloße Geistesgewalt eine in heiteren Gesprächen begriffene Gesellschaft plötzlich stillzumachen imstande war. Ja, er konnte auch eine Verstimmung hineinbringen, so daß es allen unheimlich wurde.« (Nach Eckermann, Gespräche mit Goethe).

Der »böse Blick«

Der Sänger *Massol,* ein Liebling des *Pariser* Publikums in der Mitte des 19. Jh., war finster und verschlossen. Seine Feinde verbreiteten die Mär, er habe den »bösen Blick«. Als er die »Flucharie«, die Glanznummer in Halevys »König Karl VI.«, zum erstenmal sang, wandte er, dem Geist der Rolle entsprechend, den Blick himmelwärts, von den ewigen Mächten die Erfüllung seines gegen den Feind geschleuderten Fluches fordernd. Der gewaltige Beifall verstummte plötzlich; aus der Höhe, wo Massols Blick gehaftet hatte, stürzte ein Maschinist herab auf die Bühne und war tot. Erst nach längerer Zeit wurde die Oper wieder aufgeführt, und der Sänger blickte bei der Arie nun hinab zu den Musikern. Als der letzte Ton verklungen war, fühlte sich der Kapellmeister Habeneck, ein Elsässer, unwohl und fuhr heim; am 3. Tag starb er. Als die Oper zum dritten Mal gespielt wurde, blickte Massol bei der Arie auf die einzige leere Loge. Doch während des Gesangs betrat sie ein reicher junger Kaufmann, der wegen Reisevorbereitungen nicht rechtzeitig erschienen war, und verließ sie nach Schluß des Aktes. Er erreichte sein Fahrtziel nicht. In einem französischen Grenzstädtchen starb er an einem Herzschlag. Von da an sang Massol die Flucharie nicht mehr. (Nach S. Seligmann, Die Zauberkraft des Auges und das Berufen. Hamburg 1922).

Die Überraschung im Bahnhof

»In der Nähe des *Thunersees* lebt und wirkt ein viel zu Rate gezogener Heilpraktiker. Da die schweizerischen Gesetze es nicht zulassen, daß Besprecher und andere okkulte Scharlatane für ihre Konsultationen Honorare nehmen, beschreitet dieser Besprecher andere Wege, um sich finanziell zu sichern. Wer nach der Behandlung nicht freiwillig die fünf oder zehn Franken hinlegt, kann auf dem Bahnhof nicht in den Zug steigen. Durch Fernbeeinflussung hat der magische Besprecher seine Patienten in der Gewalt. Die Bahnbeamten wissen von dieser Tatsache und sagen lachend solchen Reisenden: › Bringen Sie erst dem . . . fünf Franken, dann können Sie abreisen! ‹« (Nach Kurt E. Koch, Seelsorge und Okkultismus).

Die geplatzte Hypnose-Schau

»Ein gläubiger Arzt berichtete mir folgendes Erlebnis. Ein *Appenzeller* Heilpraktiker zeigte in der Ostschweiz Hypnoseexperimente. Er konnte Personen hypnotisieren, daß sie steif wie ein Brett wurden. Der Arzt sah es als seine Aufgabe an, diesem Unfug zu steuern. Er bat drei gläubige Brüder mitzukommen. Sie setzten sich betend in den Raum, in dem der Hypnotiseur seine Vorführungen zeigte. An diesem Abend gelang nicht ein Experiment. Schließlich sagte der Appenzeller: › Es sind Gegenströmungen da. Ich breche die Vorführung ab. Lassen Sie sich das Eintrittsgeld zurückgeben. ‹ Damit war dem Arzt und seinen Freunden klar, mit welchen Mächten sie es zu tun hatten.« (Nach Kurt E. Koch, Seelsorge und Okkultismus).

Wunderheiler — Bedienung durch den Teufel

Mephistopheles: »Laß nur in Blend- und Zauberwerken
Dich von dem Lügengeist bestärken,
So hab' ich dich schon unbedingt.«
(Johann Wolfang von Goethe, Faust I, Studierzimmer).

Die gestörten Tranceheiler

In *Südbaden* gab es zwei Brüder, die im Volksmund »die Schläfer« hießen. »Wenn ein Patient das Sprechzimmer betrat, zog der behandelnde Heiler sich für einen Augenblick in ein dunkles Kabinett zurück. Dort versetzte er sich für einige Sekunden in Trance. Danach war die Diagnose perfekt, ja manchmal war die Diagnose genauer als die der Ärzte. Als Mittel gaben die beiden Brüder homöopathische Medikamente aus. Wenn unter den Wartenden im Wartezimmer ein gläubiger Christ betete, wurden beide Tranceheiler gestört. Solche Beter wurden dann mit groben Worten weggeschickt.« (Nach Kurt E. Koch, Seelsorge und Okkultismus).

Der »Schlafende Prophet«

Edgar *Cayce* (* 1877 in *Kentucky*, †1944) versetzte sich in Trance, nach 4—5 Sekunden konnte er dem Besucher seine Krankheit nennen. Er verschrieb dann ein Medikament oder gab durch Suggestion einen Heilungsimpuls. Die Diagnosen setzten Ärzte in Erstaunen. Jedoch wurden die Heilungen des Leibes mit seelischen Störungen bezahlt. (Nach Kurt E. Koch, Okkultes ABC).

Die verhängnisvolle Bestreichung

»Ein Mächen, dessen völlige Erblindung durch magisches Bestreichen gcheilt wurde, empfand von dieser Zeit an seelische Störungen und eine furchtbare innere Zerrissenheit und Unruhe. Ihre Not trieb sie zur seelsorgerlichen Aussprache. Sie beichtete und entschloß sich, Christus nachzufolgen. Nach der Übergabe ihres Lebens an Christus kam sie nach einiger Zeit wieder zur Aussprache und berichtete, daß das Augenleiden, das jahrelang verschwunden war, wieder aufgetreten war.« (Nach Kurt E. Koch, Seelsorge und Okkultismus).

Die nicht zu glaubende Heilung

Medizinisch nicht erklärbar war die Heilung eines Jungen in der Schweiz, der spinale Kinderlähmung hatte. Der Vater fuhr den völlig gelähmten Sohn zu einem Besprecher in *Peterzell*. Dieser »murmelte etwas zwischen den Zähnen, gab dem Vater eine Arnica-Tinktur und wies ihn an, den gelähmten Sohn dreimal vor Sonnenaufgang zu bringen. So geschah es. Die Lähmung verschwand. Eine vom medinzinischen Standpunkt aus gesehen nicht zu glaubende Heilung. Und doch ist sie wahr. Sieben Jahre später nahm sich der Sohn das Leben. Er schnitt sich die Halsschlagader auf. Es war ein Selbstmord aus heiterem Himmel«. Der Tote trug am Hals ein kleines Amulett in Form einer Blechkapsel, das vom Besprecher stammte. Darin war ein Zettel mit der Aufschrift: »Diese Seele gehört dem Teufel.«

»Hier liegt ein Fall von Terminsterben vor, wie es bei der Schwarzen Magie häufig vorkommt. Das heißt, der Kranke wird auf bestimmte Zeit geheilt, bis ihn der Teufel nach vereinbarter Zeit holt. Je nach dem Schwierigkeitsgrad der Krankheit wird die Frist bemessen. Weiße und Schwarze Magie zahlen sich nicht aus. Das Geschäft macht nur einer, der diese okkulten Kräfte zu vergeben hat.« (Nach Kurt E. Koch, Seelsorge und Okkultismus).

Zu warnen ist vor allen magischen Amuletten. Ohne Wissen des Trägers können sie schlimme Verschreibungen bedeuten.

Die unheimliche Windbö

Ein 12- bis 13jähriger Junge verschaffte sich Zaubersprüche. Eines Tages »entdeckte er Anrufungsformeln für Luzifer. Er ging voller Spannung in den Wald und rief die Formel dreimal. Sofort entstand ein unheimliches Brausen in der Luft, ein Krachen in den Bäumen, daß er erschreckt aus dem Wald eilte. Hinterher dachte er an einen Zufall, daß diese Sturmbö gerade im Augenblick seiner Teufelzitierung durch den Wald raste. Zehn Tage später reizte ihn wieder die Neugierde, das Experiment noch einmal zu versuchen. Er wandte die Formel an und erlebte die gleichen Erscheinungen wie beim ersten Mal. In Zukunft unterließ er das unheimliche Experiment. Es muß dazwischengeschaltet werden, daß der Junge latent medial war, der seine verborgene mediale Kraft durch das Experimentieren geweckt hatte. Nachdem für den jungen Magier feststand, daß die Formeln in den okkulten Büchern seines Vaters kein Bluff waren, spezialisierte er sich auf Heilungsformeln, weil das mehr einbrachte. Es sprach sich rasch herum, daß er eine Kraft gegen Krankheiten besaß und wurde dafür in Anspruch genommen. Der junge Spruchheiler wurde also schnell im Verwandtenkreis berühmt, doch er selbst merkte, daß er einen bösen Preis dafür bezahlen mußte. Er beobachtete an sich selbst psychische Veränderungen. Es zeigten sich Lähmungserscheinungen, Schwermut und Selbstmordgedanken. In seiner Umgebung traten Spukerscheinungen auf. War er mit seiner Familie in den Ferien, setzten dort die gleichen seltsamen Geräusche ein wie zu Hause. Es handelt sich also um einen personengebundenen Spuk.

Diese Erfahrungen brachten ihn dazu, Befreiung im Gebet zu suchen. Ein furchtbarer Kampf setzte ein. Er sah, daß sich die dunklen Mächte leicht und gern in den Dienst des Menschen stellen lassen, aber nur sehr schwer die eingenommenen Stellungen wieder freigeben. Einige Jahre lang wurde dieser experimentierende Magier übel geplagt. Als ich in der Nähe eine Vortragswoche hatte, kam er in meine Seelsorge. Ich zeigte ihm den Weg der Befreiung. Er räumte in einer Beichte alles aus und betete zusammen mit mir ein Lossagegebet.« (Nach Kurt E. Koch, Seelsorge und Okkultismus).

Spruchheilungen mit widersinnigen Handlungen sind nicht nur Aberglaube, sondern das Tor, durch das dunkle Mächte eindringen. »Besprechen ist das Geschäft Satans: Heilung des Leibes um den Preis der Seele.« »Wer sich Wunderheilern in die Hände gegeben hat, hat sich vom Teufel bedienen lassen. Er soll darüber Buße tun, sich lossagen und Christus um seine Hilfe und Befreiung bitten.« (Nach Kurt E. Koch, Seelsorge und Okkultismus).

Die Geisteroperation

Der Brasilianer *Arigo* übernachtete in *Belo Horizonte* im gleichen Hotel mit dem Senator Lucio *Bittencourt,* der Lungenkrebs hatte. Dieser plante, nach der Wahlkampagne sich in USA operieren zu lassen. »In der Nacht sieht Bittencourt plötzlich Arigo mit einem Rasiermesser in der Hand in seinem Zimmer. Er hört noch die Worte Arigos: › Sie befinden sich in großer Gefahr.‹ Dann verliert er das Bewußtsein. Als er wieder zu sich kommt, fühlt er seinen Zustand verändert. Er macht Licht und entdeckt Blutgerinsel an seiner Pyjamajacke. Er zieht die Jacke aus und betrachtet den Oberkörper im Spiegel. Er beobachtet am Brustkorb einen feinen Schnitt. Da er um Arigos Heilkunst weiß, eilt er in das Zimmer Arigos und fragt ihn: › Hast du mich operiert? ‹ › Nein, Sie haben wohl zuviel getrunken. ‹ Der Senator antwortet: › Das muß ich genau wissen. Ich nehme das nächste Flugzeug und gehe zu meinem Arzt in Rio. ‹ Bittencourt erklärt dem Arzt nur, daß er operiert worden sei. Der Spezialist macht Röntgenaufnahmen und bestätigt: › Ja, sie sind nach den Regeln der amerikanischen Chirurgie operiert worden. So weit sind wir hier in Brasilien noch nicht. ‹ Erst dann erläutert der Senator, was geschehen war. Diese Geschichte ging als große Sensation durch die Zeitungen und löste eine Flut von Besuchen in Arigos › Klinik ‹ aus. — Amerikanische Ärzte kamen, Journalisten, Kameramänner, die alle möglichen Tests durchführten, ohne je einen Betrug zu entdecken. Arigo war zu jeder Prüfung bereit. Er operierte auch unter der laufenden Filmkamera. Von Beruf ist er Minenarbeiter, später stellte ihn die Behörde an. Die Operationen führt er in Trance aus. Er behauptet, der Geist eines deutschen Arztes, Dr. Adolph Fritz, würde ihn › besessen ‹ machen.«

»Bei der Operation in seinem Haus stellt er die Patienten unter ein Jesusbild und den Spruch › Pense em Jesus ‹ = Denke an Jesus. Bevor er morgens seine Arbeit beginnt, betet er auch ein Vaterunser. Diese fromme Umrahmung täuscht die Besucher. Der Teufel hat in seinem Repertoire auch fromme Platten, mit denen er Seelen fangen kann. Und um Seelenfängerei handelt es sich. Diese › Wunderheilungen ‹ werden an den Teufel mit dem Verlust des Seelenheils bezahlt.« (Nach Kurt E. Koch, Okkultes ABC).

Der richtige Weg

»Ein Patient lag mit einer Gürtelrose im Krankenhaus. Der Stationsarzt riet dem Kranken: › Wenn wir Sie behandeln, dauert es 14 Tage, wenn Sie aber einen Besprecher rufen, sind Sie in zwei Tagen wieder fit. ‹ Probst *Schulte* besuchte am gleichen Tag diesen Kranken, der ihn um seine Meinung bat. Der Seelsorger fragte das Gemeindeglied: › Trauen Sie Gott mindestens ebensoviel zu wie dem Teufel? ‹ Der Kranke erwiderte: › Herr Probst, Sie haben recht. Ich rufe nicht den Besprecher. Beten Sie mit mir. ‹ Der Geistliche las mit dem Kranken einige Bibelworte und betete dann für dessen Gesundung. Am nächsten Tag fragte der Stationsarzt bei der Visite: › Sie haben den Besprecher schon hier gehabt. Ihre Rose klingt ab. ‹ Der schon fast Geheilte widersprach: › Nein, ich habe den Besprecher nicht rufen lassen. Mein Gemeindepfarrer war hier und hat mit mir gebetet. ‹ Der Arzt schaute ganz verdutzt drein.« (Nach Kurt E. Koch, Seelsorge und Okkultismus).

Magische Einwirkungen auf Tiere und Pflanzen

Die verschwundene Warze

»Unerklärliche Dinge gibt es aber auf dem Lande doch«, schreibt Georg Freiherr von *Blomberg* zu seinem Schloß und Gut *Buchelsdorf*, Kreis Grünberg, Schlesien, »ob sie mit dem festen Glauben oder dem Willen zusammenhängen, bleibt für mich offen. 1938 hatte ich einen jungen Hengst gekauft, ein schönes Tier, hellbraun mit weißer Blesse auf der Nase. Beim morgendlichen Rundgang durch die Ställe fuhr ich ihm stets mit der Hand über die Nase — da stellte ich plötzlich eine Warze fest. Sie wurde schnell größer, bald so groß wie ein Fünfmarkstück. Der Tierarzt kam, er war skeptisch. › Vater Heppner ‹, unser bester Pferdepfleger, meinte: › Die muß die Mutter Heppnern ‹, seine Frau, er sprach von ihr immer als › Die Mutter Heppnern ‹ — › besprechen, dann geht sie weg ‹. Der Tierarzt äußerte, dies sei wohl möglich, wir sollten's halt mal versuchen.

Ich hatte die Sache vergessen, eines Tages: › Vater Heppner! — Die Warze ist ja weg! ‹ — Der schaute mich treuherzig an und sagte bewußt nebensächlich: › Nu, die hat die Mutter Heppnern halt besprochen! Sie müssen sie halt mal fragen, wie sie das gemacht hat. ‹ Mutter Heppner hatte wenig Zeit und ich fand erst eines Abends in ihrem Haus die Gelegenheit, nach verschiedenen belanglosen Fragen, mich nach der Warze zu erkundigen. Mutter Heppner erzählte: › In einer Vollmondnacht hab' ich den Hengst aufs Feld mitgenommen, habe drei Vaterunser gebetet und aus Strohhalmen ein Kreuz auf die Warze gelegt. Dreimal hat ich's gemacht. Nu sehen Sie, junger Herr, es hat geholfen! ‹ Ja: Die Warze war weg.« (Nach einem Bericht von Georg Freiherr von Blomberg, * Köln 1915, für den Verfasser).

Die rasch geheilten Mäuse

Der ungarische Wunderheiler Oskar *Estebany* behandelte eine Gruppe von Mäusen, die er dabei nicht berühren durfte. Sie genasen besser als andere nicht von ihm betreute Gruppen. (Nach John L. Randall, Biologische Aspekte bei PSI, in: Neue Wege zur Parapsychologie, hrsg. von John Beloff).

Die gut wachsenden Pflanzen

Gerste, die mit einer einprozentigen Salzlösung gegossen wurde und die in der Hand des Wunderheilers Oskar *Estebany* gehalten worden war, wuchs besser »als solche Pflanzen, die mit unbehandeltem Wasser versehen wurden. Der Experimentator konnte nachweisen, daß die Wirkung auch bestehen blieb, wenn die Flüssigkeit in versiegelten Glasbehältern untergebracht war, eine detaillierte Untersuchung mit spektroskopischen Methoden zeigte jedoch keine nachweisbaren physikalischen oder chemischen Unterschiede zwischen behandelten oder unbehandelten Lösungen.« (Nach John L. Randall, Biologische Aspekte bei PSI, in: Neue Wege zur Parapsychologie, hrsg. von John Beloff).

Die gestoppten Krankheitserreger

Dr. J. *Barry* aus *Bordeaux* bat Versuchspersonen, sich auf einige auf Steintischen befindliche Kulturen von krankheitserregenden Pilzen mit der Absicht zu konzentrieren, das Wachstum der Organismen zu verlangsamen. Messungen zeigten einen deutlichen Rückgang des Wachstums bei den ausgewählten Tischen im Vergleich mit den Kontrolltischen. (Nach John L. Randall, Biologische Aspekte bei PSI, in: Neue Wege zur Parapsychologie, hrsg. von John Beloff).

Verhängnisvoller Aberglaube

Freitag der 13.

»Das englische Unterseeboot ›Laurentius‹ sollte am Freitag, dem 13. Januar 1950 in See gehen. Der Kapitän verschob die Abfahrt vom Freitag auf den Samstagmorgen, da ein Freitag und dazu noch der dreizehnte Monatstag unbedingt eine unglückliche Fahrt bringen müßte, weil damit ein doppeltes Unheilsomen gegeben wäre. Da aber der Kurs des U-Bootes für den 13. und nicht für den 14. bekanntgegeben war, stieß das U-Boot mit einem schwedischen Schiff zusammen und sank sofort. Es gab nach dem Pressebericht auf dem U-Boot 90 Tote. Hier wurde also der Aberglaube zum Verhängnis.« (Nach einer Pressenachricht, mitgeteilt von Kurt E. Koch in: Seelsorge und Okkultismus).

Der Freitag hat seinen bösen Ruf durch die christliche Karfreitags-trauer. Judas war beim heiligen Mahl der dreizehnte. Zu einem Gastmahl der nordischen Götter waren zwölf eingeladen. Der Unruhestifter Loki kam ungeladen als dreizehnter und brachte Unglück: Baldur mußte sterben. Die 13 ist im Rahmen des gängigen Zahlsystems als über 12 hinausgehend schlecht angesehen.

Humbug kann suggestive Gewalt haben. »Abergläubische Menschen werden davon in ihrem Handeln und in ihren Entscheidungen zu ihrem eigenen Unglück beeinflußt.« (Kurt E. Koch, Okkultes ABC).

In diesem Bereich ist der Erfüllungszwang zu nennen: Unbewußt sorgt man dafür, daß eine Voraussage eintrifft. Ein prophezeiter Unfall erhöht die Unfallgefahr.

Drittes Kapitel

Überwindung von Raum und Zeit
Gleichzeitiges Geschehen
an entfernten Orten

Die Ermordung des Tyrannen

Der Philosoph *Apollonius von Tyana* hielt in *Ephesus* im Jahr 96 n. Chr. in den Hainen des Xystus zur Mittagszeit einen Vortrag. Er ließ die Stimme sinken, sprach dann ohne Zusammenhang, als ob er die Aufmerksamkeit auf etwas anderes richte, schwieg schließlich und rief aus: »Stoßt ihn nieder, den Tyrannen! Stoßt ihn nieder!« Zur gleichen Zeit wurde in *Rom Kaiser Domitian* ermordet. (Nach Sueton und Cassius Dio).

Der Sieg in der Seeschlacht

Im *Vatikan* zu *Rom* sah *Papst Pius V.* 1571 die Seeschlacht von *Lepanto*. Als diese sich etwa um 5 Uhr nachmittags dem Ende näherte, war er mit der Prüfung von Rechnungen beschäftigt. In Gegenwart einiger Prälaten und des Schatzmeisters erhob er sich plötzlich, öffnete ein Fenster und blickte nach Osten, verharrte im Sinnen und sprach dann: »Lassen wir die Geschäfte liegen und danken wir jetzt Gott! Die christliche Flotte erringt einen Sieg!« Erst nach 2 Wochen kam die Nachricht hiervon nach Rom.

Der Brand von Stockholm

Am 19. Juli 1759 war Emanuel von *Swedenborg* in *Gotenburg* zu Gast, wie *Kant* berichtet. Gegen 6 Uhr trat er »aus dem Hause und kam entfärbt ins Gesellschaftszimmer zurück. ›Meine Damen und Herren‹, berichtete er bestürzt, ›jetzt eben ist am Södermalm in Stockholm ein schrecklicher Brand ausgebrochen, das Feuer greift immer mehr um sich.‹ Die Gesellschaft war für's erste betreten und setzte heimlichen Zweifel in die Zurechnungsfähigkeit des seltsamen Mannes, liegt doch Gotenburg über 50 Meilen von der schwedischen Hauptstadt entfernt. — Swedenborg aber war auf's höchste beunruhigt und trat des öfteren auf die Straße, zurückgekehrt sagte er dann, daß das Haus eines Freundes schon in Asche läge und sein eigenes in Gefahr sei. Um 8 Uhr aber, als er wieder herausgetreten war, berichtete er freudig: ›Gottlob, der Brand ist gelöscht, die dritte Türe vor meinem Hause! — Die Nachricht brachte nicht nur die Gesellschaft, sondern die ganze Stadt in Bewegung.« Bald bestätigte es sich, daß die Ereignisse wirklich so abgelaufen waren. (Nach Kant, Träume eines Geistersehers . . .).

Armenier kündet die Wahrheit

In der Nacht zum 1. Februar 1760 veranstaltete der preußische Hof in *Magdeburg* einen Maskenball, an dem der spätere *Landgraf Friedrich II. von Hessen-Kassel,* damals Erbprinz und Gouverneur der Festung, als Domino teilnahm. 12 Uhr näherte sich ihm eine als Armenier verkleidete Maske, deutete auf die im Saal befindliche Uhr und sprach »Hochfürstliche Durchlaucht, soeben ist der Landgraf gestorben!« Zur gleichen Stunde war Wilhelm VIII. in Rinteln verschieden. Der Armenier war ein ungarischer Husarenoffizier, der früher in hessischen Diensten gestanden hatte und die Gabe des zweiten Gesichts besaß. — Dieses Ereignis verarbeitete *Schiller* in seiner Schrift »Der Geisterseher«. (Nach Otto Piper, Der Spuk).

Der Tod des Zaren

Den Tod des *Zaren Peter III.* auf Gut *Ropscha* 1762 verkündete *Swedenborg* auf einer Gesellschaft in *Amsterdam.* Er veränderte mitten im Gepräch sein Gesicht. Auf Fragen antwortete er, jetzt in dieser Stunde sei der Zar gestorben und gab die Todesart an. Zeitungen bestätigten später die Aussagen.

Die rührenden Chöre

Der Maler und Schriftsteller Wilhelm von *Kügelgen* wurde am Abend des 27. März 1820 von seinem Vater aufgefordert, ihn nach *Loschwitz* zu seinem Weinberg zu begleiten. Wegen einer Probe der Singakademie konnte er das nicht. »Mit hohem Genuß sang ich mit den anderen die herrlichen Chöre. Als wir aber an die Stelle kamen:
› *Wenn wir mit dem Tode ringen*
Und aus dem bedrängten Herzen
Heiße Seufzer zu dir dringen:
Hilf uns, Mutter aller Schmerzen! ‹
da erfaßte mich eine so schmerzliche Rührung, daß mir die Stimme versagte. Weder in den Worten noch in den Tönen konnte der Grund zu einer so tiefen Bewegung gesucht werden . . . Ich stellte mir wunderlicher Weise den geliebten Vater als mit dem Tode ringend vor, und es war, als wäre dies

Gebet zur heiligen Jungfrau aus seiner Seele aufgestiegen. Ich konnte mich nicht halten, verließ den Saal und brach im Nebenzimmer in einen Strom von Tränen aus.« Die Trauer verließ ihn den ganzen Abend nicht. Am nächsten Tag fand man den Vater von einem Raubmörder erschlagen. (Nach Wilhelm von Kügelgen, Lebenserinnerungen eines alten Mannes).

Die schlimme Gewißheit

Bei dem Bildhauer Constantin *Meunier* (* 1831, † 1905) war der Kunsthistoriker *Meier-Graefe* zu Gast. Plötzlich blickte der Künstler höchst erschreckt in eine Ecke des Zimmers. Nachdem seine Frau den Raum verlassen hatte, erklärte er, er wisse nun, daß sein Sohn, der in Westindien weilte, gestorben sei. Am nächsten Tage erhielt er durch ein Telegramm die Bestätigung. (Nach Otto Piper, Der Spuk).

Der heimtückische Soldat

In der Zeit des Krieges von 1870 hatte Elise *Junghans,* damals 11 Jahre alt, Schwester von Gustav Junghans, folgendes Erlebnis: »Es lag bei uns mehrere Wochen in Einquartierung ein junger Sanitäter, dessen Eltern in *Königsberg* lebten. Er beschäftigte sich viel mit Elise und sie spielten zusammen wie zwei Kameraden. Dann mußte er ins Feld. Es war an einem Herbstabend. Meine Eltern waren im Theater, wir anderen Kinder lagen bereits zu Bett, nur Elise mit meiner Großmutter waren noch auf. Da wurde Elise auch müde und ging zu Bett. Sie hatte dort eine seltsame Vision: Auf einer Wiese lag ein französischer Soldat und über ihn beugte sich dieser Sanitäter. Hinten am Waldesrande lag ein Turko (algerischer Soldat), dessen Gesicht meine Schwester deutlich sah. Er hob sein Gewehr, meine Schwester will aufschreien, aber da hört sie schon den Knall und der Sanitäter bricht zusammen. Nun schreit Elise auf. Die Vision ist vorbei. Meine Großmutter kommt herbeigestürzt. Elise erzählt ihr in fliegender Hast das Gesehene. Als meine Eltern heimkamen, stürzte mein Vater sofort zum Arzt, denn Elise war ohnmächtig und dann wochenlang krank. Mein Vater schrieb an die Eltern in Königsberg. Nach drei Wochen erst kam die Antwort, daß der Sohn am Spätnachmittag des gleichen Tages der Vision bei einem Gehölz vor *Orleans* erschossen sei. Ein volles Vierteljahr verging. Täglich brachten die Züge Gefangene an, namentlich wenn Turkos ankamen, ging mein Vater mit den älteren Kindern hin. So kam er auch mit Elise an, als gerade ein solcher Trupp ankam.

Plötzlich schreit Elise auf: › Dort ist der Mensch, der damals auf Fritz geschossen hat! ‹ Jetzt wurde mein Vater doch stutzig.

Er wandte sich an den begleitenden Landwehrmann mit der Bitte, diesen Turko sprechen zu dürfen. Der Soldat verwies ihn an die Kommandantur, merkte sich aber den Mann. Mein Vater trug am anderen Tag den Fall dem Kommandanten vor, der sich ebenfalls lebhaft dafür interessierte und den Mann kommen ließ. Ein Dolmetscher wurde zugezogen. Anfangs stritt der Turko alles ab. Als ihm aber Straffreiheit versprochen war gestand er ein, eines Tages gegen Abend › irrtümlich ‹ auf einen Sanitäter geschossen zu haben. Diese Geschichte hat mir Elise selbst mehrmals erzählt, obschon sie es ungern tat, denn sie regte sich dabei stets auf. Mein Vater hat ebenfalls die Sache bestätigt.« (Nach Dr. Gustav Junghans, Jugenderinnerungen, Dezember 1937, übermittelt durch seinen Enkel Reinhold Geimer, Bornich).

Der Tod des Königs

Als *König Alfons XII. von Spanien* 1885 im *Prado* starb, rief Marschall Francisco *Serano y Dominguez,* bekannt durch seinen Staatsstreich 1874 gegen die Republik, der in Madrid ebenfalls im Sterben lag, der König sei tot. (Nach dem Bericht seiner Gemahlin).

Ahnungen von gleichzeitigem Geschehen

Der gefühlte Brand

Der Naturforscher und Satiriker Georg Christoph *Lichtenberg* lag einmal in seiner Jugend des Abends um elf Uhr im Bette und wachte ganz hell, »denn ich hatte mich eben erst niedergelegt. Auf einmal wandelte mich eine Angst wegen Feuer an, die ich kaum bändigen konnte, und mich dünkte, ich fühlte eine immer mehr zunehmende Wärme an den Füßen, wie von einem nahen Feuer. In dem Augenblick fing die Sturmglocke an zu schlagen, und es brannte, aber nicht in meiner Stube, sondern in einem ziemlich entfernten Hause.

Diese Bemerkung habe ich, soviel ich mich jetzt erinnern kann, nie erzählt, weil ich mir nicht die Mühe geben wollte, sie durch Versicherungen gegen das Lächerliche, das sie zu haben scheint, und mich gegen die philosophische Herabsetzung mancher der Gegenwärtigen zu schützen«. (Nach einer Notiz aus dem Nachlaß Lichtenbergs).

Die besorgte Mutter

Frau von *Zanthier* aus *Pütnitz* bei Damgarten saß bei einer Nachbarin $^1/_2$ Meile von ihrem Gut beim Kaffee, fuhr plötzlich auf und rief ihrem Kutscher zu, er solle sofort anspannen. Ihr sei so unbeschreiblich Angst, sie müsse sogleich nach Hause, erklärte sie. Dort angekommen erfuhr sie, daß ihr kleinstes Kind in heißes Wasser gefallen und tot war. — Die gleiche Frau von Zanthier hatte einen Sohn als Zögling in Barth, etwa 2 Meilen von Pütnitz. Als dieser einen Arm brach, bestellte man einen Boten, der Briefe zur Mutter bringen sollte. Als man ihn abfertigen wollte, kam ein Wagen, Frau von Zanthier sprang heraus und fragte, was ihrem Sohn für ein Unglück begegnet sei. (Nach Ernst Moritz *Arndt*, Erinnerungen — Gesichte — Geschichten).

Liebe Nachbarn, mit Vergunst!
Eine Hex', durch Zauberkunst,
Kann sich in ein Tier verwandeln,
Um die Menschen zu mißhandeln.

Heinrich Heine

Überwindung der Zeitschranken

Der Gesang des Vogels

Das Problem der Zeitverschiebung verdeutlicht eine rheinische Sage: Der erste Abt des Klosters *Siegburg, Erpho,* zweifelte den 90. Psalm an, daß 1000 Jahre vor Gott wie ein Tag sind. Er ging grübelnd in den Wald und sah dort einen wunderschönen Vogel, der herrlich sang. Erpho horchte freudig. Plötzlich war es still, der Mönch eilte zum Kloster zurück. Dort war alles verändert, niemand kannte ihn. Man fand in der Klosterchronik einen Bericht, daß 1067 Abt Erpho nach Himmelfahrt kurz vor der Vesper spurlos verschwunden sei. Er war nun am gleichen Tag des Jahres 1367 zurückgekommen. — Eine ähnliche Sage gibt es von einem Mönch von *Heisterbach.* (Nach Paul Zaunert).

Der belehrte Spötter

Heinrich *Zschokke* begegnete es zuweilen beim erstmaligen Zusammentreffen mit einer unbekannten Person, wenn er schweigend ihre Reden hörte, »daß dann ihr bisheriges Leben mit vielen kleinen Einzelheiten darin, oft nur diese oder jene besondere Szene daraus, traumhaft und doch klar an mir vorüberging, ganz unwillkürlich und im Zeitraum weniger Minuten«. In *Waldshut,* wo er im Gasthof zum Rebstock eingekehrt war, machte man sich über die Eigenheiten der Schweizer lustig. Einer seiner Begleiter bat den Schriftsteller, etwas zu erwidern, besonders einem jungen Mann.
»Ich wandte mich an ihn mit der Frage, ob er ehrlich antworten werde, wenn ich ihm das Geheimste aus seinem Leben erzählen würde, während er mich so wenig kenne als ich ihn. Das wäre denn doch mehr, meint' ich, als Lavaters Physiognomik. Er versprach offen zu gestehn, wenn ich Wahrheit berichten würde. So erzählt' ich, was mir mein Traumgesicht gegeben, und die ganze Tischgesellschaft erfuhr die Geschichte des jungen Kaufmanns, seiner Lehrjahre, seiner kleinen Verirrungen, endlich auch eine von ihm begangene kleine Sünde an der Kasse seines Prinzipals. Ich beschrieb ihm dabei das unbewohnte Zimmer mit geweißten Wänden, wo rechts der braunen Tür auf einem Tische der schwarze Geldkasten gestanden und so weiter. Es herrschte Totenstille in der Gesellschaft bei der Erzählung, die ich nur zuweilen mit einer Frage unterbrach, ob ich Wahrheit rede. Jeden Umstand bestätigte der

Schwerbetroffene, sogar, was ich nicht erwarten konnte, den letzten.« (Nach Heinrich Zschokke, †Aarau 1848, »Selbstschau«).

Die Erfahrungen am Ölbaum

Rainer Maria *Rilke* war seit 1910 oft Gast der *Fürstin* Marie *von Thurn und Taxis* auf Schloß *Duino (Tibein)* in Istrien. Hier hatte er entscheidende Grenz-Erfahrungen, die ihn weitertrugen. »Rilkes Gönnerin und ihre Umwelt war mit der › vierten Dimension ‹, vertraut. Andererseits erwägt sie, ob nicht er es sei, der ihr die Tore in diese Dimensionen geöffnet habe. In den Briefen beider und in den Erinnerungen der Fürstin ist mehrfach von gemeinsamen Erlebnisse, in denen Zeit und Ort aufgehoben schienen, die Rede . . .«. Sie berichtet, »daß Rilke in dem Winter 1911 auf 1912 auf Schloß Duino mit dem Schicksal verstorbener junger Frauen, Verwandter der Familie, umgegangen sei, ihr Dasein als das seine berührend empfunden habe. Er hat ihr auch von seinem magischen Erlebnis am Felsabhang des Schlosses von Duino erzählt, das ihn, als er an einem alten Ölbaum lehnte, in vergangene Erfahrungen hinüberführte. Rilke hat es später unter dem Titel › Erlebnis ‹ aufgezeichnet. Dieser Bericht gehört zu den Texten, in denen sich die den Raum der › Elegien ‹ bestimmende Vorstellung des Zeit und Ort überschreitenden Weltinnenraumes ausbildet«.
Rilke begann seine Duineser Elegien 1912 als inspirierte Dichtung und vollendete sie erst 1922 in einem Rausch der Ergriffenheit. Am 19. Februar 1912 schrieb er von Duino an Fürstin Marie von Thurn und Taxis: ». . . ich habe eine Art Instinkt, mich im Moment davor (dem Produktiven) zu hüten, der Geist fährt so unwirsch aus und ein, kommt so wild und bleibt so plötzlich aus, daß mir zumuth ist, als ging ich, körperlich, dabei in Stücke«. (Nach Hermann Kunisch, Rainer Maria Rilke. Dasein und Dichtung. Berlin 1975, und Wolfgang Speyer, Fälschung, pseudepigraphische freie Erfindung und echte religiöse Pseudepigraphie).

Der entsetzliche Anblick

Spät abends hörte Zar *Nikolaus II.* in seinem Arbeitszimmer im *Winterpalais* zu *St. Petersburg* eine gedämpfte Stimme aus dem Nebenzimmer, in dem sich nachts ein Posten aufhielt. Er öffnete die Tür und sah einen offenen Sarg mit Alexander III., wie er 1894 in der Peter-Pauls-Kathedrale aufgebahrt gewesen war. Auf Sarg und Fußboden lagen Kränze, am Kopfende stand ein Kandelaber, auf dem eine Kerze brannte; ein entsetzlicher Geruch wie aus einer Gruft erfüllte den Raum. Eine dumpfe Stimme kam von hinten; der Zar bemerkte die zu Tode erschrockene Schildwache. Der Posten führte sein Bajonett gegen die Gestalt, aber bevor er den Körper berührt hatte, war dieser verschwunden und mit ihm der Sarg, die Kränze, der Kandelaber und der Geruch. (Nach dem Bericht der Hofdame Vera Branitzkaya, »Zeit im Bild« 1916).

Der geschilderte Lebenslauf

Die »Witwe eines Berliner Schneiders, ein . . . gänzlich ungebildetes Wesen, . . .«, schreibt Werner *Bergengruen,* »wurde einmal auf ein *märkisches Schloß* mitgenommen. Hier wurde ihr . . . ohne weitere Erklärung ein altertümlicher Gegenstand gezeigt, ich weiß nicht mehr, war es ein Degen oder ein Orden. Sie begann sofort in Umrissen einen Lebenslauf zu schildern, den sie nur nicht zu lokalisieren und mit Namen auszustatten wußte. Es war der Lebenslauf *Napoleons I.* und der Gegenstand, ein ererbtes Beutestück aus den Befreiungskriegen, hatte sich tatsächlich in seinem persönlichen Besitz befunden, was der versammelten Gesellschaft selbstverständlich bekannt war.« (Nach Bergengruen, Über die Hellseherei; 1945 geschrieben).
Das Erkennen der Vergangenheit aus einem Gegenstand wird als Psychometrie bezeichnet.

Die ermittelte Ahnenheimat

Der Seher *Croiset* ermittelte die Herkunft eines Willem Peskens, der 1781 Torwächter in *Leiden* war. Vorhanden war die »Fotokopie eines Trauzeugnisses von 1814, und eine eingerahmte Silhouette, die angeblich von diesem Herrn Peskens gemacht sein sollte. Zunächst wollte Herr Croiset sich auf die ganze Sache nicht einlassen, mit der Begründung, daß eine Photokopie eine ›tote Sache‹ sei. Dann bekam er aber doch Eindrücke, und zwar von einer Mühle, einem Schmied, einem Zimmermann und einem Maurer. Es stellte sich nachher heraus, daß Peskens in Leiden neben einer Mühle gewohnt hatte, und daß die auf dem Trauschein genannten drei Zeugen obengenannte Berufe ausgeübt hatten. Von der Silhouette sagte Croiset, sie sei nicht von Peskens verfertigt, sondern von einem Verwandten desselben, und die ganze Sache weise nach *Rotterdam* hin. An diese Stadt hatte der Ahnenforscher nie gedacht. Er stellte gleich Nachforschungen an, und fand, daß dort von 1730 bis 1790 eine Familie Peskens gewohnt hatte, von der der gesuchte Willem Peskens abstammte.« (Nach Pater Norbert Backmund, Hellseher schauen die Zukunft).

Ein Ring erweckt die Vergangenheit

Die Ruine *Springeburg* bei Eßweiler in der Pfalz wird nur in einer einzigen historischen Schriftquelle erwähnt: Der zweibrückische Amtmann Johann Hoffmann berichtet über sie in einer »Reisebeschreibung« aus dem Jahre 1595 unter anderem (folgend der Darstellung von Thomas Higel): Die Herren von *Mulenstein*, die Besitzer der Springeburg, verfeindeten sich mit der Stadt Straßburg. Die Straßburger nun »sandten Spione aus, die Kleidung, Sprache und Gebaren der Mulensteiner auskundschaften und wenn möglich imitieren sollten. Die Agenten beherrschten die Rollen letztendlich so perfekt, daß selbst die Eßweiler Bevölkerung keinen Unterschied bemerken konnte. Als eines Tages die Mulensteiner Junker auf einer Hochzeitsfeier im Dorf Eßweiler weilten, näherten sich die straßburgischen Agenten der Springeburg, hielten sich, ganz nach Manier der Junker, vor dem Eingang noch mit Wurfpfeilspielen auf und forderten dann energisch um Einlaß. Die Bediensteten öffneten auch im guten Glauben und wurden so furchtbar überrascht. Die straßburgischen Eindringlinge riefen nun ihre bislang hinter dem Buschwerk rund um die Burg verborgen gehaltenen Männer herbei und stürmten durch das offene Tor. Nach nur kurzer Gegenwehr war aller Widerstand gebrochen und die Burg in Händen der Angreifer, die das Gebäude daraufhin plünderten und niederbrannten.

Unsere Mulensteiner hingegen vernahmen — auf dem Nachhauseweg von jener Feierlichkeit — Gejohle und Geschrei von ihrer Heimstatt, wußten dabei jedoch nicht, ob es sich um Freund oder Feind handele. Alsbald jedoch mußten sie die Situation und damit auch ihre Niederlage erkannt haben, da sie sich zur Flucht durch das Tal in Richtung Ortschaft Oberweiler wandten. Sie wurden dabei von ihren Gegnern verfolgt und nahe bei Hinzweiler gestellt. Dort kam es zu einem Handgemenge, wobei einer der Mulensteiner erstochen wurde. An dieser Stelle wurde später ein steinernes Kreuz aufgestellt. Auch wird der Ort des Geschehens auch heute noch als ›Kreuzacker‹ bezeichnet, wenngleich auch das Kreuz nicht mehr existiert. Der mit dem Leben davongekommene Mulensteiner Junker setzte seine Flucht fort und rettete sich nach Grumbach, wo er auch eine Burg besaß. Die niedergebrannte

Burg wurde nicht wieder aufgebaut. Zeit und Stunde der Zerstörung jener Burg sind heute nicht mehr bekannt, doch muß es vor sehr langer Zeit geschehen sein. Um die Ruine sind solche hohen Eichen und soviel Buschwerk gewachsen, daß man die Mauerreste nur noch schwerlich zu erkennen vermag«.

Ausgrabungen auf der Springeburg bestätigten den Bericht: »Am aufsehenerregensten war sicherlich die Bergung eines weiblichen Skeletts. Dies wurde bereits bei der Freilegung des rechten Burgteils (vom Eingang aus gesehen) im Jahre 1978 gefunden. Das Skelett lag eingequetscht unter einem dicken Steinquader, war aber nahezu unversehrt. Allerdings fehlten die Knochen einer Hand; man fand sie erst ein gutes Stück von diesem Fundort entfernt auf. Die Leiche der Frau muß — nimmt man Hoffmanns Geschichte ernst — seit jenem Überfall unter den Trümmern der Burg gelegen haben. In der Nähe dieses Skeletts wurden schließlich noch diverse Schmuckutensilien gefunden, unter anderem zwei bemerkenswerte Ringe.«

Um den einen, einen »Kupferring, der mit einem recht einfachen Ziermuster versehen ist, rankt sich eine überaus merkwürdige Geschichte, die, wie Ausgrabungsleiter *Thomas Higel* dem Verfasser (Michael Marschall) versicherte, kein Schabernack sein soll. Als dieser Ring gefunden wurde, hätte eine der amerikanischen Studentinnen, die Higel assistierten, das Schmuckstück gesäubert und über ihren rechten Ringfinger gestreift. Sofort habe sie über Kopfschmerzen und Schwindelgefühl geklagt, habe aber dann von einer merkwürdigen Vision erzählt. Unten im Tal vor der Burg — auf der Straße (!) — habe sie einen Ritter in vollständiger Rüstung und Armierung auf- und abreiten sehen, der zur Burg hochgeblickt habe. Detailliert beschrieb sie den Wappenschild dieser › Erscheinung ‹, den Higel im Nachhinein als das Wappen der Junker Mulenstein identifizierte: einen Mühlstein mit Mühlhaken. Sobald übrigens jene Studentin den genannten Ring abstreifte, verschwand auch ihr Unwohlsein. Thomas Higel meinte sehr bestimmt, die junge Dame hätte vorher unmöglich von jenem Wappen der Mulensteiner wissen können, er selbst habe seiner Gruppe damals noch nichts hierüber berichtet. Auch sei die Studentin zuvor nicht mit anderen — auch ehemaligen — Grabungsteilnehmern in Kontakt geraten — sie sei zum allerersten Mal an der Ruine gewesen. Higel selbst hält nichts von Transzendentalem, kann sich dies Geschehnis rational aber auch nicht erklären«. (Nach M. Marschall, Materialien zur Burgruine Springenburg bei Eßweiler, in: Westricher Heimatblätter 1982).

Rückschau und Vorschau

Die geisterhaften Kirchenbesucher

Erzbischof Johann Hugo von Trier (* 1676, † 1711) berichtete seinem Weihbischof *Verhorst:* Am Dreikönigsabend 1701 hatte die vierzigstündige Andacht in der Schloßkirche *Ehrenbreitstein* begonnen, der Erzbischof konnte erst um Mitternacht hinkommen. Er ging zur Sakristei und sah auf der Treppe sich selbst wie ein Spiegelbild. Die Gestalt öffnete die Tür, als sei sie unverschlossen, und warf sie hinter sich zu, daß die Fenster klirrten. Nun war Johann Hugo an der Tür; sie war fest verschlossen, der Schlüssel wollte nicht greifen. Es überlief ihn kalt, er eilte nach oben. An der Balustrade sah er, wie die Kirche sich mit Menschen füllte, und dann seine eigene Bischofsweihe vor 25 Jahren. Anschließend wechselte die Szene; er erlebte die Trauung seines Vaters in zweiter Ehe. Auch die anderen Personen, Tote und Lebende, konnte er erkennen, so seine Schwester Evchen, damals 15 Jahre, › schöner wie der schönste Sommertag ‹. Plötzlich war alles in der Kirche verändert. Die Wände waren schwarz ausgeschlagen, das › Dies irae ‹ ertönte, es war ein Traueramt. Anfangs konnte Johann Hugo wegen der großen Zahl der Ministranten nicht sehen, wer im Sarg lag.

*

Endlich ergab sich eine Lücke, und er erblickte sich selbst. Er verlor dann das Bewußtsein. Als er wieder zu sich kam, war von allem nichts mehr zu sehen. Er schleppte sich in sein Schlafzimmer. Am Morgen schellte er seinem Kammerdiener.‹

*

Der Mann strauchelte, als er auf das Bett zuschritt, bückte sich, und es fiel ihm ein Ring in die Hände. Es war der Trauring der Mutter des Erzbischofs, den Johann Hugo seit 20 Jahren schmerzlich vermißt hatte. Dieser Fund ergriff ihn mehr als alle Schrecken der vorhergegangenen Nacht. — Genau zehn Jahre später starb er am 6. Januar 1711. (Nach Christian von Stramberg).

Sehen in die Zukunft

Der wissende Gärtner

Zarin Katharina II. ließ 1755 in *Oranienbaum* einen Garten anlegen. Ihr Gärtner Lamberti hatte bereits der Prinzessin Elisabeth vorausgesagt, daß sie Kaiserin werde, er prophezeite Katharina, daß sie souveräne Zarin werde und nannte das Jahr der Thronbesteigung 6 Jahre vor dem Ereignis. »Er sprach mit einer Zuversicht, in der nichts ihn zu erschüttern vermochte.« (Nach den Denkwürdigkeiten der Zarin Katharina II.).

Der blutige Tod

Johann Heinrich *Jung-Stilling* schrieb am 13. Juli 1799 an Antistes *Heß* in *Zürich* wegen einer Wohltätigkeitssammlung für den Kanton Unterwalden. »Mitten im Schreiben, als er gerade des Zustandes gedachte, in dem sich jetzt die Schweiz befand, bekam er auf einmal einen tiefen Eindruck ins Gemüt, mit der Überzeugung: *Lavater* würde eines blutigen Todes sterben . . .« Er teilte seine Ahnung Heß mit »und bat ihn, zugleich, er möchte dies Lavatern bei Gelegenheit sagen. Heß antwortete bald, bezeugte seine Verwunderung und versprach, es Lavatern zu entdecken«. (Nach Jung-Stillings Lebensgeschichte).

Lavater selbst hatte ebenfalls diese Ahnung. Sein Schwiegersohn und Biograph *Geßner* berichtet: „Mehrmals sagte mir der selige Lavater lange vor seiner Verwundung, daß er oft mit Zuversicht geahnet habe, daß er auf irgend eine gewalttätige Weise sterben werde. Ganz bestimmt sagte er mir, ich gewarte oft, daß nach mir werde geschossen werden; er dachte sich zwar dies immer, als werde es ihm auf der Kanzel begegnen. Er legte übrigens dieser Ahnung keinen Wert bei, was mir daraus am meisten klar ist, daß er nach seiner wirklich erhaltenen Schußwunde auch nie mit einem Worte dieser Ahnung gedachte. Nichts nahm er aus dieser Ahnung, zuweilen wenigstens, für ziemlich sicher, als im allgemeinen das: daß er gewalttätig sterben werde, und höchstwahrscheinlich um der Freimütigkeit willen werde sterben müssen, mit der er von allem sprach, was seine Überzeugung war.« — Am 26. September 1799 wurde Lavater in Zürich durch einen französischen Soldaten angeschossen, als er Bedrohten beistand, und starb 1801 an den Folgen. (Nach Geßner, Lavaters Lebensbeschreibung).

Der Kindersarg

Der Arzt und Dichter Friedrich Wilhelm *Weber* verkehrte täglich in *Driburg* (Westfalen) im Haus des Postverwalters Zengerling. Von dessen Kindern war ihm ein kleines Mädchen Emilie »besonders ans Herz gewachsen. Wenn der junge Arzt von seinen Krankenbesuchen heimkehrte, sprang ihm die freundliche Kleine schon von weitem entgegen«. Wenn Weber sich im Wohnzimmer auf das Sofa legte und rauchte, saß die kleine Emilie bei ihm und spielte mit ihm. »Als sie eines Tages in gewohnter Weise mit ihm gescherzt hatte, hüpfte sie plötzlich vom Sofa fort und lief nach der Türe, die in den anstoßenden Hausflur führte. In diesem Momente sah Weber, der dem Kinde mit seinen Augen gefolgt war, zu seiner Überraschung durch die halboffene Tür einen kleinen Sarg in dem Hausflur stehen. Er blickte schärfer hin, aber die Erscheinung blieb. Nun eilte er nach der Stelle, wo er den Kindersarg gesehen hatte, aber jetzt war dieser verschwunden. In der Meinung, daß das ganze eine Sinnestäuschung gewesen sei, kehrte Weber nach dem Sofa zurück, nahm seine frühere liegende Stellung wieder ein und schaute abermals durch die halbgeöffnete Tür. Aber das Gesicht kehrte nicht wieder.« Bei den Eltern fand er keinen Glauben. Bald darauf erkrankte die kleine Emilie an den Masern und starb nach zwölfwöchentlichem Leiden. Am Tage der Beerdigung »fügte es der Zufall, daß die Träger den Sarg an derselben Stelle niedersetzten, wo Weber ihn früher gesehen haben wollte. Es war der erschütterte Vater, der, mit der Hand dorthin zeigend, den Dichter auf die Erfüllung des Vorgesichtes aufmerksam machte«. (Nach Julius Schwering, Friedrich Wilhelm Weber [* 1813, † 1894]. Sein Leben und seine Werke).

Die vorhergesehenen Särge

»Die erste Frau meines Onkels Wilhelm, namens Emma«, erzählt Gustav Junghans, »hatte die unglückselige Gabe des ›zweiten Gesichtes‹. Sie sah einige Tage, ehe jemand starb, einen Sarg vor dessen Tür stehen. Zuerst hatte sie diese Erscheinung in ihrem zwölften Lebensjahr. Als sie damals abends von einer Besorgung heimkam, fragte sie ihren Vater, wer noch so spät begraben werde. Auf die erstaunte Antwort des Vaters: ›Aber Kind, wer soll jetzt abends beerdigt werden? Es ist doch niemand gestorben!‹ erzählte sie, daß sie einen langen Leichenzug gesehen habe und nannte alle im Gefolge. Drei Tage darauf fand das Leichenbegängnis statt; ein Bäckermeister war vom Dach des Hauses abgestürzt.

Meine Mutter erzählte wiederholt, daß sie eines Abends Arm in Arm mit dieser ihrer Jugendfreundin ging, als diese sie plötzlich heftig zur Seite stieß und auf ihr Vorhalten: › Aber Emma, was soll das ‹, leise erwiderte: › Hast du nicht den Kindersarg gesehen, ich hätte darüber hinweggehen müssen! ‹

Als mein Großvater 1866 an Lungenentzündung schwer erkrankt war, bat Onkel Wilhelm sie, doch mit ihm hinzugehen, es sei vermutlich der letzte Abend. Nach langem Sträuben ging sie mit, sagte ihm aber bei der Rückkehr: › Dein Vater stirbt, ich habe schon seinen Sarg gesehen. ‹ Als sie in der Cholerazeit noch abends in den Keller ging, kam sie verstört zurück. Sie hatte zwei Särge gesehen. Einer davon war ein Kindersarg. Drei Tage nachher starben sie und eines ihrer Kinder an der Cholera.« (Nach Lebenserinnerungen [1937] von Chemiker Dr. Gustav *Junghans,* [* Wolmirstedt 1868, † 1945], freundlich mitgeteilt von seinem Enkel Reinhold Geimer aus Bornich).

Das unheimliche Hobeln und Sägen

»Mein Onkel Wilhelm«, der in *Wolmirstedt* bei Magdeburg eine Tischlerei betrieb, berichtet Gustav Junghans, behauptete, »daß er abends im Bette oft in der benachbarten Tischlerei einen Lärm vom Hobeln und Sägen gehört habe, und daß dann regelmäßig ein Sarg bestellt wurde. Er berichtete auch, daß sein Geselle, der mit im Hause schlief, ihm morgens dann entgegenkam: › Meister, heute wird ein Sarg bestellt, ich habe vor Lärm in der Werkstatt kaum schlafen können ‹«. (Nach den Lebenserinnerungen [1937] von Chemiker Dr. Gustav *Junghans,* [* Wolmirstedt 1868, † 1945], freundlich mitgeteilt von seinem Enkel Reinhold Geimer aus Bornich).

Das Totenschiff

Der Schriftsteller Arthur *Schubart* (*Landshut 1876) jagte an einem norwegischen Fjord. Sein Begleiter, ein Einheimischer, blieb plötzlich stehen, deutete mit der Hand auf ein fahrendes Schiff in der Tiefe. Schubart konnte nichts erkennen. »Das ist ja unser Totenschiff! Es hat die Flagge halbmast! Jetzt erkenne ich meine Braut! Sie wird zur Bestattung übergesetzt.« Der Jäger war erschüttert. Drei Tage später wurde die Braut durch einen Hufschlag eines Pferdes getötet und an der bezeichneten Stelle übergesetzt. Arthur Schubart wurde an seiner materialistischen Weltanschauung irre. (Nach Max Kemmerich, Die Brücke zum Jenseits).

Die gemalte Vision

Giovanni *Segantini* starb 1899 ganz unerwartet mitten in der Arbeit am letzten Teil seines Triptychons ›Der Tod‹. Dreizehn Tage vorher hatte er eine Vision, die er sofort seiner Frau und einem anderen Menschen mitteilte: er träumte, daß er auf einer Totenbahre lag, die aus der ›Baita‹, einer einsamen alten Hütte, in sein Atelier auf dem Schafberg getragen wurde. Eine der Frauen, die dabeistanden, war die seine, und er sah sie weinen. Das unvollendete Bild, das jetzt im Segantinimuseum in *St. Moritz* hängt, ist eine Darstellung dieser Vision, die sich erfüllte. Segantini wurde plötzlich von der Krankheit befallen, als er mitten in der Arbeit in seinem Atelier war, und konnte nicht mehr in ein Hospital gebracht werden. Alles spielte sich ab, wie er es vorausgesehen und gemalt hatte. (Nach Hans Bender, Parapsychologie).

Die erahnte Inschrift

Sigmund *Freud* erhielt zu seinem 50. Geburtstag 1906 eine Medaille, die sein Profil im Basrelief und auf der Rückseite König Ödipus vor der Sphinx zeigt, umrahmt von einem Vers aus König Ödipus von Sophokles: »Der das berühmte Rätsel löste und ein gar mächtiger Mann war.« »Als Freud diese Inschrift las, wurde er blaß, unruhig und fragte mit erstickter Stimme, wer diese Idee gehabt habe. Er benahm sich wie ein Mensch, dem ein Geist erschienen ist . . .« Federn sagte ihm, dies sei seine Idee gewesen. Freud hatte als junger Student unter den Arkaden der *Wiener* Universität die Büsten berühmter Professoren betrachtet und sich ausgemalt, daß dort künftig seine Büste stände und darunter gerade diese Worte. 1955 wurde unter den Arkaden der Wiener Universität die Büste Freuds (1921 von Bildhauer Königsberger geschaffen) enthüllt. Auf ihrem Sockel ist der gleiche Vers eingraviert. (Nach Ernest Jones, Sigmund Freud. Leben und Werk. Frankfurt am Main 1969).

Der Tod des Königs

Dem Kaufmann Thorlakur *Johnson* in *Reykjavik* verkündete in der Nacht vom 4. zum 5. Juni 1908 eine Vorschau, daß *König Friedrich VIII. von Dänemark* 1912 durch einen Unfall ums Leben kommen würde. Er habe eine Vision gehabt (den sterbenden König auf der Straße oder in irgendeiner Gasse auf dem Fußsteige) als auch gleichzeitig eine Stimme gehört, die das Jahr 1912 angab. Gleich am folgenden Tag bat Johnson den Ministerialsekretär Thorkell Thorlaksson, seine Aussagen zu Protokoll zu nehmen, was auch geschah.

Der König war auf seiner Rückreise von Nizza, wo er sich zur Erholung aufgehalten hatte, am 14. Mai 1912 bei einem kurzen Zwischenaufenthalt in *Hamburg* noch bei voller Gesundheit. Abends um 10 Uhr ging er in der Stadt aus. Er wurde auf seinem Spaziergang, auf der Straße, plötzlich krank, und die Polizei mußte zu Hilfe eilen. Der König wurde vom Herzschlag getroffen und starb sofort. Der »Unfall« des Königs soll eine sehr eigenartige Ursache gehabt haben, auf die »wegen ihres heiklen Charakters nicht näher eingegangen werden kann«. Die Hamburger sollen jedenfalls Bescheid gewußt haben, was ja auch anzunehmen ist.

Bruno *Grabinski schreibt: »Zur Frage der Vorbestimmung: Der König starb nicht deshalb, weil es der Seher Johnson vorher angekündigt hatte, sein Tod also vorherbestimmt gewesen wäre, sondern der Tod des Königs war unvermeidlich, weil er sich diesen Tod durch seine frei gewollten Handlungen — und wäre es wirklich nur der abendliche › Spaziergang ‹ gewesen — selbst zugezogen hatte. Denn wäre er im Hotel geblieben, dann wäre er, so wie die Dinge lagen beziehungsweise gelegen haben sollen, höchstwahrscheinlich lebend nach Dänemark zurückgekehrt. Der König hat jedenfalls nach freier Entscheidung entsprechend den Bedürfnissen des Augenblicks gehandelt und so den Tod gefunden, während der Seher auf übersinnliche Weise schon einige Jahre vorher gewahr werden konnte, welche von allen Möglichkeiten menschlichen Geschehens sich im Zusammenspiel der einzelnen Willensimpulse des Königs realisieren würde. Man kann, wenn man will, das › Schicksal ‹ nennen, mit der › Vorherbestimmung ‹ hat diese Vorausschau nichts gemein! Die Erklärung für die Vorhersage aller derartigen Geschehnisse kann, auf eine kurze Formel gebracht, nur lauten: Vorausgeschaut — aber nicht vorausbestimmt!« (Nach Bruno Grabinski, Was wissen wir vom Jenseits?).*

Das veränderte Dorf

Pater Norbert *Backmund,* als Parapsychologe bekannt, schreibt: »Ergänzend möchte ich das Erlebnis eines Freundes hinzufügen. Es ist ein biederer niederösterreichischer Bauer, der aber seherisch begabt ist. Er hatte das Erlebnis vorher noch niemand erzählt. Er war an einem benachbarten Ort. Auf einmal flimmerte es vor seinen Augen, und da sah er verschiedenes verändert. Ein neues Haus steht da, ein anderes ist durch einen Anbau vergrößert, ein Zaun ist verschwunden, die Bäume scheinen auch gewachsen zu sein. Dann verschwindet das Bild wieder und es ist alles wie zuvor. Nach Jahren kommt er wieder an diesen Ort — und er sieht alles, wie er es damals geschaut hatte. Man fragt sich: wozu? Weder er noch andere haben etwas davon!« (Nach einem Brief von Pater Dr. Nobert Backmund vom 8. Februar 1981 an den Verfasser).

Träume zeigen die Zukunft

Das Mädchen im weißen Gewand

In *Sacco* sah Geronimo *Cardanus* sich nachts im Traum am
Eingang eines »herrlichen Gartens . . ., die Türe stand offen.
Da sah ich ein Mädchen in ein weißes Gewand gehüllt; ich trete zu ihr, umarme sie, küsse sie . . . Wenige Tage darauf sah ich
unterwegs ein Mädchen, an Gesicht und Kleidung auf ein Haar
dem ähnlich, das ich in jener Nacht im Traum gesehen
hatte . . . Ich begann sie zu lieben und nahm die freudig Willige
zur Frau«. (Nach der eigenen Lebensbeschreibung des Cardanus, * 1501).

Großvaters Träume

Goethes Großvater *Textor* besaß die Gabe der Weissagung und
wurde durch Träume über die Zukunft unterrichtet. »So versicherte er zum Beispiel seiner Gattin, zur Zeit als er noch unter
die jüngeren Ratsherrn (in *Frankfurt am Main*) gehörte, daß er
bei der nächsten Vakanz auf der Schöffenbank zu der erledig-
ten Stelle gelangen würde. Und als wirklich bald darauf einer
der Schöffen vom Schlage gerührt starb, verordnete er am
Tage der Wahl und Kugelung, daß zu Hause im Stillen alles
zum Empfang der Gäste und Gratulanten solle eingerichtet
werden, und die entscheidende goldene Kugel ward wirklich
für ihn gezogen. Den einfachen Traum, der ihn hiervon be-
lehrt, vertraute er seiner Gattin folgendermaßen: Er habe sich
in voller gewöhnlicher Ratsversammlung gesehen, wo alles
nach hergebrachter Weise vorgegangen. Auf einmal habe sich
der nun verstorbene Schöff von seinem Sitze erhoben, sei her-
abgestiegen und habe ihm auf eine verbindliche Weise das
Kompliment gemacht: er möge den verlassenen Platz einnehmen, und sei darauf zur Türe hinausgegangen.«
»Etwas Ähnliches begegnete, als der Schultheiß mit Tode ab-
ging. Man zaudert in solchem Falle nicht lange mit der Besetzung dieser Stelle, weil man immer zu fürchten hat, der Kaiser
werde sein altes Recht, einen Schultheißen zu bestellen, irgend
einmal wieder hervorrufen. Diesmal ward um Mitternacht
eine außerordentliche Sitzung auf den andern Morgen durch
den Gerichtsboten angesagt. Weil diesem nun das Licht in der
Laterne verlöschen wollte, so erbat er sich ein Stümpfchen, um
seinen Weg weiter fortsetzen zu können. › Gebt ihm ein gan-

zes ‹, sagte der Großvater zu den Frauen; › er hat ja doch nur die Mühe um meinetwillen. ‹ — Dieser Äußerung entsprach auch der Erfolg: er wurde wirklich Schultheiß; wobei der Umstand noch besonders merkwürdiger war, daß, obgleich sein Repräsentant bei der Kugelung an der dritten und letzten Stelle zu ziehen hatte, die zwei silbernen Kugeln zuerst herauskamen, und also die goldne für ihn auf dem Grunde des Beutels liegen blieb.«

Goethe sagt, »daß Personen, welche sonst keine Spur von Ahnungsvermögen zeigten, in seiner Sphäre für den Augenblick die Fähigkeiten erlangten, daß sie von gewissen gleichzeitigen, obwohl in der Entfernung vorgehenden Krankheits- und Todesereignissen durch sinnliche Wahrzeichen eine Vorempfindung hatten.« (Nach Goethe, Dichtung und Wahrheit).

Der entflogene Vogel

Johann Peter *Eckermann* hatte in seiner Knabenzeit einen Hänfling, der ihm entflog. Er suchte ihn vergebens den ganzen Nachmittag. Dann hatte er gegen Morgen folgenden Traum: »Ich sah mich nämlich, wie ich an unsern Nachbarhäusern umherging und meinen verlorenen Vogel suchte. Auf einmal hörte ich den Ton seiner Stimme und sehe ihn hinter dem Gärtchen unserer Hütte auf dem Dache eines Nachbarhauses sitzen; ich sehe, wie ich ihn locke und wie er näher zu mir herabkommt, wie er futterbegierig die Flügel gegen mich bewegt, aber doch sich nicht entschließen kann, auf meine Hand herabzufliegen. Ich sehe darauf, wie ich schnell durch unser Gärtchen in meine Kammer laufe und die Tasse mit gequollenem Rübsamen herbeihole; ich sehe, wie ich ihm sein beliebtes Futter entgegenreiche, wie er herab auf meine Hand kommt und ich ihn voller Freude zu den beiden andern zurück in meine Kammer trage. Mit diesem Traume wache ich auf. Und da es bereits vollkommen Tag war, so werfe ich mich schnell in meine Kleider und habe nichts Eiligeres zu tun, als durch unser Gärtchen zu laufen nach dem Hause hin, wo ich den Vogel gesehen. Wie groß aber war mein Erstaunen, als der Vogel wirklich da war! Es geschah nun buchstäblich alles, wie ich es im Traume gesehen . . .(Nach Eckermann, Gespräche mit Goethe).

Die lebendigen Kirchenfenster

Justinus *Kerner* weilte in seiner Jugend einmal in *Heilbronn*, wo er von der Kilianskirche träumte. Ein Steinbild kündete ihm den Tod seines Bruders Georg († 1812). Dann trat er »in die Kirche; sie war hell vom Monde beleuchtet, und besonders brannten die Glasgemälde ihrer Fenster in nie gesehener Farbenpracht. Die Bilder in den Gemälden, die ich auf ihnen erblickte, waren völlig lebend und bewegten sich. Wie Bilder einer Laterna magica kamen sie, je nachdem der Mond schien, mir völlig nahe und traten dann in Lebensgröße wie von den Fenstern heraus in die Kirche, bald schwebten sie wieder zurück und wurden klein, doch je kleiner, je heller, lebendiger und beweglicher. Es waren aber diese Bilder keine Bilder von Heiligen, sondern von Menschen, die ich noch nie gesehen hatte, die aber in späteren Jahren meines Lebens und besonders in dieser Stadt mir vorkamen und tief in mein Leben eingriffen, was ich freilich jetzt noch nicht ahnte und nicht zu deuten wußte, was mir aber später in völliger Klarheit vor Augen trat. Oft gruppierten sich diese Bilder, und ich erblickte mich immer selbst unter ihnen, zu Darstellungen, die immer wieder wechselten, und später erkannte ich, daß diese Szenen aus meinem damals noch kommenden Leben gewesen. Auf all den Fenstern und in all den Darstellungen erblickte ich unter andern Frauen- und Männergestalten immer eine Gestalt wieder, und diese leuchtete mir aus allen klar heraus, und schien sie mir zu verschwinden, wandelte mich eine Angst an, und ich suchte sie, bis ich sie wieder sah. Nachher erkannte ich in der treuen Gefährtin meines Lebens diese damals auf diesem Kirchenfenster im Traum gesehene Gestalt wieder.«

Justinus Kerner schreibt: »Von dieser Zeit an behielt ich durch mein ganzes Leben voraussagende Träume, die mir zu einer wahren Qual in meinem Leben wurden, eine Qual, die ich keinem wünsche und die mich gleichsam praktisch kennen lehrte, welch ein Unglück es für den Menschen wäre, hätte ihm Gottes weise Hand die Zukunft nicht verschlossen.« (Nach Justinus Kerner, Bilderbuch aus meiner Knabenzeit).

Die flatternden Blätter

»Ende Mai 1820 erzählte der damals fünfzigjährige, vollkommen gesunde Direktor des *Berliner* Friedrich-Wilhelm-Gymnasiums, A. F. *Bernhardi,* seinem früheren Schüler, dem Philosophen Immanuel Hermann *Fichte* einen eigenartigen Traum. Letzte Nacht habe ihm geträumt, es seien Blätter auf ihn herabgeflattert, er habe eines ergriffen und darauf seinen Namen gelesen. Darunter stand: »Gestorben am 2. Juni 1820.« Weder Bernhardi noch Fichte maßen diesem Traum irgendwelche Bedeutung zu. Als aber Fichte am 3. Juni desselben Jahres seinen ehemaligen Lehrer besuchen wollte, mußte er zur Kenntnis nehmen, daß dieser tags zuvor gestorben war.« (Nach Rudolf Passian, Abschied ohne Wiederkehr).

Die Tintenflecke auf dem Fußboden

»An einem Morgen« berichtet *Schopenhauer,* »schrieb ich mit großem Eifer einen langen und für mich sehr wichtigen englischen Geschäftsbrief: als ich die dritte Seite fertig hatte, ergriff ich, statt des Streusands, das Tintenfaß und goß es über den Brief aus: vom Pult floß die Tinte auf den Fußboden. Die auf mein Schellen herbeigekommene Magd holte einen Eimer Wasser und scheuerte damit den Fußboden, damit die Flecke nicht eindrängen. Während dieser Arbeit sagte sie zu mir: › Mir hat diese Nacht geträumt, daß ich hier Tintenflecke aus dem Fußboden ausriebe.‹ Worauf ich: › Das ist nicht wahr.‹ Sie wiederum: › Es ist wahr, und habe ich es, nach dem Erwachen, der andern, mit mir zusammenschlafenden Magd erzählt.‹ Jetzt kommt zufällig diese andere Magd, etwa 17 Jahre alt, herein, die Scheuernde abzurufen. Ich trete der Eintretenden entgegen und frage: › Was hat der da diese Nacht geträumt?‹ Antwort: › Das weiß ich nicht.‹ Ich wiederum: › Doch! sie hat es dir so beim Erwachen erzählt.‹ Die junge Magd: › Ach ja, ihr hatte geträumt, daß sie hier Tintenflecke aus dem Fußboden reiben würde.«‹ (Nach Schopenhauer, Versuch über das Geistersehn . . .).
Es ist bemerkenswert, daß hier eine durchaus nicht beabsichtigte Handlung vorausgesehen wurde.

Der Grabstein

Georg von *Bunsen* besuchte einst Moritz Arndt: Dieser sprach von einer Arbeit, die ihn noch manches Jahr beschäftigen werde. »Sie wundern sich, daß ein Mann in meinem Alter von der Beschäftigung noch mehrerer Jahre redet .. Vor einigen 20 Jahren träumte mir einmal, daß ich auf unserm *Bonner* Gottesacker wandelnd einen aufrechten Grabstein erblickte, worauf deutlich mein voller Name nebst Geburtsort, -jahr und -tag zu lesen war. Sodann kam nach dem Wort › gestorben ‹ eine verwischte Zeile. Auf diese aber folgte eine andere: › im 91. Lebensjahr ‹. Nun habe ich ja ernstlich getrachtet, jeden Tag meines Lebens auf das Abscheiden bereit zu sein. Allein seit dem Traum meine ich nun doch immer, das 90. Jahr überleben zu sollen.« — Arndt starb 1860 im 91. Lebensjahr. (Nach Enno Nielsen).

Das fehlende Mädchen

Einen Wahrtraum, der sich freilich als normaler Phantasietraum fortsetzte, hatte der spätere Kaiser *Wilhelm I.* 1863 in Karlsbad. Wenn der König zum Sprudel ging, überreichte ihm immer ein hübsches junges Mädchen den Becher »und fügte einen Strauß Blumen hinzu, die der König immer freundlich annahm. An einem Morgen fehlte das Mädchen und ein alter Mann gab dem König den Becher. Letzterer stutzte und fragte, wo das Mädchen sei. Sie war nicht wohl und fehlte nur für heute. Der König trank ruhig seine vorgeschriebene Zahl Becher und sagte dann zu Steinäcker, der an diesem Tage den Dienst hatte, bei der großen Promenade: › Es ist doch gar zu dumm, daß man sich durch Träume berühren läßt. Heute Nacht träumte ich, das Mädchen fehle am Sprudel, und an ihrer Stelle gebe mir ein alter Mann den Becher. Der Becher sei vergiftet gewesen. Ich habe mich ordentlich vor mir selber geschämt, daß ich einen Augenblick vorhin stutzte, als das Mädchen wirklich durch einen alten Mann vertreten war. ‹« (Nach Prinz Kraft zu Hohenlohe-Ingelfingen, Aus meinem Leben).

Der Kampf im Wasser

Dr. Bernhard von *Gudden,* Professor der Psychiatrie, der *König Ludwig II. von Bayern* auf Schloß Berg behandelte, erschien am 13. Juni 1886 verstört zum Frühstück. Seine Frau und sein Freund Fürst zu Eulenburg-Hertefeld, die mit am Tisch saßen, bemerkten es sofort. Dr. Gudden berichtete, er habe einen fürchterlichen Traum gehabt: »Ich sah mich im Wasser, in einem See. Ich rang mit einem hünenhaften Mann. Es war ein entsetzlicher Kampf, ich habe eine Höllenangst ausgestanden.« Am Abend des gleichen Tages fand er gemeinsam mit Ludwig II. im Starnberger See bei Schloß Berg den Tod.

Der Tod geht um

Der Dichter und Schriftsteller Edgar *Struchhold,* der in *Höhr-Grenzhausen* lebte, starb 1974 in einem Nebenraum einer Gaststätte (Hotel Krupp) in Bendorf-*Sayn,* wo er als Kellner arbeitete. Zuvor hatte seine Ehefrau einen entsetzlichen Traum: Es wurde ihr deutlich, der Tod gehe um in dem betreffenden Raum. Am Morgen berichtete sie ihrem Mann hierüber. Er ließ sich jedoch in seiner Pflichttreue nicht beirren; die Todesankündigung bezog er auf eine kranke Person, die in dieser

Gaststätte wohnte. In (Bendorf-)Sayn mußte er einige Tage später den besagten Raum (die Toilette) aufsuchen und starb dort an Herzversagen. (Nach Bericht der Ehefrau).

Der Fall Gotenhafen

Die Schauspielerin Christine *Mylius* spielte eine Hauptrolle in dem Film »Nacht über Gotenhafen«, der das Schicksal deutscher Flüchtlinge aus den Ostgebieten zeigte. Diese sollten in *Gotenhafen* auf dem KdF-Schiff »Wilhelm Gustloff« nach Schleswig gebracht werden. »Am 15. Januar 1945 wurde der Dampfer in der Ostsee von einem sowjetischen U-Boot torpediert, und nahezu 6 000 Menschen ertranken. Die Untergangsszene wurde in drastischem Realismus auf offener See vor Helgoland gefilmt. Im September 1959 fuhren Filmleute, Schauspieler und Komparsen mit einem rasch gecharterten, sehr alten, vom Kohlenbunkern stark verschmutzten Dampfer von *Bremerhaven* nach Helgoland. Der Kapitän brauchte mehr als drei Stunden, um aus dem Hafen zu kommen. Die Mannschaft sprach zusammen mit den Passagieren reichlich dem zollfreien Whisky zu. Als der zweite Steuermann das Ruder übernehmen sollte, mußte er wegen Volltrunkenheit vom Kapitän relegiert werden. Frau Mylius hatte am 22. Mai 1959 geträumt: ›Fahre in einem uralten, dreckigen Dampfer, der kaum mehr manövrierfähig ist und der schon stundenlang braucht, um aus dem Hafen zu kommen. Auch die Mannschaft sieht ziemlich verwahrlost aus und steht unter Alkohol.‹ Zur Zeit des Traumes war das Filmvorhaben noch nicht geplant und natürlich auch nicht das Chartern eines Dampfers in Bremerhaven.« (Veröffentlicht nach Christine Mylius, † Braunlage 1982, Traumjournal. Experiment mit der Zukunft. Hrsg. Hans Bender. Stuttgart 1974, und Hans Bender, Zukunftsvisionen, Kriegsprophezeihungen, Sterbeerlebnisse).

Der Waldmann dort bei den Gräbern haust,
Beim Kästenbaum, wann der Sturm erbraust,
Gespenstisch fast, unheimlicher Gast. —
Drückt ihn annoch des Lebens Last?
Gewährt das Grab ihm keine Rast?

Man weiß es nicht; doch wann er steigt
Hinab zu Tal, im Dorfe sich zeigt,
So folgt ihm Unheil auf dem Fuß;
Verderben bringt sein ferner Gruß,
Und wen er anhaucht, sterben muß.

A. v. Chamisso

Ahnungen von zukünftigem Geschehen

Der widerliche Mann

Mehrere Jahre vor der französischen Revolution ging *Königin Marie Antoinette* mit ihrer Gesellschaft im Lustwäldchen des *Kleinen Trianon* in *Versailles* spazieren und traf einen wohlgekleideten Mann, der sich sogleich ehrfürchtig entfernte. Die Königin erschrak, zitterte und fühlte sich von heftigem Abscheu ergriffen, den sie sich nicht erklären konnte. Der Mann, der Bierbrauer *Santerre,* kommandierte später bei der Verhaftung und Enthauptung des Königs und seiner Gemahlin die Pariser Nationalgarde. (Nach Justinus Kerner, Blätter aus Prevorst).

Das abscheuliche Gebäude

Im August 1792 verhandelte die Nationalversammlung in *Paris* über die künftige Wohnung des Königs. Beim Namen *Temple* schauerte die *Königin Marie Antoinette* zusammen und sagte leise zur Madame de Tourzel: »Sie werden sehen, sie sperren uns in den Temple ein; ich hatte immer eine Abscheu vor diesem Turm und bat tausendmal den Grafen Artois, ihn niederreißen zu lassen. Ich hatte also eine Ahnung von allem, was wir darin zu leiden haben werden.« (Nach Madame de Torzel, Memoires).

Der Schreibfehler

Am Morgen des 1. Januar 1805 schrieb *Goethe* an *Schiller* ein Gratulationsbillet. Als er es aber durchlas, fand er, daß er darin geschrieben hatte »Der letzte Neujahrstag« statt der wiederkehrende oder ähnlich. Voll Schrecken zerriß er das Schreiben und begann ein neues. Als er wieder an die unheilvolle Stelle kam, konnte er sich nur mit Mühe zurückhalten, vom »letzten Neujahrstag« zu schreiben. (Nach Ludwig Rosenberger, Geisterseher).

Die schauerliche Gondel

1858 kam Richard *Wagner* in Begleitung seines Freundes Karl Ritter in *Venedig* an. Die Gefährten waren in ausgelassener Stimmung. Sie schlug bei Wagner plötzlich um: das Aussehen der Gondel bei der Fahrt auf dem Canale Grande hatte ihn erschreckt, er meinte, an einem Leichenkondukt teilzunehmen und war in banger Stimmung, die auch bei der Besichtigung des Dogenpalastes nicht schwand. 1883 starb Richard Wagner im *Palazzo Véndramin-Calergi* (ehemals Loredan) am Canale Grande; eine Trauergondel nahm ihn auf. (Nach Richard Wagner, Mein Leben, u. a.).

Der niedergestürzte Fahrstuhl

Der englische Staatsmann Frederick Temple Blackwood Marquis von *Dufferin* war bei einem Freund in Irland zu Besuch. Er erwachte mitten in der Nacht mit einem Gefühl unerklärlicher Beklommenheit, ging zum Fenster und erblickte im Mondlicht einen Mann, der einen Sarg auf der Schulter trug. Im Vorbeigehen hob der Unbekannte seinen Kopf und Dufferin sah in ein widerwärtiges Gesicht. Am Tag war nicht zu ermitteln, wer der Mann war, und man glaubte an eine Halluzination. Nach Jahren war der Marquis 1891—1896 Botschafter in *Paris*. Er war zu einem Diner geladen, und beim Betreten des Hotels geleitete man ihn zum Aufzug. Doch als Fahrstuhlwärter erblickte er einen Mann, der der Erscheinung in Irland glich. Er wollte zum Büro gehen, um dessen Persönlichkeit festzustellen. Doch bevor er dorthin gelangte, war das Aufzugseil gerissen und der Fahrstuhl in den Schacht gestürzt. Die Insassen waren teils tot, teils schwer verletzt. Der Wärter war tot. Von seiner Person wußte man nichts, er war nur an diesem Tag aushilfsweise tätig. (Nach Camille Flammarion und Enno Nielsen).

Werner Bergengruen verarbeitet in seiner Erzählung »Der Schutzengel« dieses Geschehen dichterisch.

Das schlimme Omen

Am Weihnachtsabend des Jahres 1910 aß Agnes *Günther* »gemeinsam mit den Ihren am Familientisch. Da ereignete sich ein schlimmes Omen: der Ehering glitt von ihrer so mager gewordenen Hand. In der Nacht stellte sich schlimmes Fieber ein, der Arzt gab jede Hoffnung auf«. Zwar erholte sich die Dichterin nochmals, starb aber am 16. Februar 1911.
(Nach Rudolf Schlauch, Agnes Günther. In: Lebensbilder aus Schwaben und Franken, 8. Band, Stuttgart 1962).

Die plötzliche Angst

Josef *Winckler,* der rheinische Erzähler, bekannt durch den Schelmenroman »Der tolle Bomberg«, fuhr aus Italien nach

194

Deutschland zurück, nachdem er dort drei Monate verbracht hatte. Während der Heimreise ergriff ihn eine würgende Angst, so daß er das Reisegepäck ergriff und bei der nächsten Station ausstieg, was völlig unsinnig zu sein schien. Auf einer Seitenstrecke fuhr er alsdann weiter; von jener Angst blieb keine Spur. Als er in K. verspätet ankam, wurde er wie ein Gespenst angestarrt. Sein Zug, aus dem er noch rechtzeitig ausstieg kraft der plötzlichen Angstgefühle, war schon als entgleist gemeldet worden. Unter anderen war der Wirtschaftsführer und Staatsmann Karl *Helfferich* bei dem furchtbaren Unglück am 23. 4. 1924 nahe *Bellinzona* lebendig verbrannt. Er aber blieb gerettet. Winckler schließt: »Mags Zufall sein — es war der Götterwink eines himmlischen Zufalls!« (Nach einem Bericht Josef Wincklers).

Die unheilkündenden Bretter

Chorleiter Gotthilf *Fischer* (* *Deizisau* am Neckar 1928) hatte oft ein ungutes Gefühl, wenn »etwas in der Luft liegt«. So ahnte er, daß seine Frau wegen einer akuten Blinddarmentzündung ins Krankenhaus eingeliefert wurde, während er gerade auf dem New Yorker Flughafen angekommen war, um sein Chorkonzert vorzubereiten. Er erahnte auch den Tod seiner Mutter. Ein Architekt hatte ihm für die Holzvertäfelung seines neuen Musikzimmers Bretter ins Haus geschickt. »Ich konnte den Blick nicht von den Paneelen wenden. Sie sahen aus wie Bretter zum Sarg meiner Mutter.« Tatsächlich klingelte kurz darauf das Telefon. Bevor seine Frau abgehoben hatte, sagte Fischer: »Ich weiß, Mutter ist tot.« (Nach »Neue Weltschau« vom 16. 11. 1978).

Ahnungen im Traum

Die Höllenmaschine

Der Ägyptologe Heinrich *Brugsch* fuhr 1875 nach *Göttingen,* um von seiner Familie Abschied zu nehmen und eine Weltreise auf einem Bremer Dampfer anzutreten. Auf dem Weg zum Bahnhof erhielt er ein Telegramm: »›Der Khedive ersucht Sie, augenblicklich nach *Kairo* zurückzukehren.‹ Mit dem nächsten Eilzuge schlug ich die Richtung nach Triest ein, um mit dem fälligen Lloyddampfer mich nach Ägypten zurückzubegeben.« Brugsch erfuhr später, daß auf dem Bremer Dampfer, den er hatte benutzen wollen, eine Höllenmaschine explodiert war und mehrere Personen getötet hatte. In Kairo sagte ihm der Vizekönig (von dem er neue Aufträge erwartet hatte) nur, er sei »hoch erfreut, mich heil und gesund zu sehen, habe mir aber durchaus nichts zu sagen. Er habe sich bewogen gefühlt, mich sofort durch den Draht zurückberufen, da in der Nacht ein Traumbild ihm angeraten habe, mich sofort kommen zu lassen, widrigenfalls mir ein großes Unglück bevorstünde«. (Nach Heinrich Brugsch, Mein Leben und mein Wandern).

Das Grubenunglück

Felix Graf von *Luckner* erhielt in den 30er Jahren eine Einladung, vor Bergarbeitern zu sprechen und ein Bergwerk zu besichtigen. Er sollte mit der 9-Uhr-Schicht einfahren. Seine Ehefrau Ingeborg erzählte ihm am Morgen, sie habe geträumt, es gebe ein Unglück und beschwor ihn, auf keinen Fall in die Grube zu fahren. Luckner hatte dies jedoch versprochen, es kam zu einer Auseinandersetzung, wobei die Frau mit Scheidung drohte. »Als ich nichts erwiderte, nahm Ingeborg den Telefonhörer ab und bat die Hotelleitung, das Bergwerk anzurufen. Graf Luckner habe sich schwer erkältet und läge mit hohem Fieber im Bett. Ich schnaubte vor Zorn. Ingeborg sagte giftig: › Auch Seeteufel kann mal krank werden ‹. Da setzte ich mich hin, ergriff einige Zeitungen und hüllte mich in Schweigen. Innerlich war ich fest entschlossen, Ingeborg nie mehr mitzunehmen. Es wurde neun Uhr, es wurde neun Uhr dreißig, es wurde zehn Uhr. Ingeborg machte keinerlei Anstalten aufzustehen. Trotz aller Wut bekam ich Hunger. Eben wollte ich mir das Frühstück nach oben bestellen, da ich ja nach Ingeborgs Schwindelei schwer krank war, als das Telefon klingelte.

Ehe ich den Hörer aufnehmen konnte, hatte sie ihn schon in der Hand. Während sie zuhörte, schaute sie mich auf einmal mit weit aufgerissenen Augen an und wurde leichenblaß. Einmal flüsterte sie: › Wie furchtbar! Wie entsetzlich! ‹ Schließlich hängte sie ein. In dem gleichen Stollen, in den ich vor einer Stunde einfahren sollte, hatte ein schlagendes Wetter ein schweres Unglück verursacht. Noch war die genaue Zahl der Todesopfer unbekannt. Ingeborg lehnte sich zurück und sah aus wie der Tod. — Wir hielten uns lange bei den Händen und haben beide kein Wort gesprochen. — Nie vorher und nie nachher hat meine Frau so einen Traum gehabt. Auf meine Reisen habe ich sie weiter mitgenommen.« (Nach Felix Graf von Luckner (*1881), Seeteufels Weltfahrt).

Tiere sehen in die Zukunft

Die vorsichtigen Katzen

»Es steht fest, daß Tiere Hellseher sind. Da ist der bekannte Fall von den Katzen von *Messina*, die am Vorabend vor dem Untergang der Stadt, die Stadt in Prozession verlassen haben. Ja, wer hat es den Katzen gesagt?« (Pater Norbert Backmund, in: Johannes Bekh, Bayerische Hellseher).

Die fliehenden Tauben

»Im Zusammenhang mit dem sogenannten Schattenhoferprozeß kam es 1927 in *Wien* zu Arbeiterunruhen, die darin gipfelten, daß am 15. Juli der Justizpalast am Ring durch Brandstiftung in Schutt und Asche sank. (Er wurde später originalgetreu wieder aufgebaut.) Tausende von Tauben, die in den reichen Verzierungen des historischen Bauwerks einen Unterschlupf gefunden hatten, verließen in Schwärmen ihre Quartiere — aber keineswegs erst während des Brandes — nein, drei Tage vorher . . .« (Nach Wolfgang Johannes Bekh, Bayerische Hellseher).

Die warnende Ente

»Der außersinnlichen Wahrnehmung einer Ente verdanken sogar viele *Freiburger* ihr Leben. Am 27. November 1944 etwa gegen halb acht Uhr abends wurden die Bürger in der Nähe des Stadtparks auf das aufgeregte, angstvolle Geschnatter eines Erpels im Park aufmerksam. Dieser Enterich war dafür bekannt, daß er außergewöhnliche Ereignisse vorauszuahnen schien. Diejenigen, die den Erpel kannten und sein ungewöhnlich beunruhigtes Schnattern hörten, gingen auf alle Fälle in den Luftschutzkeller — ohne ersichtlichen Grund und ohne Fliegeralarm. Um acht Uhr wurde das Stadtzentrum von Freiburg in zwanzig Minuten ohne jeden Luftalarm durch einen Fliegerangriff in Schutt und Asche verwandelt. Viele Bürger kamen um, auch der Erpel, der durch seine Warnung anderen das Leben gerettet hatte. Am 27. November 1953, dem Jahrestag des Geschehens, enthüllte die Stadt Freiburg ein Denkmal, das sie ihrem Erpel gesetzt hatte. Auf dem Sockel steht die Inschrift: › Gottes Kreatur klagt, klagt an und mahnt. ‹« (Nach Johannes von Buttlar, Reisen in die Ewigkeit).

Die gestreßten Goldfische

Dr. R. *Morris* maß die Aktivität von Goldfischen, »kurz bevor einige von ihnen in einem Netz hochgehoben wurden — eine Bedingung, die für Goldfische als äußerster Streß angesehen werden kann«. Die Entscheidung, welcher Fisch dem Streß unterworfen werden sollte, wurde »durch eine Zufallsprozedur herbeigeführt, nachdem die Aktivitätsmessungen beendet waren. Die Ergebnisse zeigten, daß der Goldfisch, der im Begriff stand, gestreßt zu werden, eine größere Aktivität als die anderen zeigte. Dies deckt sich mit dem, was man über das Verhalten von Fischen weiß«. (Nach John L. Randall, Biologische Aspekte bei PSI, in: Neue Wege zur Parapsychologie, hrsg. von John Beloff).

Neugierig erkundete Lebensschicksale —
Das Telefon nach unten

Die illuminierte Stadt

Hans Christian *Andersen* (*1805, † 1875) wuchs in *Odense* auf Fühnen in ärmlichen Verhältnissen auf. Sein Vater war Schuhmacher, er selbst sollte in die Schneiderlehre kommen, wollte aber nach Kopenhagen. Er sagte seiner Mutter »Ich will berühmt werden; ... man hat erst gewaltig viel Widerwärtiges durchzumachen, und dann wird man berühmt.‹ Es war ein völlig unerklärlicher Trieb, der mich leitete; ich weinte, ich bat, und zuletzt gab meine Mutter nach, ließ aber doch erst eine alte sogenannte kluge Frau vom Hospital holen, um aus der Karte und dem Kaffee mein künftiges Schicksal zu prophezeien. ›Ihr Sohn wird ein großer Mann werden‹, sagte die Alte, ›und ihm zu Ehren wird Odense einmal illuminiert werden.‹« Das letztere geschah 1867. (Nach Andersen, Das Märchen meines Lebens ohne Dichtung).

Die versiegelten Briefumschläge

Carl *Schurz* ließ 1851 in *Paris* durch einen Freund Strodtmann einer Hellseherin zwei versiegelte Briefumschläge übergeben, von deren Inhalt der Vermittler nichts wußte. In einem war ein Büschel Haare, das er sich abgeschnitten hatte, im anderen ein schmaler Streifen von einem Brief von General Klapka, dem Verteidiger der Festung Komorn, der nur das Datum enthielt. Die Hellseherin gab eine gute Charakteristik der beiden Personen. Als sie hinzufügte, Klapka »befinde sich zur Zeit nicht in Paris, sondern in einer nicht sehr weit entfernten Stadt, wohin er gereist sei, um eine ihm sehr liebe Person zu sehen, da dachte ich sie doch auf einem Irrtum ertappt zu haben. Einige Tage später kehrte ich nach Paris zurück und, kaum dort angekommen, begegnete ich dem General Klapka auf der Straße. Ich fragte ihn sogleich, ob er, seit er mir zuletzt geschrieben, beständig in Paris gewesen sei, und war nicht wenig erstaunt, von ihm zu hören, er habe vor kurzem einen Ausflug nach Brüssel gemacht und sich dort nicht eine ganze Woche aufgehalten. Und die liebe Person, die er dort gesehen haben sollte? Ich erfuhr von einem intimen Freund Klapkas, der General sei nach Brüssel gegangen, um mit einer Dame zusammenzutreffen, von der man sagte, daß sie sich mit ihm verheiraten werde. Die Hellseherin behielt also in jedem Punkte recht«. (Nach Karl Schurz, Lebenserinnerungen).

Die geplante Reise

»Bei einem kurzen Aufenthalt in *Frankfurt am Main*«, erzählt Werner *Bergengruen,* »besuchte ich eine dortige Hellseherin, die sich unter anderem durch die Aufdeckung des sogenannten Heidelberger Bürgermeistermordes bekannt gemacht hatte. Ihr erstes Wort war die Frage: › Was haben Sie mit *Köln* zu tun?‹ Ich mußte antworten, daß ich die Absicht hatte, kommenden Tages dorthin zu fahren und daß ich das Eisenbahnbillet bereits in der Brieftasche trug.« (Nach Werner Bergengruen, Über die Hellseherei, 1945 geschrieben).

Das Ausland bringt Erfolge

»Sehr merkwürdig ist«, sagt Werner *Bergengruen,* »daß fast alle hellseherischen Personen, mit denen ich zu den verschiedensten Zeiten und an den verschiedensten Orten gesprochen habe, in einigen Prognosen hinsichtlich meines künftigen Schicksals übereinstimmten. Sie redeten nämlich von der Bedeutung, die das Ausland noch für mich haben, und von den großen Erfolgen, die es mir bringen werde. Auch wenn das ein Irrtum sein sollte, so läßt diese auffallende Übereinstimmung doch auf Gesetzlichkeiten schließen. Übrigens könnte man hier daran denken, daß ich, von meiner Heimat aus gesehen, ja in Deutschland als im Auslande lebe. Später lag es auf der Hand, daß sie meine zwölf schweizerischen Jahre gemeint hatten.«

Das Blutvergießen

»Ein einziges Mal nur«, berichtet Werner *Bergengruen,* »ist mir eine Voraussage mit einigermaßen genauer, durch die Ereignisse bestätigter Zeitangabe persönlich zuteil geworden, doch mag ich sie nicht überschätzen. Um Ostern 1934 unterbrach sich die erwähnte *(Berliner)* Schneiderswitwe (ein hausbackenes, kleinbürgerliches und gänzlich ungebildetes Wesen) plötzlich mitten im Gespräch und rief erregt: › Ende Juni sehe ich ja das Blut fließen!‹ Ich legte dieser Äußerung zunächst kein großes Gewicht bei. Aber am 30. Juni desselben Jahres, dem Tage des sogenannten Röhmputsches und der sich auf ihn berufenden Mordwelle, entsann ich mich ihrer sofort. Daran erinnerte ich mich genau, wie meine Gedanken sich dieser Frau und diesem Ausruf zukehrten, als ich in der stillen Sommernacht durch das offenstehende Fenster meines Zehlendorfer Häuschens von der alten Lichterfelder Kadettenanstalt her die Erschießungssalven krachen hörte.« (Nach Werner Bergengruen, Über die Hellseherei, 1943/45).

Verhängnisvolle Folgen

»Ein bestohlener Bauer rief einen Schäfer, der als Besprecher, Hellseher und Wahrsager einen großen Zulauf hatte, zu Hilfe. Tatsächlich konnte er stichhaltige Angaben über den Dieb machen. — Die Bauernfamilie hatte allerdings von diesem Zeitpunkt der okkulten Beratung an spukhafte Phänomene im Haus. Anläßlich einer Bibelwoche baten sie um meinen Rat.« — Das Unterbewußtsein war beeinflußt und Kräfte abgespalten worden. (Nach Kurt E. Koch, Seelsorge und Okkultismus).

Visionen im Spiegel

Der Zauberspiegel

Johann Weichard *Valvasor*, Verfasser des bedeutenden Werkes
»Die Ehre des Hertzogthums Crain« (1689), sah bei einem Juden in Venedig einen »Zauberspiegel«. Gefragt, was er darin zu
erblicken wünsche, sprach er einige nichtssagende Worte auf
Krainerisch und sah nichts, als der Spiegel geöffnet wurde. Der
Jude »bat mich demnach, ich sollte ihn weiter nicht vexiren,
sondern einen gewissen Anblick fordern. Hierauf versprach
ich, ein Gewisses zu begehren, und sagte in Krainerischer Sprache: › Ich begehre mein Haus zu sehen! ‹ Gleich alsbald er nur
den Vorhang weggeruckt, erblickte ich darauf mein Schloß
Wagensberg (= in Krain) in dem Spiegel recht eigendlich.«

(Nach Valvasor, Die Ehre des Hertzogthums Crain).

*

*Den Visionen in einem Spiegel entsprechen solche in einem Kri-
stall oder an blinkenden Flächen und dem Hören auf das Rau-
schen einer Muschel, um unbewußte Vorstellungen bemerkbar zu
machen. All dies dient der Autosuggestion, auch der vielbelachte
Kaffeesatz auf weißem Teller, und damit der Erkenntnis und
Nutzbarmachung des Unbewußten. So schaute in Goethes »Faust«
(Vor dem Tor) ein Bürgermädchen ihren künftigen Liebsten im
Kristall, und Faust selbst hatte die Vision von Gretchen in der
Walpurgisnacht im Harz. Im Volksmärchen Schneewittchen
blickt die Königin in den Spiegel, um ihn zu befragen.*

*Bei Yoga und nichtbiblischer Meditation wird ebenfalls das Be-
wußtsein ausgeschaltet, das Unbewußte kommt zur Geltung. Es
entsteht die Gefahr, daß Elementen von unten Besitz vom Menschen ergreifen.*

203

Gegenstände erzählen (Psychometrie)

Die Kassette verrät den Dieb

»Der Rechner einer Genossenschaft holte bei der Hauptkasse einen Betrag von mehr als 200 000,— RM ab, den er an die Tabakbauern von zwei Dörfern auszahlen sollte. Das Geld lag nur eine Nacht in seiner Wohnung und wurde in dieser Nacht gestohlen. Der Bestohlene war ganz verzweifelt, da er mit seinem gesamten Vermögen für die sichere Aufbewahrung des Geldes in seiner Wohnung haftete. Da wurde ihm die Zuziehung von zwei Wahrsagern geraten. Die beiden Mantiker kamen und versuchten unter Berührung der leeren Kassette in einem psychometrischen Vorgang den Täter zu ermitteln. Bei diesem ersten Besuch gelang diese Ermittlung nicht ganz. Sie wiederholten den Besuch in der nächsten Mondnacht. Sie stellten sich ins Mondlicht, versetzten sich in Trance und konnten dann so genaue Angaben machen, daß die Polizei sofort die Verhaftung des Täters vornehmen konnte. Der große Geldbetrag war fast noch vollständig.«

»Einige Jahre später gestand der Bestohlene im vertraulichen Gespräch, er würde so etwas nie wieder tun. Es wäre nicht zum Beschreiben, was er hinterher an seelischen Anfechtungen durchgemacht hatte. Lieber würde er auf sein ganzes Vermögen verzichten.« (Nach Kurt E. Koch, Seelsorge und Okkultismus).

Die Zukunft aus der Hand

Die verräterischen Linien

Der Schriftsteller Tom *Calhoun* sah seinen Chef Caspar, für den er als Reporter der Studentenzeitung › Crimson ‹ der Harvard-Universität arbeitete, stets gelassen. Nur einmal erlebte er ihn außer Fassung. Tom, Caspar und Ellsworth fuhren 1937 für ein Wochenende zum Landhaus der Eltern von Ellsworths Freundin Marion in *Fenwick* (Connecticut). Dort verärgerte Caspar die Schwester Marions, Katharine, durch unbefugtes Benutzen eines Badezimmers. Am nächsten Tag las Katharine aus der Hand. Sie sah Caspar feindselig an und starrte auf seine Hand. »› Meine Güte ‹, sagte sie schließlich, › was für eine interessante Hand ‹. Caspar blickte erleichtert drein. Katharine drückte einen seiner Finger ein wenig nach unten. › Sie sind ‹, verkündet sie, › anscheinend sehr unbekümmert. Aber, großer Gott, wie stur Sie sein können! ‹ Caspar sah erstaunt drein. › Tatsächlich ‹, fuhr sie fort, › Sie können sehr aggressiv werden. ‹ Jetzt sperrte Caspar vor Verblüffung Mund und Nase auf. › Ich sehe in Ihrer Zukunft etwas sehr Militaristisches. ‹ Kurze Pause. Dann klopfte sie ihm wie einem ungezogenen Schuljungen auf die Finger. › Warum wollen Sie das alles tun? ‹ › Was alles? ‹ fragte Caspar. › All das Militärische ‹, erwiderte sie. › Aber vielleicht werde ich nichts dergleichen tun. ‹ Doch Katharine hörte nicht zu. Sie studierte wieder seine Handfläche. › Wissen Sie, Caspar, ‹ sagte sie, › ich könnte mir denken, daß Sie Menschen bewußt irreführen. Diese Linie hier zeigt, daß Sie unmäßig ehrgeizig sind, ja sogar skrupellos. Das erstaunt mich nicht nur, das enttäuscht mich. ‹ Die Dame zog die Stirn hoch. › Ich sehe Macht in Ihrer Zukunft, ungeheure, erschreckende Macht. ‹ Das war danebengehauen. Caspar wollte nur eines — Rechtsanwalt in San Francisco werden, wie es sein Vater war. › Geben Sie acht, Caspar ‹, mahnte Katharine. › Seien Sie sehr, sehr vorsichtig beim Gebrauch dieser Macht! ‹ Nun hatte Caspar genug. Zaghaft versuchte er, seine Hand zurückzuziehen, aber Katharine hielt sie eisern fest. Er hüstelte nervös. › Und wie steht's mit dem Geld? Werde ich reich?' Abermals kräuselte Katharine die Stirn. › Was nützt Geld, wenn man es nicht vernünftig zu verwenden weiß. ‹ Caspar war stark angeschlagen, riskierte jedoch einen letzten Versuch. › Werde ich lange leben? ‹ Ernst schaute unsere Katharine ihn an. › Zu lange ‹, sagte sie und ließ seine Hand los.« Es handelte

sich um Caspar *Weinberger*. (Nach Tom Calhoun, Der Sonntag, an dem Katharine aus der Hand las, Readers Digest 1983).

Der heimgesuchte Pfarrer

»Ein Flüchtlings-Brautpaar kam zur Anmeldung ihrer Trauung zum Geistlichen. Beim Verabschieden griff das Mädchen
plötzlich nach der Hand des Pfarrers und rief aus: › Oh, Herr
Pfarrer, wie interessant! ‹ Sie las dann unaufgefordert aus der
spontan ergriffenen Hand. Wie der Pfarrer mir bestätigte,
stimmten alle Angaben im Blick auf seine Vergangenheit, und
alle Voraussagen erfüllten sich im Laufe der kommenden Jahre.«

»Dieses ungewollte Erlebnis mit einer Chiromantin brachte hin-
terher dem Geistlichen allerlei ein. Er erzählte mir, daß er jahre-
lang in seiner Seelsorge geschädigt gewesen sei. Es habe einfach
eine psychische und glaubensmäßige Hemmung auf ihm gelastet.«
(Nach Kurt E. Koch, Seelsorge und Okkultismus).

Tischlein und Pendel enthüllen die Zukunft

Die hingerichteten Okkultisten

Ammianus Marcellinus (um 330—400 n. Chr.), ein römischer Geschichtsschreiber, berichtet: *Kaiser Valens* (gefallen 376 bei Adrianopel) ließ Hilarius und Patricius verhaften. Sie hatten ein hölzerner Tischlein angefertigt als Nachbildung des Dreifußes der Pythia vom Delphischen Orakel und setzten es in Bewegung, um verborgene Dinge zu erfahren. Es wurde in einen runden Kessel gestellt, in dessen Rand ringsum die Buchstaben des Alphabets eingraviert waren, und berührte diese in der Reihenfolge, wie die Antwort lauten sollte. Auch ließen die beiden Okkultisten einen Ring an einem Faden über dem Kessel hängen, der durch seine Schwingungen an die Buchstaben schlug. »Als wir nun die Frage aufwarfen, wer dem erhabenen Valens in der Herrschaft folgen würde, nachdem wir schon gehört hatten, daß der Würdigste hierzu ausersehen sei, da schlug der Ring an die Buchstaben THEO: Kaum war der letzte dieser Buchstaben angeschlagen, als von den Anwesenden einer ausrief, es sei Theodorus, worauf wir, überzeugt, daß dieser es sei und daß er dessen würdig sei, die Fragen einstellten.« Valens ließ die beiden Neugierigen und den am Hof lebenden Theodorus hinrichten. Sein Nachfolger wurde *Theodosius der Große*. (Nach Enno Nielsen).

Siderisches Pendel (Sternenpendel)

Ein dem Autor bekannter Verfasser schreibt: »Vor mehr als einem halben Jahrhundert pilgerten wir (drei Freunde aus *Würzburg* und ich) mehrmals auf einem Pfad hinauf zum bekannten »Käppele«. Auf halbem Weg hielten wir regelmäßig Rast bei dem Häuschen einer älteren russischen Baronin, die ihr Leben dort seit ihrer Flucht recht und schlecht verbrachte. Nach dem obligaten Tee ging es unverzüglich ans ›siderische Pendeln‹. Um den ersten Knöchel des Zeigefingers der rechten Hand wird ein hauchdünner Zwirn gewickelt, an dessen Ende (Länge ca. 10 cm) ein Ring (am besten ein Ehering) angeknüpft wird. Dem Pendler wird nun ein Weinglas untergeschoben. In gespannter Erwartung konzentrieren sich nun die Blicke aller Anwesenden auf den Pendler, der den Ring aus der Mitte des kreisförmigen Kelchrandes langsam etwa zwei Zentimeter absenkt und dort zur völligen Ruhe zwingt. In diesem Moment wird aus der schweigenden Runde eine Frage an den Pendler (jetzt Medium) gestellt, die das Pendel durch Ausschlag, Kreisen und klingenden Anschlag an die Kelchwand beantworten soll — etwa wieviele Jahre verliebt oder verheiratet, wieviel Kinder (oder gewünschte), wieviele Fünfmark-Geldstücke in der Tasche u. ä. Erstaunlich schon, daß in aller Regel das siderische Pendel zu immer größeren Schwingungen ansetzt, ohne daß sich der Finger des Pendlers bemüht. In etwa 70 % der Übungen ertönte der kurze, harte Anschlag des Ringes an der Kelchwand und zwar bis zu der Zahl, die einer echten, wahrheitsgemäßen Antwort des Pendlers entsprach. Von da ab ging das Pendel in die Ausgangsstellung zurück. Die Verblüffung der Anwesenden war jedes Mal echt. (In Italien gibt es das Pendel einer Kette bei einem Taufmahl.)«

Das Pendel zeigt Wasseradern und Bodenschätze auf, Charakter, Lebensdaten und Krankheiten von Personen, erkundet archäologische Funde und deren Alter, bringt das eigene und fremde Unterbewußtsein zum Sprechen, erschließt Vergangenheit und Zukunft. Die Gefahren sind unermeßlich. »Wer seine Medialität erkennt und anwenden will, wird Operationsbasis böser Geister.« (Nach Kurt E. Koch, Seelsorge und Okkultismus).

Karten zeigen die Zukunft

Das Unwahrscheinliche geschah

Die englische Schriftstellerin Florence *Marryat* ließ sich von einer russischen Dame, Mrs. Thorpe, die Karten legen. Diese sagte »voraus, daß mein (erster) Gatte, der Oberst Roß-Church, der damals in Indien schwer krank darnieder lag, nicht sterben werde, wohl aber sein Bruder Edward Church; daß ich in meiner ersten Ehe noch ein Kind bekommen würde, eine Tochter mit besonders schönem Haar und Teint, die sich als das begabteste von meinen Kindern erweisen werde; daß ich nach der Geburt dieser Tochter nicht mehr lange mit meinem Manne zusammenleben werde. Alle diese zu jener Zeit unwahrscheinlichen Ereignisse sind in der Tat eingetroffen«. Vier Jahre später ging sie zu einer anderen Dame, Mrs. Simmonds. »Ich mischte also die Karten und hob sie nach Vorschrift ab. Die alte Dame machte ein ernstes Gesicht: › Ihre Karten gefallen mir nicht ‹, sagte sie, › es steht Ihnen Kummer und Krankheit bevor. Sie werden später als Sie denken nach Hause kommen und dann dort auf dem Tisch einen Brief vorfinden, der Ihnen das Herz zu brechen droht. ‹ — Das war wenige Tage vor meiner beabsichtigten Heimreise. In der Tat erkrankte ich, und als ich nach drei Wochen, angegriffen und verstimmt, nach Hause kam, fand ich dort auf dem Tisch einen Brief vor, der mir zeigte, daß mein Einvernehmen mit einem nahen Freunde für immer zerstört sei.« (Nach Enno Nielsen).

Die depressiven Stimmungen

»Eine Braut wollte zu Beginn des Krieges wissen, ob ihr Verlobter aus dem Felde wieder heimkehren würde. Sie ging zur Kartenlegerin, die ihr sagte, daß ihr Wunsch in Erfüllung ginge. Tatsächlich kam der junge Mann heil aus dem Krieg zurück. Doch die Braut hatte von der Zeit jenes Besuches bei der Wahrsagerin an depressive Stimmungen. Sie litt an Lebensüberdruß. Als der Verlobte zurück war, schnitt sie sich eines Tages die Pulsadern und die Cubitalvenen auf. Zum Glück konnte sie gerettet werden.« (Nach Kurt E. Koch, Seelsorge und Okkultismus).

Grauenhafte Folgen einer Fehlaussage

»Eine junge Frau, deren Mann im Osten vermißt war, ging zur Kartenlegerin, um zu erfahren, ob der Mann noch lebe. Die Wahrsagerin erklärte ihr: ›Ihr Mann ist tot.‹ Die Frau wartete ein Vierteljahr und besuchte dann wieder eine Kartenlegerin, um über das ungewisse Schicksal ihres Mannes etwas zu erfahren. Wieder erhielt sie die Antwort: ›Ihr Mann kommt nicht wieder.‹ Sie ging verzweifelt heim und vergiftete ihre zwei Kinder und sich selbst mit Leuchtgas. Am nächsten Tag kam der Mann aus der russischen Gefangenschaft und fand die drei Leichen seiner Lieben vor.«

»Es ist das ein erschütterndes Beispiel aus der Nachkriegszeit, das einerseits die Unzuverlässigkeit der Kartenwahrsagungen zeigt und andererseits das staatliche Verbot dieses dunklen Gewerbes zur gewichtigen Forderung erhebt.« (Nach Kurt E. Koch, Seelsorge und Okkultismus).

210

Die Zukunft aus den Sternen (Astrologie)

Der Humanist als Astrologe

Willibald *Pirkheimer* schrieb kurz vor seinem Tod *(Nürnberg 1530)*: »Es sind nun schon zehn Jahre her, daß ich jene schrecklichen Kriege, welche Italien zerrütten, vorausgesagt habe. Wer mich zu jener Zeit verlachte, sieht nun doch, welche großen Dinge Gott durch die Gestirne ausrichtet. Auch den Ruin des Papstes, die Veränderungen der Gesetze, die Gefangenschaft des Königs Franz (I. von Frankreich 1525), den Bauernkrieg habe ich vorausgesagt, und zwar nicht aufs ungefähr, sondern gestützt auf astrologische Grundsätze.« (Nach Enno Nielsen).

Der durchschaute Trick

»Der Redakteur einer großen Zeitung berichtete, daß er eines Tages von seinem astromantischen Lieferanten die astrologische Wochenschau zu spät erhielt. Um seine Abonnenten nicht zu verärgern, rückte er in die betreffende Spalte ein weit zurückliegendes Wochenhoroskop ein. Niemand der hunderttausend Leser bemerkte den ›Betrug‹. Der Redakteur dachte, wenn das so gut geht, dann kann man ja das Honorar für den Astromanten sparen. Es wurden daraufhin in der Folgezeit drei Monate lang alte Horoskope in die Zeitung gesetzt. Schließlich kam eine Zuschrift mit dem Hinweis, die Horoskope könnten doch nicht stimmen. Um nun einen Skandal zu vermeiden, wurden wieder neue astrologische Horoskope eingeholt.« (Nach Kurt E. Koch, Seelsorge und Okkultismus).

Vorwegnahme naturwissenschaftlicher Erkenntnisse

Die vorgeschauten Marsmonde

Jonathan *Swift* beschrieb in seinem Werk »Gullivers Reisen« (1726) »die Astronomen in Laputa: › Sie haben zwei kleine Sterne entdeckt oder Satelliten, die um den Mars kreisen. Der innere ist drei Durchmesser vom Zentrum des Planeten entfernt, der äußere fünf. Der erste macht eine Umkreisung in zehn Stunden, der zweite in zwanzigeinhalb Stunden. ‹ Für diese Angaben mußte sich Swift den Vorwurf der Wissenschaftler gefallen lassen, von astronomischen Dingen absolut keine Ahnung zu haben.« Jedoch 1877 entdeckte der Amerikaner Asaph Hall die beiden Marsmonde. (Nach Josef Mühlbauer).

Der herbeigewünschte Telegraph

Barbara *Schultheß, Goethes* Schweizer Freundin, reiste zur Begrüßung des aus Italien heimkehrenden Dichters nach Konstanz und übernachtete am 3. 6. 1788 in *Frauenfeld*. Sie schrieb, sie wünsche sich »Maschinen, die sich magnetisch an zwei Orten zugleich bewegen ließen, und mit denen man sich so zuschreiben könnte, daß im gleichen Moment die Maschine in Zürich schreiben würde, was ich mit der in Frauenfeld schrieb, und so dann der Tour an euch käme«. (Nach Wilhelm von Scholz).

Der erträumte Rundfunk

Ludwig van *Beethoven* sagt: »Ich wollte mit meiner Musik die ganze Welt umspannen . . . Ich träume manchmal davon, wie es sein könnte: Ich sehe dann ein Konzert, da spielt das Orchester nur um der Musik willen, nicht um Beifall . . . Eine Stimme singt › An die ferne Geliebte ‹, und wo jemand sich geliebt weiß, fühlt er sich erschüttert . . . Alle Welt hört! Alle Welt! Bis zu dem schlichten Wächter in der wasserschäumenden Meeresnacht, in den Türmen und Felsen der Berge, die bisher von aller Welt abgeschnitten waren. Und die › Neunte ‹ ertönt allen und umschlingt ausklingend Millionen!« (Nach Wilhelm von Scholz).

Der vorhergesehene Mondflug

Jules *Verne* sah technische Entwicklungen voraus, wie in dem Zukunftsroman »Von der Erde zum Mond« (De la terre à la lune, 1865): er schrieb, »daß die Vereinigten Staaten als erste Nation der Welt einen Mondflug unternehmen würden, und zwar mit drei Mann Besatzung. Als Startplatz für die Rakete beschrieb Verne eine Abschußrampe im Staate Florida, und die Mondfahrer würden nach der Rückkehr vom Mond auf dem Ozean landen und geborgen werden.« (Nach Josef Mühlbauer).

Blick in die Geschichte: Vorankündigungen

Rodensteins Auszug

»Es regt sich was im Odenwald
Und durch die Wipfel hallts und schallt. —
Der Rodenstein zieht um.

O, römisch Reich, du bist nicht mehr,
Doch reit' ich noch zu deiner Ehr!« ...

Victor von *Scheffel* schildert den Zug des Ritters von Rodenstein, der immer, wenn ein Krieg bevorsteht, mit seinem Gefolge von Burg *Schnellerts* (seinem Friedenswohnsitz) zur Burg
Rodenstein zieht, eine wilde Jagd mit Hundegebell, Pferdewie-
hern, Rufen und Kettengerassel. Der Auszug des »Schnellerts-
herrn«, wie der Rodensteiner meist genannt wird, wurde
1758—1784 auf dem erbachischen Amt Reichenberg in den sogenannten »Reichenberger Protokollen« glaubwürdig festgehalten. Diese Wanderungen kamen bestimmt bereits in früheren Jahrhunderten vor, genauso auch im letzten Jahrhundert
und vor den letzten beiden Kriegen. Sogar nach dem 2. Weltkrieg wurde diese Erscheinung mehrmals festgestellt. Auszug
und Rückkehr verliefen stets auf demselben Weg: Burg Schnellerts — Bauernhof »Haal« unterhalb der Schnellertsburg
(wahrscheinlich ehemals Wirtschaftshof derselben) — Brensbach, »Echterisch Haus« (ehemaliger burgähnlicher Sitz der
Echter von Mespelbrunn) — Fränkisch Crumbach, alte
Schmiede (gegenüber dem Schloß) — Burg Rodenstein. (Der
Weg ist zweimal gezackt!) Kern aller damit zusammenhängen-
den Überlieferungen und Sagen ist die geschichtlich rätselhafte
Burg »Schnellerts«. Erst nach dem Aussterben der Ritter von
Rodenstein 1671 wurde allmählich die Ruine Rodenstein der
Mittelpunkt des Komplexes. (Nach einer freundlichen Mittei-
lung von Thomas Steinmetz, Brensbach, und Walter Albach,
Sagen und Geschichten aus dem Odenwald, Tübingen 1977).

Die warnende Trommel

Sir Francis *Drake,* der englische Seeheld, der am Sieg über die
spanische Armada 1588 starken Anteil hatte, ließ die Zister-
zienserabtei *Buckland* in Devon als Landschloß umbauen. Dra-
kes Trommel ist ausgestellt in einem geschlossenen Glaskasten

in der Mitte der großen Halle von Buckland Abbey. So oft England in Gefahr ist, tönt von ihr sehr lautes Trommeln, 1940 in der »Schlacht von Britannien« (»Battle of Britain«) hörten viele das langanhaltende unerklärbare Geräusch. Die Trommel wird Tag und Nacht bewacht. (Nach J. J. Mostard).

Die kluge Eiche

Arnold Freiherr von *Vietinghoff-Riesch* auf *Neschwitz*, Professor der Forstgeschichte und Schriftsteller, sah Frühjahr 1939 im Revier des Schlosses *Gaußig* in der Oberlausitz eine seltsame Naturerscheinung: Adam Graf von Schall-Riaucour zeigte ihm eine Eiche, deren Krone schneeweiß war. Der Professor nahm eine Probe davon, um sie im Forstbotanischen Institut untersuchen zu lassen. Man fragte einen Bauern, der am Waldrand pflügte. »Wie soll ich das nicht bemerkt haben, Herr Graf, die Leute schütteln schon lange den Kopf darüber. Nun wirds ja wohl wieder Krieg geben!« »Wieso«, gab Schall zurück, »wieso soll das mit Krieg zu tun haben? Kein Mensch denkt an Krieg!« »Die Eiche denkt daran, das ist viel wichtiger, die weiß, was kommt. Es gibt ja noch genug alte Leute im Dorf, und manche haben es wieder von ihren Eltern gehört. Jedesmal, wenn die Eiche weiße Blätter bekommt, gibts Krieg. Das war 1870 so und 1914, und jetzt, ja, da wirds jetzt wohl wieder einen Krieg geben.« (Nach Frh. v. Vietinghoff-Riesch, Letzter Herr auf Neschwitz, Limburg 1958).

Vorausschau geschichtlicher Ereignisse

Das heimgesuchte Land

Am 15. 8. 1769 um 3.00 Uhr nachts hatte *Friedrich der Große* einen schlimmen Traum: Er sah sich auf der Terrasse von Schloß *Sanssouci* stehen und überblickte das ganze Land, ja die ganze Welt. Alles erstrahlte im Sonnenschein. Doch bald hüllten dunkle Wolken alles in Finsternis. Plötzlich sah der König einen Stern, der Städte und Schlösser verbrannte. Die Flüsse wurden blutrot, die Kornfelder glichen Friedhöfen. Friedrich schrie: »Feuer, Feuer!« und erwachte. Er ließ den Kammerdiener die genaue Zeit aufschreiben: Gleichzeitig wurde in *Ajaccio Napoleon* geboren! (Nach J. J. Mostard).

Der geträumte Feldzug

Otto von *Bismarck* erzählt einen Traum, den er »Frühjahr 1863 in den schwersten Konfliktstagen hatte, aus denen ein menschliches Auge keinen gangbaren Ausweg sah. Mir träumte, und ich erzählte es sofort am Morgen meiner Frau und anderen Zeugen, daß ich auf einem schmalen Alpenpfad ritt, rechts Abgrund, links Felsen; der Pfad wurde schmaler, so daß das Pferd sich weigerte, und Umkehr und Absitzen wegen Mangels an Platz unmöglich; da schlug ich mit meiner Gerte in der linken Hand gegen die glatte Felswand und rief Gott an; die Gerte wurde unendlich lang, die Felswand stürzte wie eine Kulisse und eröffnete einen breiten Weg mit dem Blick auf Hügel und Waldland wie in *Böhmen,* preußische Truppen mit Fahnen und in mir noch im Traume der Gedanke, wie ich das schleunig Eurer Majestät melden könnte. Dieser Traum erfüllte sich, und ich erwachte froh und gestärkt aus ihm.« (Nach Bismarck, Gedanken und Erinnerungen).

Vorausgeschaute Entwicklungen

Friedrich *Engels* sind »einige prognostische Volltreffer gelungen: die Revolutionierung Chinas, Indiens, Ägyptens und Algeriens, die Verlagerung des ökonomisch-politischen Schwergewichts vom Atlantik zum Pazifik, der Erste sowie — zumindest an einer Stelle — der Zweite Weltkrieg wurden von ihm ebenso hellsichtig vorhergesagt wie der Untergang der Habsburger Monarchie und die Expansion des russischen Imperialismus an der mittleren Ostsee sowie an der Adria«. (Nach Gerd Klaus Kaltenbrunner, Europa I. Heroldsberg 1980).

Der Mord von Sarajewo

Im bischöflichen *Palais* zu *Großwardein* träumte am 28. 6. 1914 um 4 Uhr morgens Bischof Joseph von *Lanyi*, der *Erzherzog Franz Ferdinand* in der ungarischen Sprache unterrichtet hatte, auf seinem Tisch liege ein schwarz umrandeter Brief von diesem. Als er den Umschlag öffnete, zeigte sich am Kopf des Bogens ein buntes, bewegtes Bild: der Verlauf des Mordes von Sarajewo. Weiter unten stand ein Text: der Erzherzog teilte mit, daß er das Opfer eines Verbrechens werde. Am Nachmittag wurde die Untat Wirklichkeit.

Der Abschied vom Garten

Bolko Freiherr von *Richthofen*, Historiker und Dichter, berichtet über eine Vision seiner Mutter auf Schloß *Mertschütz* bei Liegnitz: »Meine inzwischen verstorbene Schwester fand 1927 auf dem Schreibtisch unserer schlafen gegangenen Mutter eine neue von ihr verfaßte Skizze und las sie gleich, da unsere Mutter uns ihre literarischen Skizzen immer entweder selbst vorlas oder zum Lesen gab. Am anderen Morgen fragte meine Schwester unsere Mutter: › Wie kommst du denn darauf, so etwas zu schreiben? Ein solches Geschehen kann, darf und wird es nie gaben!‹ Hierauf erwiderte unsere Mutter, an meiner Schwester vorbei und in die Ferne schauend: › Ach Kind, *das* hast du gelesen. Ich wollte euch allen ausnahmsweise diese Skizze nicht zeigen. Frag' nicht weiter. Auch das kommt. Ich sehe es. ‹ — Es handelte sich dabei um die Heimatvertreibung der Schlesier, die meine Mutter bereits im Jahre 1927 hellseherisch vorausgespürt und in der mit der neutralen Überschrift › Mein Garten ‹ versehenen Skizze mitsamt ihrem trauererfüllten Abschied von ihrem Garten kurz geschildert hatte.« (Nach einem Brief von Professor Dr. Bolko Freiherr von Richthofen an den Verfasser vom 25. 1. 1978).

Der verwandelte Böhmerwald

Hans *Carossa* berichtet von einer Begegnung mit der Dichterin Emerenz *Meier,* die ihm im Sommer 1899 von den Prophezeiungen des *Bayerwaldpropheten Mühlhiasl* (* um 1750, †um 1825) erzählte. »Die Dichterin . . . dämpfte die Stimme, als fürchte sie heimliche Lauscher; in mir vermutete sie wohl einen besonders guten Zuhörer, hätte aber einen noch besseren verdient. Die eisernen Wägen, die ohne Rosse und ohne Deichsel fahren, gab es freilich schon in Form von Eisenbahnen; Kraftwagen kannte das Land noch nicht. Der große Krieg aber, der für eine Zeit verkündet war, wo die › Rabenköpf ‹, also die schwarzen Kopftücher der Bäuerinnen, › schön stad wieder abkommen ‹ würden, der stand noch aus, und ich glaubte so wenig an ihn wie an die Vertreibung von Kaisern und Königen oder an das Ungültigwerden des Geldes. Auch nahm ichs nur als eine hübsche, nicht gerade neue Phantasie, daß die Menschen dann in der Luft fliegen würden wie die Vögel. Die Erzählerin aber glühte von diesen Gesichten; sie schien auch an die allgemeine Seelenverfinsterung zu glauben, die dem Krieg dereinst folgen werde, da müsse einer den andern hassen, der Himmel werde ein Zeichen geben, das große Abräumen stehe bevor. Wer dann auf der Flucht zwei Brotlaibe unter dem Arm trage und einen verliere, der solle ihn liegen lassen und weiterlaufen, einer sei ausreichend, bald werde alles vorüber sein. Wer zur Nachtzeit auf dem Rachel oder auf dem Lusen stehe, der sehe nirgends ein Lichtlein mehr, öd und ausgestorben sei das Waldland, Brennesseln wüchsen aus den Fenstern. Einmal aber, wenn die Leute genug › gereitert ‹ (durchgesiebt) seien, komme eine gute, fromme Friedenszeit. Wer dann noch lebe, der kriege Haus und Grund geschenkt, und je mehr Hände (= Kinder) einer habe, um so mehr werde er gelten.« (Nach Hans Carossa, Das Jahr der schönen Täuschungen, bei Wolfgang Johannes Bekh, Bayerische Hellseher).

Die Tanzmusik in der Kirche

Der Böhmerwalddichter Hans *Watzlick* (* Unterhaid in Böhmen 1879, †Gut Tremmelhausen bei Regensburg 1948), der zu den besten Vertretern deutschböhmischer Heimatkunst zählt, übergab um 1944 Aufzeichnungen an Paul *Friedl,* der sie veröffentlichte. Es sind Auszüge aus einem Kalender, in denen ein Bauer im Frischwinkel Prophezeiungen seines Knechtes Sepp *Wudy* eingetragen hatte. Es heißt dort: »Wie der Sepp hat einrücken müssen, hat er gesagt, er kommt nicht wieder, weil er in Eis und Schnee sterben muß. Er fiel im Weltkrieg in den Dolomiten. Das ist nicht der letzte Krieg, hat er gesagt, denn dann wird bald wieder einer sein, und dann erst kommt der letzte. Einer wird schrecklicher als der andere. Wenn du es erleben tätest, könntest deinen Vetter in Wien von deiner Stube aus sehen, und wenn du ihn schnell brauchtest, könnte er in einer Stunde da sein . . . Es geht dem End zu, und das hat schon angefangen. Es wird dann wieder sein wie vor hundert Jahren. So wird es die Leut zurückwerfen, und so werden sie für ihren

Übermut bestraft. Du hast Essen vor dir und darfst es nicht essen, weil es dein Tod ist, und du hast das Wasser im Grandl und darfst es nicht trinken, weil es auch dein Tod ist. Aus dem Osser kommt noch eine Quelle, da kannst du trinken. Die Luft frißt sich in die Haut wie ein Gift. Leg alles an, was du an Gewand hast, und laß nicht das Nasenspitzl herausschauen. Setz dich in ein Loch und wart, bis alles vorbei ist, lang dauert's nicht, oder such dir eine Höhle am Berg. Wenn dir die Haare ausfallen, hat es dich erwischt. Nimm ein Kronwittbirl in den Mund, das hilft, und sauf keine Milch, acht Wochen lang . . . Mit dem Glauben geht es bergab, und alles wird verdreht. Kennt sich niemand mehr aus. Die Oberen glauben schon gar nichts mehr, die kleinen Leut werden irre gemacht. In der Kirche spielen sie Tanzmusik, und der Pfarrer singt mit. Dann tanzen sie auch noch, aber draußen wird das Himmelszeichen stehen, das den Anfang vom großen Unheil ankündigt. Es steht gegen Norden ein Schein, wie ihn noch niemand gesehen hat, und dann wird ringsum das Feuer aufgehen. Geh nach Bayern, dort hält die Muttergottes ihren Mantel über die Leut, aber auch dort wird alles drunter und drüber gehen . . .« Ähnlich sagt der bayerische Seher Alois *Irlmaier* (aus *Freilassing*, †1959): »Südostbayern wird beschützt, da breitet die Liebe Frau von Altötting ihren Mantel darüber. Da kommt Keiner her.« (Nach Paul Friedl, Prophezeiungen aus dem bayerisch-böhmischen Raum). — Auch Mutter Erna *Stieglitz* aus dem Kloster der Englischen Fräulein in *Augsburg* (†1975) bestätigt dies: sie spricht von wenigen Verteidigungsräumen, auf die die den Angriff abwehrenden Truppen zusammengedrängt sind, darunter Bayern, die Alpen und die Schweiz. (Nach Wolfgang Johannes Bekh, Das dritte Weltgeschehen). In den *Feldpostbriefen* von 1914, die Aussagen eines elsässischen Sehers wiedergeben, heißt es, damit übereinstimmend, beim »dritten Weltgeschehen« sollen die Feinde aus dem Osten »in Deutschland einfallen und zwar im Süden bis Chiemgau, und die Berge sollen da Feuer speien«. (Nach Hans Bender, Zukunftsvisionen . . .)

Auch beim Sehen geschichtlicher Ereignisse der Zukunft geht das »Natürliche« in das Übersinnliche über. Engels hat seine obengenannten Voraussagen überwiegend auf seinen Verstand gegründet, Bismarck verhalfen weitgehend seine Kenntnisse zu dem oben geschilderten Traum. Friedrich der Große verdankte wesentlich übersinnlichen Kräften seine oben dargestellte Traumschau.

»Gott knüpft an das Naturgegebene an, das er erschaffen hat, er vervollkommnet es, er baut darauf weiter.« (Pater Norbert Backmund).

Bei allen Prophezeiungen mischt sich jedoch Menschliches ins Göttliche. *»Die eigentliche Offenbarung, die frei von allem Irrtum ist, schließt mit dem Neuen Testament ab, und dazu sind keine Ergänzungen nötig.«* *»Auch wirklich begnadete Seher müssen nicht unbedingt Heilige sein, aber die Begnadung hat ihre Grenzen, und unfehlbar sind sie natürlich erst recht nicht.«* (Backmund). *»Es scheint aber doch von jeher auch Seher gegeben zu haben, die anscheinend unabhängig von direkter göttlicher Einwirkung große, bald eintreffende Geschehnisse voraussahen«* . . .

»Gott hat den Sehern die Gabe der Schau gegeben, und ich meine, daß seine Vorsehung doch auch etwas damit bezweckt. Vielleicht als Warnung. Gott allein entscheidet, inwieweit die Seher recht bekommen«, sagt Pater Norbert Backmund. *»Setzen wir unser ganzes Vertrauen auf ihn, der unsere Schicksale lenkt, in dessen Hände unser aller Los ist.«*

Nostradamus / Die große Schau der Weltgeschichte

Einer der größten und berühmtesten Seher ist *Nostradamus*. *Goethe* schreibt in Faust (I, »Nacht«):

»Flieh! Auf! Hinaus ins weite Land!
Und dies geheimnisvolle Buch,
von Nostradamus' eigner Hand,
ist dir es nicht Geleit genug?
Erkennest dann der Sterne Lauf,
und wenn Natur dich unterweist,
dann geht die Seelenkraft dir auf,
wie spricht ein Geist zum andern Geist«.

Michael *Nostradamus* (* St. Remy in der Provene 1503, †Salon-de-Provene 1566) gibt in seinen »Zenturien« eine prophetische Weltgeschichte der Zeit von 1552 bis 3797 nach Christus. Neben seiner Heimat Frankreich betrachtet der Seher besonders ausführlich die angrenzenden Länder; die nichteuropäischen Gebiete, soweit sie auf Europa einwirken. Die starke Berücksichtigung des Rheinlands und *Kölns* bewirkte, daß in Köln eine Ausgabe erschien: »Les Vrayes Centuries et Propheties de Maistre Michael Nostradamus. Cologne, chez Jean Volcker, Marchand, 1689.«

Als Sohn eines katholisch getauften Juden studierte Nostradamus in Avignon, dann in Montpellier, wo 1525 die Pest ausbrach. Hier half er tatkräftig bei deren Bekämpfung. In dieser Stadt legte er sein Doktorexamen ab und wirkte dann ebendort als Dozent der Medizin. 1530 zog er nach Agen an der Garonne. Etwa von 1543 bis 1546 war er in Aix als Pestarzt tätig, dann in Lyon und seit etwa 1548 in Salon-de-Provence. 1555 erschien die erste Serie seiner Prophezeiungen. Nostradamus wurde als Seher berühmt. *König Heinrich II.* ließ ihn 1556 an seinen Hof nach Paris kommen. Der Prophet warnte den Herrscher vor einem Zweikampf, vergeblich: 1559 starb Heinrich II. an den Folgen eines Turnierunfalls. Zent. 1, 35 deuteten die Zeitgenossen bereits damals richtig auf dieses Ereignis. Es wird berichtet, daß Nostradamus nachts vor einer wassergefüllten Kristallschale saß und in deren Spiegel das Bild des künftigen Geschehens sah; eine Stimme erläuterte es. Seherische Begabung stellte Gefahr dar; deshalb verschlüsselte der

Prophet seine Texte. Er verwendet Umschreibungen und Decknamen für Personen, Länder und Ereignisse, nennt oft einen Teil für das Ganze, gebraucht häufig unvollständige Sätze, aneinandergereihte Wörter (»Telegrammstil«) und fügt fremdsprachliche Begriffe in den französischen Text ein. Er faßte seine Weissagungen in vierzeilige (und einige sechszeilige) Verse, insgesamt etwa 1000, die nicht chronologisch aufgereiht sind. Die richtige zeitliche Ordnung ist ebenfalls verschlüsselt, der Schlüssel hierzu ist im Werk selbst verborgen. Nostradamus kennt jeden französischen Herrscher und hat für jeden einen oder mehrere Decknamen. Manche Begriffe erschienen hier zum ersten Male (so: Iurez à sort = ausgeloste Geschworene, die es erst seit 1648 gab). Unzählige Eigennamen von Orten und Personen sind genannt.

Auch *Erfindungen und Entdeckungen* sah Nostradamus. Vers 4,33 beschreibt die erste Sichtung des Planeten Neptun 1846, sowie die entsprechenden Sternkonstellationen. In Vers 3,13 heißt es: »...wenn die Flotte untergetaucht schwimmen wird« (=U-Boote). »Brûlez par foudre(s) de vingt-trois le six« sagt Vers 2,51, »Verbrannt durch Blitze aus 23 die 6«: Uran 235 wird durch Neutronen zu Uran 236, das nicht existenzfähig ist und sofort zerspringt. So wirkte die erste Atombombe. Auch deren Weiterentwicklung, den Staubregen (bruine) kennt Nostradamus (so Vers 2,83). Die Strahlenkanone ist in Vers 9,70 genannt: »Harnois trenchant dans les flambeaux cachez«, »Panzer zerschneidend, in den Lichtern verborgen.«

Nostradamus bietet eine Gesamtschau der Weltgeschichte, zeitlich und örtlich in dem von ihm angegebenen Rahmen lückenlos und fortlaufend. Er versichert, daß er auch die Zeit der jeweiligen Ereignisse kannte, und macht es durch einzelne diesbezügliche genaue Angaben glaubhaft, wie in Vers 3,77, wo er den Friedensschluß zwischen der Türkei und Persien auf Oktober 1727 festlegt. Häufig kommen relative Zeitangaben vor: Die Sternenkonstellationen sind genannt oder verschiedene etwa gleichzeitige Geschehnisse in einem Vers zusammengefaßt. So wird der Rückzug des österreichischen Heeres über die Alpen (1866) erwähnt, »kurz bevor ein Dampf-Ungetüm geboren wird«, die Brennerbahn, die 1867 eröffnet wurde (Vers 5,20).

Die zahlreichen bereits eingetroffenen Prophezeiungen des Nostradamus beweisen dessen seherische Kraft und Zuverlässigkeit. Unmöglich kann es sich hier um Zufälle handeln. C. G. *Jung* sagt: »Daß höchst seltsame Zufälle passieren, wird

gewiß niemand leugnen, aber daß man auf deren Wiederholung mit Wahrscheinlichkeit rechnen kann, schließt deren Zufallsnatur aus.« Und: »Je mehr sich nun die vorausgesehenen Einzelheiten eines Ereignisses häufen, desto bestimmter ist der Eindruck eines bestehenden Vorauswissens und desto unwahrscheinlicher der Zufall«. So beträgt nach einer Berechnung von Stewardt *Robb,* Professor der Mathematik an der Columbia University (USA) die Wahrscheinlichkeit, daß der Seher geraten hat, für Vers 3,77 nur 1:11229680. Er hätte also aus 11229680 Möglichkeiten die richtige treffen müssen.

Ein Gang durch die Geschichte

Wir unternehmen mit *Nostradamus* einen Gang durch die Geschichte und betrachten einige seiner Verse zu wichtigen Ereignissen seit Mitte des 16. Jahrhunderts. Die französischen Originaltexte sind nach der Ausgabe von 1668 in Paris (Jean Ribou) wiedergegeben. Die Übersetzungen und Deutungen stammen von Rudolf *Putzien* (insbesondere für das zukünftige Geschehen), Alexander *Centurio,* Carlo *Patrian* und Max *Kemmerich.*

Wirren und Religionskämpfe in Frankreich nach 1559

Vers 3,55 beschreibt die *Verwirrung am französischen Hof nach 1559:* »Im Jahr, in dem ein Auge (=König Heinrich II.) in Frankreich herrschen wird, wird der Hof in einer sehr schlimmen Verwirrung sein. Der Große von Blois (=König Heinrich III.) wird seinen Freund (=Herzog Heinrich von Guise) töten, das Reich gerät in Unheil und doppelte Ungewißheit.« (»En l'an qu'un oeil en France regnera, La court sera en un bien fascheux trouble. Le grand de Bloys son amy tuëra, Le regne mis en mal et doute double.«).
Heinrich II. verlor 1559 bei einem Turnierunfall ein Auge und erlag kurz darauf seinen Verletzungen. Nur in diesem Jahr gab es in Frankreich einen einäugigen König. Sein Tod verursachte schwere Verwirrungen: Sein Sohn *Franz II.,* erst 16jährig, starb schon 1560. Es folgte dessen 10jähriger Bruder *Karl IX.,* für den die Königinmutter *Katharina von Medici* die Regentschaft führte. Jetzt nahmen die Auseinandersetzungen mit den Hugenotten verhängnisvolle Formen an. 1572 ereignete sich die blutige Bartholomäusnacht: Anläßlich der Vermählung *Heinrich von Navarra* mit Margarete, der Schwester des Königs, wurden Tausende von Hugenotten ermordet. 1574 kam nach Karls Tod sein Bruder *Heinrich III.* auf den Thron. Er fühlte

sich bedroht durch die Übermacht des *Herzogs Heinrich von Guise*, den Stifter einer katholischen Liga gegen die Hugenotten und einen der Urheber der Bartholomäusnacht. Der König eröffnete 1588 eine Tagung der Stände in *Blois*. Hier stellte er sich, als ob er zu Weihnachten eine Wallfahrt unternehmen wolle, lud den Herzog zu einer geheimen Ratssitzung auf das Schloß und ließ ihn dort ermorden. Vorher hatte er eine Hostie mit ihm geteilt (»ami« = »Freund«). Die Folgen waren schwer: die beiden feindlichen Parteien bekämpften sich mit höchster Erbitterung, der König wurde 1589 ebenfalls ermordet. Weitere Wirren folgten.

Der Dreißigjährige Krieg

Die *Gründung der katholischen Liga 1609* beschreibt Vers 10,91: »Der römische Klerus wird im Jahre 1609 die Wahl eines Führers vornehmen, eines Grauen, Schwarzen, von der Gesellschaft Jesu ausgegangen, was noch niemals so unheilvoll war.« (»Clergé Romain l'an mil six cens et neuf, Au chef de l'an sera election D'un gris et noir de la Compagnie yssu, Qui onc ne fut si maling.«).

1608 verbanden sich die evangelischen deutschen Fürsten in der Union. Unter Führung des *Herzogs Maximilian von Bayern*, eines Jesuitenschülers, schlossen sich daraufhin am 10. Juli 1609 die Bischöfe von Passau, Konstanz, Augsburg und Regensburg, der Probst von Ellwangen und der Abt von Kempten mit Bayern zu einer *Liga* zur Verteidigung des römisch-katholischen Glaubens zusammen, der am 10. August 1609 die geistlichen Kurfürsten von Mainz, Köln und Trier beitraten. 1618 gab der böhmische Aufstand den Anlaß zum Kampf zwischen den feindlichen Machtgruppen, der verhängnisvolle *30jährige Krieg* begann.

Vers 9,18 führt uns in die *Jahre 1632—1635: König Ludwigs XIII. Zug nach Nancy und Belgien sowie die Hinrichtung des Herzogs von Montmorency:* »Der Dauphin (= Ludwig XIII.) wird die Lilie (= das Symbol der Bourbonen) bis nach Nanzig tragen, bis nach Flandern wird er einen Kurfürsten des Reiches (= von Trier) unterstützen. Ein neues Gefängnis (in Toulouse) für den großen Montmorency, der außerhalb der dafür bestimmten Orte (= dem Stadtplatz) berühmter Strafe überliefert wird.« (»Le lys Dauffois portera dans Nansi, Iusques en Flandres Electeur de l'Empire, Neufve obturée au grand Montmorency, Hors lieux prouvez delivre à clere peine.«).

Herzog Karl IV. von Lothringen hatte sich im Dreißigjährigen Krieg für die kaiserliche Sache eingesetzt. Deshalb besetzten die Franzosen 1633 sein Land, belagerten *Nancy* und nahmen die Stadt ein. — Der *Trierer Erzbischof Christoph von Sötern* hatte sich den Franzosen angenähert. Daher griffen 1635 die Spanier ein: Als Schiffer verkleidet, die Lebensmittel lieferten, kamen sie nach Trier, verhafteten den Kurfürsten unter Führung von Karl von Metternich in seiner Residenz und brachten ihn in das benachbarte *Luxemburg*, später nach *Namur* und *Gent* in Flandern (schließlich ließ ihn der Kaiser in Wien in Haft halten). Dies war für Richelieu der Anlaß, Spanien den Krieg zu erklären. Das französische Heer zog nach Luxemburg und Belgien, eroberte Thienen, konnte aber Brüssel und Löwen nicht einnehmen. — *Herzog Heinrich II. von Montmorency* (* 1595), wegen seiner glänzenden Eigenschaften weithin geschätzt, erhob sich 1632 gegen *Richelieu* und wurde besiegt. Seine Angehörigen konnten lediglich erreichen, daß er nicht öffentlich, sondern in einem geschlossenen Hof hingerichtet wurde.

Der Sonnenkönig Ludwig XIV.

Vers 10,7 weist auf die *Eroberungen Ludwigs XIV.:* »Der große Konflikt, den man zu Nanzig vorbereitet. Der Aemathion (Halbgott, der dem Apollo die Tore öffnete, wenn er mit seinem Sonnenwagen ausfuhr, = Sonnenkönig Ludwig XIV.) wird sagen: Ich unterwerfe alles. Die britische Insel wegen Wein und Salz (= steuerpflichtige Waren, = Steuern) in Kummer. Zwischen zwei Phi (= Philipp IV. von Spanien; 1621 bis 1655, und Ferdinand III. von Österreich, 1637 bis 1657) wird Metz nicht lange halten.« (»Le grand conflict qu'on appreste à Nancy, L'Aemathien dira tout de je soubmets. L'Isle Britanne par vin, sel en solcy, Hem. mi. deux Phi. long-temps ne tiendra Mets.«).

Ludwig XIV. hielt Lothringen für wichtig als Ausgangspunkt für seine Kriegszüge und besetzte es 1670 unter dem Vorwand, *Herzog Karl V.* habe sich an einem feindlichen Bündnis beteiligen wollen. Karl mußte fliehen, fast wäre er in *Nancy* gefangengenommen worden. In Lothringen, das zum Deutschen Reich gehörte, ließ Ludwig XIV. das Recht in seinem Namen sprechen. Der Satz »Ich unterwerfe alles« kennzeichnet die Eroberungspolitik des Sonnenkönigs, das betonte »ich« weist auf den Absolutismus. — In England herrschten zwischen dem Parlament und den Königen vielfache Streitigkeiten, die 1649

zur Hinrichtung *Karls I.* führten und erst durch die Glorreiche
Revolution 1688 beendet wurden. Häufig spielten Steuerfra-
gen hierbei eine Rolle, wie 1685, als *Jakob II.* Geldmittel forderte. — *Metz* fiel 1648 offiziell an Frankreich. Es ist in diesem
Zusammenhang auch an die Reunionskammern zu denken,
die Ludwig XIV. 1679/80 in Metz und anderen Orten einsetz-
te, um Gebiete des deutschen Reiches zu beanspruchen, die
mit damals französischen Landen ehemals verbunden gewesen
waren.

Der Nordische Krieg und die kommende Vormachtstellung Rußlands

Den *Beginn des Nordischen Krieges* beschreibt Vers 1,49: »Lange, lange vor ähnlichen Drohungen werden die vom Osten infolge der Kraft des Mondes im Jahre 1700 große Raubzüge unternehmen und fast die nördliche Ecke (= Europas, = Skandi-
navien) unterwerfen.« (»Beaucoup, beaucoup avant telles me-
nées, Ceux d'Orient, par la vertu Lunaire, L'an mil sept cens
feront grands emmenées, Subjugant presque le coing Aquilo-
naire.«).
Der *Nordische Krieg* (1700 bis 1721), durch Dänemark, Sach-
sen-Polen und Rußland begonnen, vernichtete *Schwedens*
Großmachtstellung und begründete *Rußlands* Übergewicht in
Nordosteuropa, das in der Folgezeit ausgebaut wurde.

Der Siebenjährige Krieg

Den *7jährigen Krieg* und das gefahrbringende *Bündnis Öster-
reich-Frankreich-Rußland* behandelt Vers 9,81: »Der schlaue
König wird den Hinterhalt der drei Quartiere begreifen und
die Feinde überfallen. Einer Anzahl Österreicher (»gent estrange« = Deckname für Österreich) treibt der Keuchhusten Tränen in die Augen, das Unternehmen wird scheitern.« (»Le Roy
rusé entendra ses embusches De trois quartiers ennemis assai-
lir, Vn nombre estrange larmes de coqueluches Viendra Lem-
prin du traducteur faillir.«).
Friedrich der Große erfuhr von dem ihm gefährlichen Bündnis
der Höfe *Wien-Versailles* (sonst traditionell auf Seiten Preu-
ßens) und *St. Petersburg* gegen ihn sowie deren geheimen
Kriegsplänen. Er kam seinen Feinden zuvor und überraschte
sie 1756 durch den Angriff; er »räucherte sie aus« (Centurio).
Hier ist an die Schlacht bei Roßbach zu denken, in der Friedrich die zahlenmäßig weit überlegenen Franzosen und die
Reichsarmee in die Flucht schlug. Im 7jährigen Krieg scheiter-

ten Österreichs Pläne; Friedrichs des Großen Ruhm stieg, Preußen wurde Großmacht.

Die Französische Revolution

Die *Stürme auf die Tuilerien* in *Paris* 1792 verkündet Vers 9,34: »Der einsame (sous = soluz) Ehegatte (= Ludwig XVI.) wird nach der Rückkehr (= von der Flucht) mit der Mitra (= phrygische Mütze, Jakobinermütze) bedeckt werden. Der Streit wird zu den Tuilerien vordringen durch 500 (= 516 Marseiller). Ein Verräter mit hohem Titel wird sein Narbon (= Graf Narbonne) und Saulce als Hüter (contaux = custos), Ahnen des Öls.« (»La part sous mary sera mitré, Retour conflict passera sur la thuille: Par cinq cens un trahir sera tiltré, Narbon et Saulce par contaux avons d'huille.«).

Im Juni 1792 drang eine wilde Menschenmasse in die *Tuilerien* in *Paris* ein. *Ludwig XVI.* eilte dem Lärm entgegen und wurde in eine Fensternische gedrängt. Seine Familie war im Beratungssaal geblieben. Dem König wurde die Jakobinermütze aufgesetzt. Im Juli 1792 kamen 512 *Marseiller* nach Paris. Sie brachten die Marseillaise mit, die Claude Joseph Rouget de Lisle im April dieses Jahres in Straßburg als »Chant de l'armee du Rhin« auf Veranlassung des Bürgermeisters Dietrich verfaßt hatte. Der Text war der in Reime gebrachte Aufruf des Clubs in Straßburg, die Melodie einer kirchlichen Komposition entlehnt. Die Marseiller bildeten die Hauptantriebskraft zum Sturm auf die *Tuilerien* im August 1792, der die Flucht der königlichen Familie in die Nationalversammlung zur Folge hatte. *Ludwig von Narbonne,* 1791 bis 1792 Kriegsminister, wollte sich zwischen den Parteien halten, was Nostradamus als Monarchist ihm verübelt. — Auf ihrer Flucht aus Paris kam die königliche Familie im Juni 1791 nach *Varennes.* Der Bürgermeister-Stellvertreter *Sauce,* von niederer Abkunft, Krämer und Kerzenzieher, ließ den Wagen aufhalten, bot sein Haus an, tat, als ob er den versperrten Weg freimachen wolle, und verhaftete dann den König.

Von der erwähnten *Flucht der königlichen Familie aus Paris* im Juni 1791 berichtet auch Vers 9,20: »In der Nacht wird man durch die Pforte (forest = fores) der Königin kommen. Zwei Ehegatten, ein Irrweg. Die Königin (Herne = reine), der weiße Stein; der König (noir = roi) wie ein Mönche grau gekleidet, in Varennes. Der gewählte Capet verursacht Sturm, Feuer, Blut, Hackmesser.« (»De nuict viendra par la forest de Reines, Deux pars vaultorte Herne la pierre blanche, Le moine noir en gris dedans Varennes Esleu cap. cause tempeste, feu, sang tranche.«).

Ludwig XVI. floh mit seiner Familie in der Nacht vom 20. zum 21. Juni 1791 aus den *Tuilerien* in *Paris* durch eine Geheimtür aus den Zimmern der Königin, wie die Gazette nationale vom 14. Juli 1791 berichtet. Hier heißt es: »Die Flucht des Königspaares ein Irrweg: Hätte der König den Weg nach Verdun eingeschlagen statt nach *Varennes,* so wäre die Flucht gelungen. Die Königin trug ein weißes Kleid, der König war in Grau gekleidet« (nach Centurio). Die Schwäche des Königs und die Einführung der verfassungsmäßigen Monarchie anstelle der absoluten 1791 verursachten Blutvergießen und die Hinrichtung Ludwigs XVI. (»Louis Capet«) und der Königin auf der Guillotine.

Einen *Höhepunkt der französischen Revolution* sieht Nostradamus im *Jahr 1792,* das er in seinem Brief an König Heinrich nennt (107): »Mit diesem Jahr beginnend wird es zu einer sehr großen Verfolgung der christlichen Kirche kommen, wie sie nicht einmal in Afrika stattgefunden hat (= durch den Islam), und diese wird hier bis zum Jahr 1792 dauern, wo man glauben wird, daß eine Erneuerung des Zeitalters erfolge.« (» . . . et commençant icelle année sera faite plus grande persecutien à l'Eglise Chrestienne, qui n'a esté faite en Affrique, et durera cette icy jusques icy à l'an mil sept cens nonante deux que l'on cuidera estre une renovation de siecle, . . .«).

Schon zu Beginn erwies sich die Französische Revolution als kirchenfeindlich und sie brachte die schlimmste Christenverfolgung seit der islamischen Bedrängnis. 1789 beschloß man die Verstaatlichung des Kirchengutes. 1790 wurden Kirche und Geistliche der staatlichen Neuordnung unterworfen. Priester, die den Verfassungseid verweigerten, wurden verfolgt. Der Terror erreichte 1792 einen Höhepunkt: Die Bevölkerung wurde durch die *»Septembermorde«* eingeschüchtert, denen etwa 3 000 »Verdächtige«, darunter zahlreiche Priester, zum Opfer fielen. Am 21. September 1792 wurde der König, eine Stütze der Kirche, abgesetzt und Frankreich *Republik.* Man glaubte an ein neues Zeitalter: Mit der Herbstnachtgleiche vom 22. September 1792 begann eine neue *republikanische Zeitrechnung,* die die christliche ablöste (Dekret vom 5. Oktober 1793; 1804 wieder beseitigt). Am 20. April 1792 erklärte Frankreich den Krieg an Österreich: die Revolution sollte die ganze Menschheit befreien. Ihrem Volksheer waren die gegnerischen Söldnertruppen nicht gewachsen. Starke Kräfte wurden entfesselt. Die Kanonade von *Valmy* bewies das: *Goethe* als Augenzeuge sagte: »Von hier und heute geht eine neue Epoche der Weltgeschichte aus«. *Nostradamus* schränkt ein: man werde *glauben*, daß eine Erneuerung des Zeitalters erfolge. Er kannte die Zukunft. Auch Oswald *Spengler* erfaßte anhand paralleler Entwicklungen in anderen Kulturkreisen die Hinfälligkeit der Phrasen der Französischen Revolution. Er schreibt zur Spätzeit einer Kultur: »Zur Weltstadt gehört nicht ein Volk, sondern eine Masse. Ihr Unverständnis für alles Überlieferte, in dem man die Kultur bekämpft (den Adel, die Kirche, die Privilegien, die Dynastie, in der Kunst die Konventionen, in der Wissenschaft die Grenzen der Erkenntnismöglichkeit), ihre der bäuerlichen Klugheit überlegene scharfe und kühle Intelligenz ... — alles das bezeichnet der endgültig abgeschlossenen Kultur ... gegenüber eine ... späte und zukunftslose, aber unvermeidliche Form menschlicher Existenz«.

Die *Hinrichtung der Königin Marie Antoinette* und den *Wohlfahrtsausschuß* erwähnt Vers 1,7: »Zu spät gekommen, die Hinrichtung ist schon erfolgt. Widriges Geschick, Briefe auf dem Weg abgefangen. Die 14 Verschworenen einer Sekte, die Werke des Rousseau werden hinfällig.« (»Tard arriué l'execution faite, Le vent contraire, lettres au chemin prinses. Les conjurez quatorze d'une secte, Par le Rosseau senez les entreprinses.«).

Königin Marie Antoinette wurde am 16. 10. 1793 hingerichtet. Ein Plan, sie auf dem Weg zum Schafott zu befreien, scheiterte. Der *Wohlfahrtsausschuß*, am 7. 4. 1793 mit neun Mitgliedern gegründet, erhöhte diese Zahl am 30. 5. auf 14: es kamen noch fünf hinzu mit dem Auftrag, eine Verfassung auszuarbeiten. Am 1. 8. 1793 beantragte das Mitglied Barrère, die Königin vor ein Revolutionsgericht zu stellen. Ihre Briefe wurden beschlagnahmt. Der Wohlfahrtsausschuß suchte unter dem Einfluß Robespierres, eines Bewunderers des *Rousseau*, mittels der Verfassung die Volkssouveränität (»volonté générale«) in den Urversammlungen der Stadtbezirke zu verwirklichen, wie es der Philosoph in seinem Werk »Le contrat social« (1762) gefordert hatte. Die hieraus folgende Schreckensherrschaft war ein Hohn auf diese Lehren. Überhaupt hatte Rousseau die Revolution vorbereitet. Seine Forderungen — Zurück zur Natur, Volkssouveränität, Verbrüderung in der Republik und im allgemeinen Weltbürgertum — ergaben die Schlagworte »Freiheit, Gleichheit, Brüderlichkeit!« Sie erwiesen sich als Utopie.

Napoleon

Über die *Herkunft Napoleons* berichtet Vers 1,60: »Ein Kaiser wird geboren werden nahe Italien, der dem Reich sehr teuer zu stehen kommt. Es werden die Völker, mit denen er sich verbündet, sagen, man finde in ihm weniger einen Fürsten als einen Schlächter.« (»Un Empereur naistra prés d'Italie, Qui à l'Empire sera vendu bien cher, Diront avec quels gens il se ralie Qu'on trouvera moins Prince que boucher.«).

Napoleon, auf *Korsika* geboren, kam Frankreich und Europa teuer zu stehen. Er forderte hohe Blutopfer. Zu Metternich sagte er: »Ich bin auf dem Schlachtfeld aufgewachsen, und ein Mann wie ich schert sich den Henker um das Leben von einer Million Menschen.« (Nach Centurio).

Die *Regierungsdauer Napoleons* nennt Vers 7,13: »Von der tributpflichtigen Seestadt her wird das geschorene Haupt (= Napoleon) die Herrschaft ergreifen. Er wird das Schmutzige jagen und sich später entgegengesetzt verhalten. 14 Jahre wird er die Tyrannei ausüben.« (»De la cité marine et tributaire, La teste raze prendra la satrapie: Chasser sordide qui puis sera contraire, Par quatorze ans tiendra la tyrannie.«).

Die Hafenstadt *Toulon* hatte sich 1793 gegen den Konvent erhoben und den Engländern ergeben. *Napoleon* erwarb sich bei der Eroberung seinen ersten Ruhm. Er trug kurzen Haarschnitt im Gegensatz zu den Perücken der Könige, sein Deckname »la teste raze« kommt mehrfach für ihn vor. 1799 verjagte er das Direktorium und regierte als »Erster Konsul« (seit 1804 Kaiser) bis 1814 14 Jahre als Diktator und Tyrann.

Napoleon III. und der Krieg 1870/71

Vers 2,92 schildert die *Schlacht bei Sedan* und die *Gefangennahme Napoleons III.:* »Feuer, Goldfarbe vom Himmel sieht man auf der Erde; geschlagen durch den Hochgeborenen (= König Wilhelm I. von Preußen); ein wunderbares Ereignis wird hervorgerufen; großes Menschengemetzel, gefangengenommen wird der Neffe (= Kaiser Napoleon III.) des Großen (= Napoleons I.). Dem Tod des Schauspiels entrinnt der Stolze.« (»Feu, couleur d'or du ciel en terre veu, Frappé du haut n'ay, fait cas merveilleux; Grand meurtre humain, prise du grande neveu, Morts de spectacles, eschappé l'orgueilleux.«).

Bei *Sedan* schlug *König Wilhelm I. von Preußen,* der »Hochgeborene« aus altem Fürstengeschlecht, *Napoleon III.* (den Neffen des großen Napoleon I.), als dieser mit dem Heer *Mac Ma-*

hons nach Metz ziehen wollte. Der Kaiser suchte vergeblich den Heldentod. Die Worte »wunderbares Ereignis« weisen wohl auf die Gründung eines Deutschen Reiches 1871 nach langer Zerrissenheit. — Anatole *Le Pelletier*, der 1867 einen Kommentar zu *Nostradamus* veröffentlichte, kannte diesen Vers wie auch 6,22 über den Tod *Napoleons III.* im Gebiet von London; der Deckname »Neffe« wies ihn darauf hin. Begreiflicherweise legte er sich in der Ausdeutung »Reserve« auf.

Der Erste Weltkrieg

Vers 10,83 schildert die *Schlacht bei Langemarck:* »Das Zeichen zum Kämpfen wird nicht gegeben sein, sie werden angetrieben sein, die Stellung zu verlassen. In der Umgebung von Gent wird die Fahne bekannt sein, die alle die Ihren in den Tod schicken wird.« (»De batailler ne sera donné signe, Du parc seront contraints de sortir hors, De Gand l'entour sera cogneu l'enseigne, Qui fera mettre de tous les siens à mort.«).

»Kriegsfreiwillige Regimenter, die über *Gent* an die Yserfront vorrücken, warteten den Befehl zum Angriff nicht ab, sondern stürmten bei *Langemarck* singend in den Tod. Trotzdem konnten sie die Verteidigungslinie nicht durchbrechen. Ich selbst habe diese Schlacht miterlebt und überlebt. Wir waren noch keine ausgebildeten Soldaten, aber meine Kameraden starben mit hohem soldatischen Anstand, begeistert von dem damaligen Ideal: › Es ist süß und ehrenvoll, für das Vaterland zu sterben! ‹« (Alexander Centurio).

Den *Durchbruch bei St. Quentin* 1918 erwähnt Vers 9,40: »Nahe St. Quentin im Bourliser Wald (= Wald von Bourlon) in der Umgebung einer Abtei werden die Flamen (= Belgier und Franzosen) zerstückelt. Die beiden Nachgeborenen (= Kronprinzen) mit gewaltigen Schlägen, das Gefolge wird bedrängt, die gesamte Garde aufgerieben.« (»Prés de Quintin dans la forest bourlis, Dans l'Abbaye seront Flamans tranchez: Les deux puisnais de coups my estourdis, Suitte oppressée et garde tous achés.«).

Bei *St. Quentin* begann die deutsche Frühjahrsoffensive 1918. Die beiden *Kronprinzen* waren *»Wilhelm von Preußen* und *Ruprecht von Bayern,* deren beste Truppen bei St. Quentin verbluteten. Ausgangspunkt der Kämpfe war der Wald von *Bourlon.* So genau ist Nostradamus orientiert«. (Centurio).

Der Zweite Weltkrieg

Hitlers Ernennung zum braunschweigischen Regierungsrat erwähnt Vers 10,46: »Leben, Schicksal und Tod des gemeinen unwürdigen Goldes wird dem neuen Kurfürsten von Sachsen (= Deutschland) nicht angehören. Von Braunschweig wird man ihm ein Liebeszeichen reichen. Den Falschen wird man dem Volk zum Ver-Führer machen.« (»Vie, sort, mort, de L'or vilaine indigne, Sera de Saxe non nouveau electeur: De Brunsuic mandra d'amour signe, Faux le rendant au peuple seducteur.«).

Hitler beseitigte die Golddeckung der Reichsmark und bestimmte die deutsche Arbeit als ihre Sicherheit. Er stürzte die Demokratie und trat mit fürstlicher Macht auf. Als Österreicher hätte er sich um kein deutsches Staatsamt bewerben können. Durch die Ernennung zum Regierungsrat durch die *braunschweigische* Regierung erhielt er die deutsche Staatsangehörigkeit. Er erwies sich als ein Ver-*Führer*.

Francos Bürgerkrieg in Spanien beschreibt Vers 9,16: »Aus einer Burg (= Alkazar von Toledo) wird Franco die Versammlung herausführen. Der Botschafter, der nicht spaßt, wird eine Spaltung bringen: die um Rivera werden in ein Handgemenge geraten und am großen Abgrund den Eingang versperren.« (»De castel Franco sortira l'assemblée, L'ambassadeur non plaissant sera scisme: Ceux de Ribiere seront en la meslée, Et au grand goulphre desnier ont l'entrée.«).

Im spanischen Bürgerkrieg befreite *Franco* eine Gruppe von 1300 seiner Anhänger, die vom 21. 7. bis 27. 9. 1936 den *Alkazar* (die Burg) von *Toledo* gehalten hatten. In seinen Bestrebungen fand er Hilfe durch José Antonio *Rivera,* den Gründer der Falange. Franco bewahrte Spanien vor dem Abgrund des Zweiten Weltkrieges.

Die *Besetzung Belgiens und Frankreichs* durch Hitler sowie die *Einnahme Wiens und Kölns* durch die Alliierten schildert Vers 5,94: »Einverleiben in Großdeutschland wird er (= Hitler) Brabant und Flandern, Gent, Brügge und Boulogne. Der erheuchelte Waffenstillstand. Der große Führer von Armenien (= Stalin) wird Wien und Köln angreifen (lassen).« (»Translatera en la grande Germanie, Brabant et Flandres, Gand, Bruges et Bologne La treue feinte le grand Duc d'Armenie, Assaillira Vienne et la Cologne.«).

Hitler ließ 1940 Belgien und weite Teile von Frankreich (so *Boulogne)* erobern und hielt diese Gebiete für Großdeutschland (dieser Begriff erscheint erstmals hier bei *Nostradamus!)* besetzt. Der Waffenstillstand mit Frankreich 1940 und der Nichtangriffspakt mit Rußland 1939 waren nicht von langer

Dauer. *Stalin* ist geboren in Georgien, das auch Armenier in seiner Bevölkerung aufweist und an Armenien grenzt. 1945 eroberten alliierte Truppen *Wien* und *Köln.* Mit Cologne freilich könnte auch Berlin-Kölln gemeint sein. — Der *Nostradamus-*Forscher Karl E. *Krafft* erkannte bereits 1938 die Nennung *Stalins.*

Den *Abwurf der ersten Atombombe auf Hiroshima* beschreibt Vers 6,97: »Stufe (= Zeitstufe) 45 (= 1945): Der Himmel wird brennen. Das Feuer nähert sich der großen neuen Stadt. In einem Augenblick wird die große verbreitete Flamme springen, wenn die Normannen einen Beweis erbringen wollen.« (»Cinq et quarante degrez ciel bruslera, Feu approcher de la grand cité neuve. Instant grand flamme esparse sautera, Quand on voudra des Normans faire preuve.«).

1945 warfen die Amerikaner die erste *Atombombe* über *Hiroshima,* einer neuen japanischen Industriestadt. Nostradamus kennzeichnet den Explosionspilz. Die Normannen waren die ersten Entdecker Amerikas. Die Vereinigten Staaten wollten den Beweis erbringen, daß jeder weitere Widerstand Japans sinnlos war.

Der Ansturm aus dem asiatischen Raum in der Zukunft

Vers 5,68 berichtet von einem *künftigen Angriff aus dem asiatischen Raum,* der zurückgeschlagen wird: »Das große Kamel wird kommen und in der Donau und vom Rhein trinken, es wird sich kein Gewissen daraus machen; erzittern werden die von der Rhone und noch stärker die von der Loire; und nahe den Alpen wird der (französische) Hahn es vernichten.« (»Dans le Dannube et du Rin viendra boire, Le grand Chameau, ne s'en repentira: Trembler du Rosne et plus fort ceux de Loire, Et prés des Alpes coq les ruynera.«).

Asiatische Truppen dringen durch *Deutschland* vor und beuten das Land aus (Kamele speichern in ihren Mägen erhebliche Wassermengen). Erst in *Frankreich* erleiden sie eine vernichtende Niederlage.

Über diesen Angriff berichten auch andere Seher: Bernhard *Reinbold,* genannt Spielbernd oder Spielbähn, Bote der Abteien Siegburg und Heisterbach (1689—1783; Prophezeiungen 1849 gedruckt), sagt: »Wenn man aber bei Mondorf eine Brükke über den Rhein bauen wird, alsdann mag es ratsam sein, mit den Ersten hinüber zu gehen ans andere Ufer. Doch soll man nur so lange dort verweilen, bis man ein siebenpfündiges Brot aufgezehrt. Alsdann wird es Zeit sein zum Umkehren. Und

Tausende werden sich in einer Wiese zwischen den sieben Bergen verstecken, woselbst sie das Würgerschwert verschonen wird«.

Johann Peter *Knopp* aus Ehrenberg (1714 bis 1794, Prophezeiungen 1859 gedruckt) warnt: »Es wird Krieg geben, wenn keiner es glaubt. Man wird Krieg fürchten, doch es wird wieder ruhig und jeder sorglos sein. Wenn die Brücke zu Köln fertig sein wird, wird Kriegsvolk gleich darüber gehen. Man wird eine Straße von Linz nach Asbach bauen durch den Erpeler Busch, aber sie wird nicht fertig werden. Die Arbeiter werden vom Wege laufen. Kriegsvolk wird den Rhein besetzen und alles Mannsvolk muß mit, was nur eine Mistgabel tragen kann. Und es wird ein Krieg sein, wie man ihn vordem noch nicht erlebt hat, aber er wird nicht lange dauern. Die zuletzt noch aufgeboten werden, kommen, wenn schon alles vorüber ist. Die Fremdlinge werden geschlagen.« Die unerwartete Plötzlichkeit des Kriegsausbruches bestätigt Wessel Dietrich *Eilert*, genannt der alte Jasper, aus Huckarde bei Dortmund (1764—1833, Prophezeiungen 1848 gedruckt): »Vor dem Osten habe ich bange. Dieser Krieg wird sehr schnell ausbrechen. Abends wird man sagen Friede, Friede, und es ist kein Friede, und morgens stehen die Feinde schon vor der Türe. Doch es geht schnell vorüber, und sicher ist, wer nur einige Tage ein sicheres Versteck weiß«. — »In dem Jahre, wo der Krieg ausbricht, wird ein so schönes Frühjahr sein, daß im April die Kühe schon im vollen Grase gehen. Das Korn wird man noch einscheuern können, aber nicht mehr den Hafer«.

Relative Zeitangaben, die sich wahrscheinlich auf den gleichen Krieg beziehen, gibt es auch in anderen Gegenden, so in *Oberösterreich:* »Wenn man beim Bau einer neuen Straße durch die Welserheide bis zu einem gewissen Feldkreuz kommt, ist das Ende (= der ›Letzte Krieg‹) nahe«, plötzlich, »so daß der Bauer auf dem Feld nicht mehr Zeit hat, heimzugehen«. Es ist die Rede von einem Brand, der sogar die Steine zu Asche brennt. Der »Türk« (= asiatische Völker) kommt »bis auf die Welserheide, da aber tun ihn die alten Weiber mit'n Filzhüt'n erschlagen« (Strahlenschäden!) (nach Otto *Böckel,* 1914).

Vers 6,40 schildert eine gewaltige *Abwehrschlacht bei Köln:* »Der Große Magog (= christenfeindliche Macht) wird seiner großen Würde beraubt werden, um seinen großen Eroberungsdurst auszulöschen. Die von Köln werden es sehr beklagen, daß die große Heeresgruppe in den Rhein getrieben wird.« (»Grand de Magonce pour grande soif esteindre Sera

235

privé de la grande dignité: Ceux de Cologne si fort le vien-
dront plaindre Que le grand groppe au Rhin sera jetté.«).
Die aus Frankreich zurückflutenden Truppen müssen bei
Köln eine weitere vernichtende Niederlage hinnehmen. Die
Bevölkerung hat hierunter zu leiden. Bernhard *Rembold* sagt:
»Die heilige Stadt Köln wird sodann eine fürchterliche
Schlacht sehen. Viel fremdes Volk wird hier ermordet, und
Männer und Weiber kämpfen für ihren Glauben«. Köln habe
viel zu leiden. Am *Birkenbaum* (zwischen Unna, Hamm und
Werl) finde die letzte Schlacht statt. Auch Wessel Dietrich *Ei-
lert* weiß von den Schlachten bei Köln und dann am Birken-
baum. Diese letztere spielt in der westfälischen Volksüberliefe-
rung eine große Rolle.

Ein *Naturereignis* im Verlauf dieses Krieges erwähnt Nostradamus in seinem Brief an König Heinrich: »Und vorher wird ein
Verschwinden der Sonne eintreten, das dunkelste und finster-
ste, das seit der Erschaffung der Welt bis zum Tod und Leiden
Jesu Christi und von da bis jetzt stattgefunden hat, und es wird
im Monat Oktober sein, wo eine große Verlagerung geschehen
wird, eine derartige, daß man glauben wird, die Schwerkraft
der Erde habe ihre natürliche Bewegung verloren, und sie sei
in ewige Finsternis gestürzt; außergewöhnliche Veränderungen werden vorausgehen im Frühling und danach folgen, und
Umgestaltungen der Regierungen, bei einem großen
Erdbeben . . .«.

In »*Der alten Linde Sang von der kommenden Zeit*« (im Stamm
einer alten Linde bei Staffelstein gefunden, wohl in der 1. Hälfte des 19. Jh. entstanden, 1920 gedruckt, mit diesem Jahr beginnend) heißt es: »Winter kommt, drei Tage Finsternis, Blitz und
Donner und der Erde Riß. Bet daheim, verlasse nicht das
Haus, auch am Fenster schaue nicht den Graus! — Eine Kerz,
die ganze Zeit, allein, gibt, wofern sie brennen will, dir Schein.
Gift'ger Orden dringt aus Staubesnacht: Schwarze Seuche,
schlimmste Menschenschlacht!« Auch *Irlmaier* berichtet von
dieser Finsternis, Hagelschlag, Blitz, Donner und Erdbeben,
warnt vor dem Verlassen des Hauses, empfiehlt das Zuhängen
der Fenster mit schwarzem Papier: »Wer den Staub ein-
schnauft, kriegt einen Krampf und stirbt.« Der elektrische
Strom fällt aus, offene Wasser und Speisen werden giftig. Nur
in verlöteten Konservendosen bleiben Reis, Hülsenfrüchte
und Fleisch genießbar.

Es handelt sich um eine vulkanische Erscheinung gewaltigen
Ausmaßes, wie *Plinius d. J.* ein Geschehen von weit geringe-

rem Umfang, den Untergang der Stadt Pompeji 79 n. Chr., beschreibt. Auch Blitz und Donner sind durch die vulkanischen Vorgänge hervorgerufen. Da die feste Erdkruste äußerst dünn ist — hätte die Erde die Größe eines Fußballs, dann wäre die Kruste so dick wie eine Briefmarke — ist ihr Aufbrechen erklärlich. Ein *Bauer aus dem Waldviertel* im nordwestlichen Niederösterreich sah Szenen aus seinem künftigen Leben und vermutet eine Massentzündung von A-Waffen in Böhmens Kohlenbergwerken. Er bemerkte heftige Erdstöße und Explosionen von Böhmen her. »Da erfolgte eine gewaltige, kurze weißgelbe Explosion, deren Feuerpilz von Westen über Westnordwesten reichte. Gleich darauf schoß eine alles überragende, eruptionsähnliche, qualmende, schwarzrote Feuersäule empor. Hoch oben, sicherlich über der Atmosphäre, gab es noch gewaltige Feuerwirbel. Sie reichten von Westnordwesten bis fast Norden. Die Erde bebte.« »Der erste Auswurf wird bis zu 100 Kilometer oder weiter geschleudert. Dabei kommt es zu dem von *Irlmaier* vorausgesagten Phänomen mit dem Gekreuzigten (= der allen sichtbar am Himmel erscheinen soll). Es ist der erste in der Stichflamme emporgeschleuderte, sich bewegende Auswurf. Dieses Bild ist unverkennbar ähnlich! Der Auswurf nimmt später das Bild eines alleinstehenden großen Birkenbaumes an. Das Verharren vor dem Wiederherunterfallen gleicht den Laubbüscheln.« (Nach Wolfgang Johannes Bekh, Das dritte Weltgeschehen). — Das Bild vom *Birkenbaum* könnte Bezug haben zur »Schlacht am Birkenbaum«, die in der westfälischen Volksüberlieferung eine wichtige Rolle spielt.

Die *Krönung eines deutschen Kaisers* beschreibt Vers 5,6: »Dem König wird der Papst die Hand auf das Haupt legen und um Frieden für Italien bitten. Zur linken Hand (nach Deutschland, das für Frankreich zur linken Hand liegt, vgl. Vers 1,91) wird er das Zepter wechseln. Aus einem König wird ein friedlicher Kaiser.« (Nach Putzien). (»Au Roy l'augure sur le chef la main mettre, Viendra prier pour la paix Italique: A main gauche viendra changer de sceptre, De Roy viendra Empereur pacifique.«).

Ein *französischer König* wird im *Kölner Dom* zum *deutschen Kaiser* gekrönt, der beide Länder in Personalunion regiert: An die Stelle des Präsidenten tritt ein Kaiser, Deutschland wird konstitutionelle Monarchie. Franz *Kugelbeer,* ein Bauer aus Lochau bei Bregenz (Visionen von 1922) sagt: »Im Chor des Kölner Domes stehen zwei Throne. Der Papst salbt dem

237

neuen Monarchen Haupt und Hände. Dieser erhält den Ritterschlag, die alte Kaiserkrone, den Krönungsmantel, weiß mit goldenen Lilien (die auf Frankreich weisen; Sinnbild der Bourbonen). Er bekommt das Zepter, das ihm später gegen ein Kreuz umgetauscht wird, und den Reichsapfel. Es folgt der Treueid und ein Tedeum unter dem Jubel des Volkes. Bernhard *Reinbold* verkündet, daß der neue Herrscher der Mann sein wird, »auf den die Welt lange gehofft hat. Er wird römischer Kaiser heißen und der Menschheit den Frieden geben . . . Und danach wird eine gute und glückliche Zeit sein, und das Lob Gottes wird auf der Erde wohnen.«

Einen Wechsel zur Monarchie betrachtet Oswald *Spengler* als unvermeidlich im spätesten Stadium einer Kultur: »Es sind die weltstädtischen Massen, willenlose Werkzeuge des Ehrgeizes ihrer Führer, die jeden Rest von Ordnung zu Boden schlagen, die das Chaos in der Außenwelt sehen wollen, weil sie es in sich selbst haben . . ., ob man die Aufteilung des Besitzes fordert wie in Syrakus oder ein Buch vor sich her trägt . . ., — das alles ist Oberfläche. Es ist ganz gleichgültig, welche Schlagworte in den Wind schallen, während die Türen und Schädel eingeschlagen werden. Vernichtung ist der wahre und einzige Trieb und Caesarismus das einzige Ergebnis.« (Der Untergang des Abendlandes, 1917 f.: der Titel stand schon 1912 fest).

Freilich verwirklicht sich in Deutschland statt des Caesarismus eine verfassungsmäßige Monarchie, die eine glückliche Zeit und geordnete Zustände mit sich bringt. — Vielleicht bezieht sich auch *Nostradamus,* Vers 10,72, auf den kommenden großen Herrscher; einen Bourbonen, der auch habsburgisches Blut hat: »Das Jahr 1999, sieben Monate (= Anfang August). Vom Himmel wird ein großer König des Schreckens kommen (= die Sonnenfinsternis vom 11. August 1999). Er wird wieder auftreten lassen den großen König von Angoulême (Stadt an der Charente, bourbonische Prinzen führten den Titel »Herzog von Angoulême; hier = bourbonisches Frankreich), vorher und nachher Krieg (Mars), wird er glücklich regieren.« (Nach Rudolf Putzien). — In den *Feldpostbriefen* heißt es, der »Antichrist« trete auf an dem Tage, wo Markustag auf Ostern fällt (= 1998). *Irlmaier* sagt: »Drei Neuner sehe ich, was das bedeutet kann ich nicht sagen. Der dritte Neuner bringt den Frieden.«

»*Der alten Linde Sang*« berichtet: »Nimmt die Erde plötzlich andern Lauf? Steigt ein neuer Sonnenstern herauf? › Alles ist verloren! ‹ hier noch klingt, › Alles ist gerettet! ‹ Wien schon

238

singt. — Ja, von Osten (= Österreich) kommt der starke Held, Ordnung bringend der verwirrten Welt, weiße Blumen um das Herz des Herrn (= Lilien als bourbonisches Wappensymbol; der Monarch hat auch habsburgisches Blut), seinem Rufe folgt der Wackre gern. — Alle Störer er zum Barren treibt (Ordnung, Schutz und Sicherheit der Bürger werden gewährleistet, den bürgerlichen Rechten stehen entsprechende Pflichten gegenüber), deutschem Reiche deutsche Rechte schreibt. Bunter Fremdling, unwillkommner Gast, flieh die Flur, die nicht gepflügt du hast! (Wer sein Gastrecht mißbraucht, muß Deutschland verlassen). — Gottesheld, ein unzerbrechlich Band schmiedest du um alles deutsche Land! Den Verbannten führest du nach Rom, Große Kaiserweihe schaut ein Dom.«

Das Vordringen der islamischen Macht um 2200 und das Heilige Reich in Deutschland

Ein *islamisches Großreich wird, wohl um 2200, in seine Schranken verwiesen*, wie Vers 8,51 zeigt: „Der Byzantiner bringt ein Dankopfer dar, nachdem er Cordova zurückerobert hat. Sein Weg ist lang. Auf eine Ruhepause folgt eine Schmähung; beim Fahren über das Meer, Beute, durch Köln ergriffen.« (»Le Bizantin faisant oblation, Apres avoir Cordube à soy reprinse: Son chemin long repos pamplation, Mer passant proy par la Golongna prinse.«).

Um 2200 wird der *Islam* eine letzte große Blüte erleben. Eine Machtausdehnung erfolgt auf dem Balkan und in Spanien, Italien wird bedrängt. Um diese Zeit entsteht in Deutschland das *Heilige Reich*, wie wir aus Vers 10,31 wissen: »Das Heilige Reich wird nach Deutschland kommen, die Ismaeliten (= arabische Wüstenvölker) werden offene Tore finden.« (»Le sainct empire viendra en Germanie, Ismaëlites trouveront lieux ouverts, . . .«). Dieses *Heilige Reich* wird den Siegeszug des Islam beenden, wenn er sich auf seinem Höhepunkt befindet. Es ist ein Friedensreich in der Mitte Europas, das durch Jahrhunderte bestehen wird. Eine glückliche Zeit ist zu erwarten. *Frankfurt* nimmt eine alte Tradition wieder auf: Vers 6,78 berichtet von einer *Königswahl* ebendort. Die Zeit dieses islamischen Ansturms legt Putzien nach Vers 6,54 fest, der die Ereignisse in der islamischen Welt »im Jahre 1607 der Liturgie« (= 1607 + 622 = 2229) beschreibt, sowie Vers 10,74, der auf das Jahr 2242 deuten könnte.

Bedrohung durch ein asiatisches Großreich um 2800

Wiederum müssen, wohl um 2800, *Angriffe eines asiatischen Großreiches* zurückgeschlagen werden, wie Vers 1,89 sagt: »Alle die aus Ilerda (in Spanien) werden an der Mosel sein und die von der Loire und der Seine in den Tod schicken. Hilfe wird vom Meer her kommen nahe der hohen Stadt, wenn der Spanier alle Adern öffnen wird.« (»Tous ceux de Ilerde seront dedans Moselle Mettant à mort tous ceux de Loyre et Saine, Secours marin viendra pres d'haute velle, Quand l'Espagnol ouvrira toute veine.«).

Die abendländischen Heere müssen an der *Mosel* einer *asiatischen Weltmacht* entgegentreten. Der Islam ist inzwischen durch eine noch verführerische Religion ersetzt worden, wie Vers 3,95 berichtet. Die Zeit erschließt Putzien aus Vers 8,48, der nach der Sternkonstellation ins Jahr 2769 fällt und neben anderem einen Angriff auf Kastilien beschreibt.

Der gewaltige Angriff auf das Abendland um 3755

Ein *gewaltiger Angriff muß wohl um 3755 abgewehrt werden*, wie Vers 5,43 darlegt: »Die große Vernichtung der Heiligtümer endet nicht: Provence, Neapel, Sizilien, Suez und Pontus. In Deutschland am Rhein und in Kön zu Tode bedrückt durch alle Völker·Magogs.« (»La grand ruyne des sacrez ne s'esloigne, Provence, Naples, Sicile, Seez et Ponce; En Germanie, au Rin et à Cologne, Vexez à mort par tous ceux de Magonce.«). Vers 6,4 lautet: »Der keltische Fluß (= Rhein) wird sein Gestade verändern, nicht mehr wird er die Stadt der Agrippina (= Köln) bewahren. Alles hat sich gewandelt, nur die alte Sprache blieb. Zur Zeit der Verheerung steht Saturn im Löwen, Mars im Krebs.« (»Le Celtique fleuve changera de rivage, Plus ne tiendra la cité d'Agrippine; Tout transmué, hormis le vieil langage, Saturne, Leo, Mars, Cancer en rapine.«).

Dieser Angriff findet vielleicht um 3755 statt, wo (nach Putzien) eine *kosmische Katastrophe* zu erwarten ist (Vers 10,67; die dort genannte Sternkonstellation erweist das Jahr). Die christliche Seite erringt den Sieg, wobei freilich das *Rheinland* zu leiden hat. Vers 6,4 läßt darauf schließen, daß die *kölnische Sprache* erhalten bleibt. Einer glücklichen Zukunft steht dann nichts mehr im Weg; denn nach dem Jahr 3797, mit dem *Nostradamus* seine Prophezeiungen schließt, geht wohl die Weltgeschichte in ihrer jetzigen Form zu Ende. Vers 2,13 deutet darauf hin:

240

Die glückliche Zeit nach 3797

Einen Einblick in die *glückliche Zeit nach 3797* gibt Vers 2,13:
»Der Körper wird nicht mehr ein Opfer (der Vergänglichkeit)
sein, der Todestag wird in einen Geburtstag verwandelt: Der
göttliche Geist läßt die glückliche Seele das Wort (den Logos)
in seiner ewigen Bedeutung erschauen.« (Nach Centurio). (»Le
corps sans ame plus nèstre en sacrifice, Iour de la mort mis en
nativité L'esprit divin fera l'ame felice Voyant le verbe en son
eternité.«).

Vielleicht handelt es sich hier um einen Ausblick auf das *tau-
sendjährige Reich,* das die Offenbarung des Johannes (20,1—6)
beschreibt, und dessen Zeitstellung Nostradamus natürlich
nicht kennt. Der Teufel ist für tausend Jahre gebunden. Wie
die Bibel lehrt, wird nach dieser Zeit noch einmal »der Teufel
los« werden im wahrsten Sinne des Wortes und ein letzter Angriff der Feinde Gottes erfolgen: »Und sie zogen über die ganze
Erde herauf und umringten das Heerlager der Heiligen und die
geliebte Stadt. Da fiel Feuer vom Himmel und verzehrte sie«
(Offenbarung 20,9). Der Weg ist nun frei für »einen neuen
Himmel und eine neue Erde« (Offenbarung 21,1): »Siehe, die
Stätte Gottes bei den Menschen! Und er wird bei ihnen wohnen und sie werden sein Volk sein, und Gott selbst wird bei ihnen sein, und Gott wird abwischen alle Tränen von ihren Augen, und der Tod wird nicht mehr sein, noch Leid, noch Geschrei, noch Schmerz . . .«

*

Mit diesem Blick in eine *glückliche Zukunft* schließen wir unseren Gang durch die Geschichte, wie *Nostradamus* sie sieht. Unsere Auslegungen der Verse, die bezüglich der noch bevorste-
henden Ereignisse im wesentlichen *Putzien* folgen, dürfen wir
nur als Arbeitshypothesen betrachten.

Bereits eingetroffene Aussagen einer Prophezeiung lassen
nicht den Schluß zu, daß auch die noch nicht geschehenen Teile wirkliche Ereignisse vorwegnehmen. »Nicht genug kann betont werden, daß kein Sensitiver zu unterscheiden vermag, ob
seine Eindrücke sich auf Faktisches beziehen oder auf Irreales,
sei es auf reine Phantasie des Unbewußten oder eine Erfassung
von Potentiellem, von Möglichem, von etwas, das › in der Luft
liegt ‹, aber sich nicht notwendig zu realisieren braucht« (Hans
Bender). Zur Frage, ob Weissagungen unabänderlich sind, sagt
Pater Norbert *Backmund:* »Keinesfalls. Es gibt höhere Mächte.

Erstens unser freier Willensentscheid, unser Gebet und unsere Buße, und vor allem das Gnadenwirken Gottes.«

Jacob *Burckhardt,* der bekannte Kulturhistoriker, sagt in seinen »Weltgeschichtlichen Betrachtungen«: . . . »sowenig als im Leben des einzelnen ist es für das Leben der Menschheit wünschenswert, die Zukunft zu wissen . . . Ob wir uns das Bild eines einzelnen vorstellen, der z. B. seinen Todestag und die Lage, in der er sich dann befinden würde, voraus wüßte, oder das Bild eines Volkes, welches das Jahrhundert seines Unterganges voraus kennte, beide Bilder müßten als notwendige Folge zeigen eine Verwirrung alles Wollens und Strebens, welches sich nur dann völlig entwickelt, wenn es › blind ‹, d. h. um seiner selbst willen, den eigenen inneren Kräften folgend, lebt und handelt. Die Zukunft bildet sich ja nur, indem dies geschieht, und wenn es nicht geschähe, so würde auch Fortgang und Ende des Menschen oder Volkes sich anders gestalten. Eine vorausgewußte Zukunft ist ein Widersinn«.

Diese Feststellung trifft auf die Aussagen des *Nostradamus* nicht zu, da am Ende seiner Prophezeiungen kein Untergang, sondern eine glückliche Zukunft für die Menschheit steht, die vorzubereiten eine Aufgabe durch die Jahrhunderte hindurch sein wird. Bezüglich der Weissagungen über vorangehende Kriege wäre es nur zu begrüßen, wenn die Mächtigen die Warnungen, die aus vielen Versen des Sehers sprechen, beachten würden. *Nostradamus* wurde durch sein Vorauswissen nicht zur Handlungslosigkeit und Untätigkeit verleitet; beim Ausbruch der Pest griff er nicht zur Ausflucht, es sei ja doch vorbestimmt, wer sterben müsse, sondern er half tatkräftig den Kranken. Das war seine Aufgabe, die er zu erfüllen hatte, ebenso wie sein übriges Schaffen. So fordert *Nostradamus* auf, zum Wohl der Menschheit zu wirken und damit zugleich die Grundlagen für die verheißene glückliche Zukunft zu gestalten.

Jacob *Burckhardt* schreibt am Schluß seiner »Weltgeschichtlichen Betrachtrungen«: »Könnten wir völlig auf unsere Individualität verzichten und die Geschichte der kommenden Zeit etwa mit ebensoviel Ruhe und Unruhe betrachten, wie wir das Schauspiel der Natur, z. B. eines Seesturms vom festen Lande aus mitansehen, so würden wir vielleicht eines der größten Kapitel aus der Geschichte des Geistes bewußt miterleben. In einer Zeit, da der täuschende Friede . . . längt gründlich dahin ist und eine Reihe neuer Kriege im Anzug zu sein scheint, da die größten Kulturvölker in ihren politischen Formen schwanken oder in Übergängen begriffen sind, da mit der Verbreitung der Bildung und des Verkehrs auch die des Leidensbewußtseins und der Ungeduld sichtlich und rasch zunimmt, da die sozialen Einrichtungen durchgängig durch Bewegungen der Erde beunruhigt werden, — so vieler anderer angehäufter und unerledigter Krisen nicht zu gedenken, — würde es ein wunderbares Schauspiel, freilich aber nicht für zeitgenössische, irdische Wesen sein, dem Geist der Menschheit erkennend nachzugehen, der, über all diesen Erscheinungen schwebend und doch mit allen verflochten, sich eine neue Wohnung baut. Wer hiervon eine Ahnung hätte, würde des Glückes und Unglückes völlig vergessen und in lauter Sehnsucht nach dieser Erkenntnis dahinleben«. — Einen Einblick in dieses zukünftige Geschehen gibt uns *Nostradamus.*

Viertes Kapitel

Erkenntnisse und Urteile

Die Welt des Übersinnlichen

Erscheinungen, die mit der herkömmlichen Physik nicht erklärbar sind, gibt es seit ältesten Zeiten bis jetzt in ähnlichen Formen. Dies wurde manchmal angezweifelt, insbesondere seit der »Aufklärung«. Neben der immer weiter gehenden Erforschung der Naturgesetze und der fortschreitenden Technik war der Bereich des Übernatürlichen zu wenig beachtet worden. Freilich ist der Volksglaube an solche Dinge stets lebendig geblieben, nicht zuletzt durch immer wiederkehrende derartige Erlebnisse. Daß diese jetzt seltener sind als noch vor 100 Jahren, darf nicht verwundern: Im Kraftfahrzeugverkehr sind Visionen, wie sie bei einsamen Wanderungen auftreten können, selten, ebenso vor dem Fernsehgerät. Das Wissen um geheimnisvolle Tatsachen wurde dennoch immer gewahrt, alte Berichte weitergegeben und manchmal auch dichterisch ausgeschmückt. Das Interesse an diesen Geschehnissen ist in weiten Kreisen sehr stark, wie mir zahlreiche Gespräche mit Besuchern der Marksburg bewiesen haben.

Goethe meinte zu parapsychologischen Vorgängen: Dergleichen »liegt sehr wohl in der Natur, wenn wir auch dazu noch nicht den rechten Schlüssel haben. Wir wandeln alle in Geheimnissen. Wir sind von einer Atmosphäre umgeben, von der wir noch gar nicht wissen, was sich alles in ihr regt und wie es mit unserm Geist in Verbindung steht«.

Heute wirken die Forschungen von Hans *Bender* in Freiburg bahnbrechend. Er hat wesentlich zum Verständnis der »Psi-Kräfte« und übersinnlichen Erscheinungen beigetragen, auch in weiten Kreisen des Volkes. Die paranormalen Erscheinungen sind nach seiner Meinung »der Schlüssel zu einer erweiterten Ordnung der Natur und der Stellung des Menschen darin«. Seinen zukunftsweisenden Erkenntnissen können die Gegner nur längst überholte Ansichten der Naturwissenschaft des 19. Jahrhunderts entgegenstellen.

Eine scharfe Trennung zwischen »natürlichen« und übersinnlichen Ereignissen ist nicht möglich. Auch die »übernatürlichen« Vorgänge folgen Naturgesetzen, die wir freilich noch nicht kennen.

Albert *Einstein* hat bereits den Zugang zu einer erweiterten

Physik geschaffen. Die Relativität von Raum und Zeit erklärt örtliche und zeitliche Verschiebungen (Sehen von Geschehen an anderen Orten, in der Vergangenheit und in der Zukunft). Eine 4. Dimension kann das Erscheinen von Geistern begreiflich machen.

Aus *christlicher Sicht* erforscht in unserer Zeit vom *evangelischen Standpunkt* Kurt E. *Koch* die übersinnlichen Erscheinungen. Im Gegensatz zur parapsychologischen Wissenschaft, die die animistische Lehre vertritt und die paranormalen Vorgänge auf die Seelenkräfte des Menschen zurückführt, und zu den Spiritisten, die jenseitige Freunde als Helfer annehmen, sieht Koch die auslösenden Kräfte in Dämonen und in Satan. In einer Fülle von Tatsachenberichten untermauert er seine Forschungsergebnisse. Dies überzeugt insbesondere bei absichtlich herbeigeführten Erscheinungen. Wer etwa die Absicht hat, sich die Karten legen zu lassen, zum Wunderheiler zu gehen, das 6. und 7. Buch Mose zu erwerben oder gar einen »helfenden« Geist zu beschwören, der lese unbedingt vorher die Bücher Kochs. Er wird dann bestimmt von seinem Vorhaben ablassen. Kurt E. Koch erweist die unfaßbare große Macht der von unten kommenden Kräfte. Er zeigt aber auch die noch stärkere Kraft, die von Gott und Christus ausgeht.

Vom *katholischen Standpunkt* forscht Pater Norbert *Backmund* in Kloster Windberg bei Bogen in Niederbayern vor allem über das Hellsehen. »Marktschreierische Traktätchenliteratur über Prophezeiungen gibt es genug. Was Not tut, ist einmal eine ruhig-sachliche Darstellung, die einerseits kurz und gemeinverständlich die Tatsache und das Wesen des Hellsehers darlegt, die aber andererseits auch an Hand der wissenschaftlichen Forschungsergebnisse seine Möglichkeiten und vor allem seine Grenzen absteckt.« Mit seinem Buch bietet er eine solche Zusammenfassung des jetzigen Standes der Wissenschaft bezüglich der Schau in die Zukunft und verwandter Erscheinungen aus christlicher Sicht. Eindringlich warnt er vor einer »Übergläubigkeit« für das Geheimnisvolle, Unbekannte, Unheimliche, die heute weit verbreitet ist, und weist den richtigen Weg zwischen gedankenlosem Hinnehmen von Prophezeiungen als Wahrheit und völliger Ablehnung der Möglichkeit, Künftiges zu schauen, und leitet zu kritischer Betrachtung an. Die Erforschung des Übersinnlichen ist weltweit im Fortschreiten. In den *Vereinigten Staaten* wird rege auf diesen Gebieten gearbeitet. Bezeichnenderweise finanzieren das Verteidigungsministerium und die Geheimdienste zu einem beträchtlichen Teil die Aktivitäten. Auch in der *Sowjetunion* ist man eifrig tätig. Jetzt hat der Schriftsteller Arthur *Koestler,* der sich 1983 gemeinsam mit seiner Frau Cynthia das Leben nahm, 500 000 Pfund (etwa 2 Millionen DM) gestiftet mit der Auflage, daß damit der erste Universitäts-Lehrstuhl für Parapsychologie in *Großbritannien* eingerichtet wird. Die Professoren der traditionellen Fächer glauben den Ruf ihrer Hochschulen gefährdet. Jedoch tritt *Prinz Charles von Wales,* Kanzler der Universität von Wales in Cardiff, für die Pläne ein. Überhaupt hilft der Thronfolger oft neuen Gedanken zum Durchbruch. Professor Arthur *Ellison,* der einen Lehrstuhl für Elektroingenieurwesen innehat, Präsident der Parapsychologischen Gesellschaft ist, unterstützt den Prinzen. Er erstrebt eine ausgewogene objektive wissenschaftliche Untersuchung dieser Fachgebiete.

Sogar die *Rechtspflege* sah sich zur Anerkennung des Spukes veranlaßt: Ein Londoner Tribunal bewilligte 1952 den Bewohnern eines Hauses, das von unerklärlichen spukhaften Schlägen heimgesucht wurden, eine Mietherabsetzung. (Nach Hans Bender, Parapsychische Phänomene).

Schlußfrage: Gibt es Geister?

Übersinnliche Vorgänge bestehen zunächst im *Erscheinen eines*
› Geistes ‹, der Gestalt eines Jenseitigen. Der bedeutende Alter-
tumswissenschaftler Walter F. *Otto* schreibt: »Es leben viele
unter uns, die versichern, daß es ihnen begegnet sei, den
› Geist ‹ eines Verstorbenen zu sehen, und kaum einen dürfte es
geben, der nicht wenigstens durch Erzählung von befreundeter
Seite mit diesem › Wunder ‹ in Berührung gekommen wäre.«
Die Berichte schildern die Gestalten als so wie im Leben ausse-
hend, nur farblos grau, ebenso die Kleidung, sie sind lautlos,
unberührbar, plötzlich verschwindend. Menschen, die die Erscheinung nicht sehen, bemerken sie durch eine Beengung, ein
Gefühl auf der Herzgrube. Auch Tiere nehmen sie wahr.
Während des Erlebnisses tritt in der Regel keine Furcht auf, wohl
wohl aber oft hernach. (Nach Walter F. Otto, Die Manen).
Hier zuzuordnen sind *Geräusch-Erscheinungen, Veränderungen
an Gegenständen* und die Anwesenheit lebender Personen an
zwei verschiedenen Orten (*Doppelgänger*).

Kant bekennt, daß er sich »nicht unterstehe, so gänzlich alle
Wahrheit an den mancherlei Geistererzählungen abzuleugnen,
doch mit dem ... Vorbehalt, eine jede einzelne derselben in
Zweifel zu ziehen, allen zusammen genommen aber einigen
Glauben beizumessen«, und erklärt: »Ich gestehe, daß ich sehr
geneigt sei, das Dasein immaterieller Naturen in der Welt zu
behaupten, und meine Seele selbst in die Klasse dieser Wesen
zu versetzen. (Der Grund hiervon ... trifft zugleich auf das
empfindende Wesen in den Tieren. Was in der Welt ein Princi-
pium des Lebens enthält, scheint immaterieller Natur zu
sein ...) (Träume eines Geistersehers, erläutert durch Träume
der Metaphysik).

Schopenhauer schreibt: »Manche Geistergeschichten sind ... so
beschaffen, daß jede anderweitige Auslegung große Schwierig-
keiten hat, sobald man sie nicht für gänzlich erlogen hält. Gegen dies letztere aber spricht in vielen Fällen teils der Charakter des ursprünglichen Erzählers, teils das Gepräge der ...
Aufrichtigkeit, welches seine Darstellung trägt, mehr als alles
jedoch die ... Ähnlichkeit in ... Hergang und Beschaffenheit
der ... Erscheinungen, soweit auseinander auch die Zeiten
und Länder liegen mögen, aus denen die Berichte stammen.«
Er meint: »Die apriorische Verwerfung der Möglichkeit einer

wirklichen Erscheinung verstorbener Menschen kann sich allein auf die Überzeugung gründen, daß durch den Tod das menschliche Wesen ganz und gar vernichtet wurde. Denn, solange diese fehlt, ist nicht einzusehen, warum ein Wesen, das noch irgendwie existiert, sich nicht auch irgendwie manifestieren und auf ein anderes, wenngleich in einem anderen Zustand befindliches, einwirken sollte.« (Versuch über Geistersehn und was damit zusammenhängt).

*

Hans *Holzer,* der bekannte amerikanische *Psychologe,* meint: »Es gibt Geister. Sie sind keine Halluzinationen oder Produkte von irgend jemandes Einbildung, den Forscher mit inbegriffen ... Ich bin überzeugt, daß wir alle, die wir Erdenmenschen sind, eine nicht-körperliche, geistige Komponente, einen entsprechenden Geisteskern in uns tragen, der den physischen Tod überlebt. — Es gibt nichts Übernatürliches in dieser Welt, sondern nur eine Anzahl von Facetten beziehungsweise Schichten der menschlichen Persönlichkeit, die noch keineswegs alle verstanden werden. Ich bin allerdings der Ansicht, daß › Spukgeister ‹ die den körperlichen Tod überlebenden Geister jener Menschen sind, die meist unter widrigen Umständen starben und nun durch ihre eigenen negativen Gefühlserinnerungen an dem Platz festgehalten werden, an dem ihre Tragödie stattgefunden hat.« (Nach Rudolf Passian, Abschied ohne Wiederkehr).

*

Die wissenschaftliche *Parapsychologie* untersucht Spukerscheinungen. Sie muß jedoch, ehe sie eine Einwirkung von Geistern feststellen dürfte, auf exakt beweisbare Vorgänge zurückgreifen: Die Telepathie. Hans *Bender* sagt: Die Existenz von Geistern läßt sich nicht widerlegen, aber auch nicht beweisen. Jedoch, »solange wir etwas mit unseren Erfahrungen erklären können, ist kein unumstößlicher Beweis für den Jenseitskontakt geführt. Die Parapsychologie sucht nach der einfachsten Erklärung. Wo angängig, ist zum Beispiel die Telepathie einfacher, als die Geisterhypothese«. (Nach Dreecken/Schneider, Signale aus dem Jenseits). Zur Veranschaulichung dieser Aussage dient eine Erklärung Benders für Spukvorgänge auf Schloß Wildenstein bei Crailsheim, die wir im entsprechenden Abschnitt anführten.

Erkenntnisse der Naturwissenschaft

Für die *Naturwissenschaft* zeigte *Einstein*, daß die auf der Erde gültigen physikalischen Gesetze relativ, nur für unseren Bereich gültig sind. Masse kann sich in Energie verwandeln und umgekehrt. Unser Raum ist gekrümmt, besonders stark in Gegenwart schwerer Massen. Wir leben wohl, wie auf der Erdoberfläche mit ihren Gebirgen, im Ober-Raum einer vierdimensionalen Kugel, die Massen entsprechen den Bergen. Ein Punkt, der geradlinig um eine Kugel liefe, käme zu der Ausgangsstelle zurück. Wenn wir, in welcher Richtung auch immer, geradlinig (nach unseren Messungen) ins Weltall flögen, ebenfalls.

Wir können uns als dreidimensionale Wesen einen vierdimensionalen Raum, den bereits Gauß errechnete, nicht vorstellen. Daraus folgt keineswegs seine Unmöglichkeit, wie schon die bedeutenden Physiker Gustav Theodor *Fechner* (*1801 †1887) und Hermann von *Helmholtz* (*1821 †1894) aufzeigten. Im Gegenteil macht ihn die Krümmung unseres Raumes wahrscheinlich. Die 4. Dimension ist durch Schließen von Niederem auf Höheres zu begreifen. So lassen sich zwei symmetrische Hälften eines gleichschenkligen Dreiecks nicht innerhalb ihrer zweidimensionalen Ebene zur Deckung bringen, wohl aber im dreidimensionalen Raum durch Zusammenklappen. Für Flächenwesen wäre dieser Vorgang unerkennbar. Ähnlich können wir in unserem Raum räumlich symmetrische Gebilde (wie Würfel) nicht zur Deckung bringen; das könnte wiederum nur in einem Raum höherer Ordnung, einem vierdimensionalen, geschehen.

Ein Wesen der 4. Dimension kann also in unseren Raum, in die Materie, hineingreifen. Dies veranschaulicht ein zweites Beispiel: Ein Punkt ist in einem Kreis eingeschlossen. Er könnte keinen Ein- oder Ausweg erkennen. Nun kommen wir mit dem Finger in den Kreis, dank unserer 3. Dimension von oben. Wenn wir in einer Bleikammer sitzen und ein Geist erschiene, würden wir uns fragen, wie er hineinkäme: Es wäre für ihn dank der 4. Dimension keine Schwierigkeit.

Auch die Zeit kann höhere Dimensionen erschließen. Als Beispiel nennen wir ein Punktwesen, das sich auf einer Ebene befindet. Wird diese Ebene durch eine Kugel geschnitten, so er-

scheint ihm zuerst ein Punkt, dann ein Kreis, der sich vergrößert, dann wieder verkleinert, zum Punkt wird und verschwindet. Was wir als dreidimensionale Wesen als Nebenein-
ander im Raum überblicken können, muß unser Punktwesen
als Nacheinander in der Zeit erleben. Dementsprechend würden wir den Durchgang einer vierdimensionalen Kugel zunächst als Punkt bemerken, daraus würde sich eine Kugel ent-
wickeln, die sich immer weiter vergrößert, dann wieder verkleinert und als Punkt verschwindet.

*

Es liegt nahe, die Geisterwelt einem vierdimensionalen Raum
zuzuordnen, und Johann Karl Friedrich *Zöllner* (1834 bis
1882), ein bedeutender Physiker und Astronom, sagt: Das physikalische Geschehen spielt sich in einem vierdimensionalen
Raum ab, von dem wir nur einen dreidimensionalen Aus-
schnitt wahrnehmen können. Er versuchte dies durch spiritistische Experimente nachzuweisen. (Nach Erich Schneider,
Mathematik ernst und heiter).

Da durchzuckt es meine Glieder,
Ich erwache, horch' und lausche.
Laut wird's in dem öden Zimmer.
Rauschend wogt es um mich her
Wie ein wehend Ährenmeer,
Seltsam fremde Töne wimmern,
Zuckend fahle Lichter schimmern,
Es gewinnt die Nacht Bewegung,
Und der Staub gewinnt Gestalt.
Schleppende Gewänder rauschen
Durch das Zimmer auf und nieder,
Hör' es weinen, hör' es klagen,
Und zuletzt in meiner Nähe
Wimmert es ein dreifach Wehe!

Franz Grillparzer

Ergebnisse der medizinischen Forschung

Ergebnisse der *medizinischen Forschung* bestätigen diese Aussagen. Man befragte Personen, die bereits klinisch tot und dann reanimiert worden waren. Sie berichteten im allgemeinen über folgende Erlebnisse: Gefühl von Ruhe, Frieden und Erleichterung; Geräusche, manchmal Musik; damit gleichzeitig Bewegung durch einen dunklen Tunnel, durch den der Geist den Leib verläßt. Diese Menschen konnten nun schmerzfrei und in schwerelosem Zustand ihren eigenen Körper sehen und alles Geschehen um sich herum — manchmal auch im Nebenzimmer — wahrnehmen, sich aber nicht bemerkbar machen. Dies » . . . weist in die Richtung einer Veränderung der Bewußtseinslokalisation, einer Art von Abtrennung vom Körper, beziehungsweise von der Hirnrinde oder vom Cerebrum, wo man den Sitz des Bewußtseinsphänomens vermutet.« (C. G. *Jung*). Das Denken war klarer und rascher als in der körperlichen Existenz.
Im Lauf der Ereignisse erschienen andere spirituelle Wesen: vorher gestorbene Verwandte und Freunde, die den Übergang erleichtern wollten. Den Höhepunkt bildete die Begegnung mit einem sehr hellen Licht, das jedoch nicht blendete und die Umgebung weiter wahrnehmbar ließ. Es handelte sich um ein lebendiges Lichtwesen, das persönliches Gepräge trug, Liebe und Wärme ausstrahlte und Geborgenheit empfinden ließ. Es fragte die Betreffenden in direkter Gedankenübertragung, ob sie zum Sterben bereit seien und was sie in ihrem Leben vorweisen können; nicht vorwurfsvoll, sondern voller Liebe. Es schloß sich eine Rückschau auf das Leben in bewegten farbigen Bildern an. — Die Reihenfolge all dieser Ereignisse war nicht immer dieselbe. (Nach Johann Christoph Hampe und Raymond A. Moody).

Bekenntnisse glaubensstarker Christen

Namhafte und glaubensstarke Vertreter des *Christentums* und der *Theologie* treten für die Wirklichkeit der Geistererscheinungen ein. Der heilige *Augustinus* sagt: »Man soll weder zu leicht an Erscheinungen und Offenbarungen der Verstorbenen glauben, noch alle ungeprüft als unmöglich verwerfen. Denn es ist gewiß, daß Gott sie bei verschiedenen Gelegenheiten zuläßt.«
Wilhelm *Schneider* (* 1847, †1909, seit 1900 Bischof von Paderborn) schreibt: »Von nüchternen Denkern aller Jahrhunderte,

selbst von zweifelsüchtigen Naturen, wird die Möglichkeit von Totenerscheinungen eingeräumt ...« Dies »wird schon durch die Tatsache entschieden, daß der Glaube an Totenerscheinungen ebenso alt ist, wie der Unsterblichkeitsglaube und durch alle Zeiten und Völker sich hindurchzieht, mithin einen realen Grund haben muß ... Die Erfahrung zeigt, daß nicht bloß vereinzelt, sondern in zahlreichen Fällen, oft längere Zeit hindurch, Kundgebungen und Erscheinungen von Menschenseelen aus dem Jenseits stattgefunden haben und noch stattfinden«. (Wilhelm Schneider, Das andere Leben, Paderborn 1919).

Maria *Simma,* (im Großen Walsertal 1915 geboren und dort wohnhaft) wird seit 1940 von »Armen Seelen« Verstorbener aufgesucht und um Hilfe gebeten. Diese erscheinen in verschiedener Weise: die einen in Menschengestalt, sichtbar und klar wie im Leben, meist in den Werktagskleidern, andere wieder unklar, bei weiteren ist deren Gegenwart spürbar, es kommt auch vor, daß sie in gewaltiger furchterregender Form auftreten. Die Richtigkeit der Angaben der »Armen Seelen« wurde durch umfassende Nachprüfungen bei deren Angehörigen und durch Pfarrämter bestätigt. »Die Seelen kommen nicht aus dem Fegfeuer, sondern mit dem Fegfeuer ... Jede Seele hat Heimweh nach Gott, und das ist wohl der bohrendste aller Schmerzen ... Keine Seele würde aus dem Fegfeuer zurückkehren, um weiterzuleben wie vorher, wieder in das Dunkel zurück, wo wir sind, weil sie eine Erkenntnis hat, von der wir keine Ahnung haben ... Eine Seele im Läuterungsort hat eine so leuchtende Vorstellung von Gott, Gott ist ihr in einer so strahlenden, blendenden Schönheit und Reinheit erschienen, daß alle Kräfte des Himmels nicht ausreichen würden, diese Seele zu bewegen, vor Gott hinzutreten, solange sie noch mit dem kleinsten Makel behaftet ist. Erst eine lichte, vollkommene Seele wagt es, dem ewigen Licht und der göttlichen Vollkommenheit entgegenzutreten, um Gott von Angesicht zu Angesicht zu schauen.« Die »Armen Seelen« wissen alles, was man über sie spricht, was man ihretwegen tut, sie sind uns ganz nahe. (Nach Maria Simma, Meine Erlebnisse mit »Armen Seelen«).

Der glaubensstarke Pietist Johann Heinrich *Jung-Stilling* verfaßte eine »Theorie der Geister-Kunde in einer Natur-, Vernunft-und Bibelmäßigen Beantwortung der Frage: Was von

Ahnungen, Gesichten und Geistererscheinungen geglaubt und nicht geglaubt werden müße«. (Nürnberg 1808). Er sieht derartige Vorkommnisse als Bestätigung der christlichen Religion und sagt zutreffend: »Es ist unbegreiflich, daß dergleichen ernste und schauerliche, so lebhaft in die Sinnen fallende Zeugnisse der Fortdauer unseres Lebens nach dem Tod, so wenig Eindruck auf uns machen. — Man fürchtet sich für ihnen, wie die Kinder für dem Popanz, und dabei bleibts. Anstatt darüber nachzudenken, und fruchtbare Schlüsse und Entschlüsse zur Lebensbesserung daraus zu ziehen und zu fassen, erzählt man sich die Geistererscheinungen, wie Märchen zur Belustigung, und weidet die Imagination an den Qualen abgeschiedener Mitbrüder. Die große aufgeklärte Welt aber, sieht mit sehenden Augen nicht, und will nicht sehen; und belegt die, die da sehen, mit dem Obscurantenbann, macht sie verächtlich und lächerlich. Daß sich Gott erbarme!«

Mit Recht hält Jung-Stilling die Meinung zweier Gruppen von Christen für falsch: Die eine »glaubt zwar alle Erscheinungen aus der Geisterwelt, die in der Bibel erzählt werden, aber seit der Apostelzeiten nimmt sie keine mehr an, und wenn unleugbare Tatsachen dargetan werden, so schreibt sie solche lieber einem Gaukelspiel des Satans und seiner Engel zu, als daß sie ihrem System etwas vergeben sollte«. »Der Seelenschlaf — daß nämlich die Seele vom Tod an, bis zur Auferstehung am jüngsten Tag, ohne Bewußtsein, und ohne Tätigkeit ruhen werde, hat in der heiligen Schrift keinen Grund, sondern nur bloß in dem Vorurteil, daß die Seele den Körper zu ihrer Wirksamkeit durchaus nötig habe; da aber nun die magnetischen Erfahrungen (= Hypnose), und die Geistererscheinungen, das Gegenteil unwidersprechlich beweisen, so ist der Seelenschlaf ein Irrtum, und es kann keine Rede mehr davon sein.«

Die andere Gruppe »glaubt nicht allein alle übersinnliche Erscheinungen in der Bibel, sondern auch die Fortdauer derselben bis zu unsern Zeiten. Diese schweift aber nun gewöhnlich auf der anderen Seite zu weit aus, indem sie alle, dem gewöhnlichen Menschenverstand nicht faßliche Wirkungen der Phantasie, oder auch der körperlichen Natur für übernatürlich ansieht, und vornehmlich, daß sie auf die Erscheinungen aus der Geisterwelt mehr Gewicht, und mehr Wert legt, als ihnen zukommt«. Wie sich gezeigt hat, kann dies so weit ausufern, daß Ersatzreligionen zurechtgebastelt werden. — Jung-Stilling forderte also schon damals eine aufgeschlossene, aber kritische Haltung zu übersinnlichen Erscheinungen.

Jung-Stilling mahnt: »Für denjenigen, dem ein Geist erscheint, ist es unnachläßliche Pflicht, ein solches Wesen mit Ernst und Liebe zu behandeln, und zurecht (= zu Gott) zu weisen.«

Spukt es auf Burgen besonders oft?

Spuk ist besonders oft aus *Burgen und Schlössern* überliefert. Das Interesse an solchen Bauten ist besonders groß, früher wie heute, und die Tradition ist entsprechend tief verwurzelt. Oft finden wir derartige Objekte in jahrhundertelangem Familienbesitz, Berichte werden von Generation zu Generation weitergegeben. Schließlich regen Burgen, Schlösser und Ruinen ganz besonders die Phantasie an. Rätselhafte Vorgänge, die anderswo rasch vergessen sind, bleiben hier lebendig. Freilich beruhen manche Erzählungen auf Einbildung oder sind liebenswerte Dichtungen. Diese letzte Gruppe ist dem Thema »Burgensagen« zuzurechnen.

Otto *Piper*, der bekannte Burgenforscher, hat selbst ein Werk über den Spuk verfaßt (Der Spuk) und war überzeugt, »daß der Spuk zu den Dingen gehört, deren Begreifen und Erklären dem Menschen versagt ist«, und »daß von einem Zweifel . . . an dem in Wirklichkeit vielfach vorkommenden Spuk nicht die Rede sein kann«.

Das Geheimnis der Gedankenübertragung (Telepathie)

»Wir tappen alle in Geheimnissen und Wundern« sagt *Goethe*. »Auch kann eine Seele auf die andere durch bloße stille Gegenwart entschieden einwirken, wovon ich mehrere Beispiele erzählen könnte. Es ist mir sehr oft passiert, daß, wenn ich mit einem guten Bekannten ging und lebhaft an etwas dachte, dieser über das, was ich im Sinne hatte, sogleich an zu reden fing.« (Nach Eckermann, Gespräche mit Goethe).

Sigmund *Freud* war von der Tatsache der Telepathie, dem Empfinden räumlich oder zeitlich auseinanderliegender Vorgänge und der Übertragung von Vorstellungen und Gedanken auf eine andere Person außerhalb der normalen Sinneswege, fest überzeugt. Er selbst bemerkte, daß dies einen Schritt von großer Tragweite bedeute: Man stimme der wesentlichsten Behauptung der Okkultisten zu, es gebe seelische Vorgänge, die sich unabhängig vom menschlichen Körper abspielen. Zu hellseherischen Visionen von fernen Episoden oder zu Geistererscheinungen meinte er: »Ich mag das alles nicht, aber irgend etwas Wahres ist daran.« Ernest Jones fragte ihn, wo solcher

Glaube hinführen würde: Wenn man an seelische Vorgänge in der Luft glaube, könne man auch weitergehen und an Engel glauben. Freud erwiderte: »Ganz richtig, sogar an den lieben Gott!«

C. G. *Jung* sagt bezüglich der Telepathie: »Die allgemeine Tatsächlichkeit dieses Phänomens ist heutzutage nicht mehr zu bezweifeln.« Die Entfernung hat hierbei keinen Einfluß, und wie der Raum, so wirkt auch die Zeit nicht hindernd. Das Ergebnis von Versuchen »weist auf eine psychische Relativität der Zeit hin, indem es sich um Wahrnehmung von Ereignissen handelt, die noch gar nicht eingetreten sind. In derartigen Fällen scheint der Zeitfaktor ausgeschaltet zu sein, und zwar durch ... einen psychischen Zustand, der auch den Raumfaktor zu eliminieren vermag«. Würfelversuche ergaben, daß der Wunsch Einfluß auf das Ergebnis hat. »Wenn Raum und Zeit sich als psychisch relativ erweisen, so muß auch der bewegte Körper die entsprechende Relativität besitzen beziehungsweise ihr unterworfen sein.« — »Begreiflicherweise hat man diese Resultate, die ans Wunderbare und schlechthin Unmögliche zu grenzen scheinen, auf alle möglichen Arten wegzuerklären versucht. Solche Versuche aber scheitern alle an den Tatsachen ...« (C. G. Jung, Die Dynamik des Unbewußten).

Überwindung der Zeitschranken

Einst glaubte man, der Zeitstrom fließe gleichmäßig durch alle Raumpunkte; Gegenwart, Vergangenheit und *Zukunft* seien scharf zu trennen. Die Relativitätstheorie zeigt, daß diese Einteilung nur für den jeweiligen einzelnen Beobachter gilt. Eine solche Auffassung macht ein Sehen in die Vergangenheit und Zukunft erklärbar.

Der Seher blickt in eine andere Zeit und nimmt sie realistisch wahr, visuell und teilweise auch akustisch. »Präkognition ... nennt die Wissenschaft das Hellsehen in die Zukunft ... Diese › Schau ‹, die gewöhnlich nur Bruchstücke, gleichsam › Fetzen ‹ zukünftigen Geschehens erfaßt, ist viel seltener als telepathische Überbrückung von Raum und Zeit nach der Vergangenheit hin. Geschichtlich weltbewegende Ereignisse wie Kriege und dergleichen kann der Hellseher meist nur aus den Auswirkungen ersehen, die diese in seinem kleinen Kreis haben werden (Zerstörungen, Todesfälle, Truppendurchmarsch) ... Er kann diesen Kreis natürlich durch Ortsveränderung beliebig erweitern.« (Pater Norbert *Backmund*).

»Nur Gott steht absolut über Zeit und Raum. Aber wir sind nach seinem Bild und Gleichnis geschaffen, und da finden sich eben auch Spuren von dieser Eigenschaft Gottes in uns. Es zeigt sich, daß es Tiefenschichten in der Menschenseele und sogar in der Tierseele geben kann, in denen räumliche Entfernung und das Nacheinander der Zeit keine Wirklichkeit mehr sind.« (Pater Norbert *Backmund*).

Leibniz schrieb am 13. Oktober 1691 an die Herzogin, spätere *Kurfürstin Sophie von Hannover* bezüglich des Sehens in die Zukunft und übersinnlicher Erscheinungen: »Gleichwohl bewundere ich die Natur des Menschengeistes, von der wir noch nicht alle Hilfsquellen kennen. Wenn man solchen Personen begegnet, soll man, weit entfernt, sie zu schelten und ändern zu wollen, sie nach Möglichkeit in dieser schönen Geistesverfassung erhalten, wie man eine Seltenheit oder ein Kabinettstück behütet . . .«.

Goethe meint: »So viel ist wohl gewiß, daß in besonderen Zuständen die Fühlfäden unserer Seele über ihre körperlichen Grenzen hinausreichen können und ihr ein Vorgefühl, ja auch

ein wirklicher Blick in die nächste Zukunft gestattet ist.« (Ekkermann, Gespräche mit Goethe).

Schopenhauer weist darauf hin, daß »die objektive Welt ein bloßes Gehirnphänomen ist«; die auf Raum, Zeit und Kausalität beruhende Gesetzmäßigkeit wird im Hellsehen in gewissem Grad beseitigt. Infolge der Kantischen Lehre von der Idealität des Raumes und der Zeit ist das Ding an sich, also das allein wahrhaft Reale in allen Erscheinungen, frei von jenen beiden Formen des Intellekts. Daher liefern das Sehen in Vergangenheit und Zukunft sowie an einen entfernten Ort »eine so unerwartete wie sichere *faktische* Bestätigung der Kantischen Grundlehre vom Gegensatz der Erscheinungen und des Dinges an sich und dem der Gesetze beider«. Die Natur ist nach Kant bloße Erscheinung. Die übersinnlichen Tatsachen wurzeln unmittelbar im Ding an sich und sind durch die Gesetze der Erscheinungswelt nie zu erklären. »Auch meine Philosophie erhält ... eine wichtige Bestätigung in dem Fakto, daß in allen jenen Phänomenen das eigentliche Agens allein der *Wille* ist; wodurch sich dieser als das Ding an sich kundgibt.« (Versuch über das Geistersehn). Die an Raum und Zeit nicht gebundenen Geister bestätigen ebenfalls die Kantische Lehre.

Wilhelm von *Scholz* sagt: »Wir erschweren uns durch die, offenbar wirklich nur in unserem Geist vorhandene, Kategorie der Zeit wahrscheinlich das Verständnis aller Zusammenhänge. Ereignisse liegen in der Zeit nicht anders als im Raum. Sie werfen nicht nur ihren Schatten voraus — ein sehr gutes und treffendes Bild! — sie haben eine weite Atmosphäre um sich, in welche die Welt lange, ehe das Ereignis selbst sichtbar wird, eintritt. Aus dieser Atmosphäre füllt sich die Seele der Menschheit mit Ahnung und Vorhersehen des Kommenden, im großen wie im kleinen.«

*

Abschließend sei nochmals vor Experimenten mit dem Übersinnlichen gewarnt, auch vor passiver Teilnahme. »Der Christ nimmt bei passiver okkulter Betätigung oder Beeinflussung in seelischer wie religiöser Hinsicht Schaden, warnt Kurt E. Koch. Auch Gerda Hagenau (Verkünder und Verführer) betrachtet absichtlich herbeigeführte Empfänglichkeit für Über sinnliches als schädlich; sie betont, daß jede Seele einen Schutz-schild um sich trägt, »daß dieser uns gegen Töne, Bilder, Wellen, Energien, Schwingungen, dieses Ganze abschirmt. Bei Personen, die empfänglich sind für das › Außersinnliche ‹, also auch bei Propheten, hat dieser Schutzschild wahrscheinlich Löcher bekommen, entweder durch eine Krankheit oder auch durch willkürlich herbeigeführte Zustände mittels bestimmter Praktiken und Techniken«. (Gerda Hagenau, Verkünder und Verführer). So führt also die absichtlich hervorgerufene Verbindung zu Kräften des Übersinnlichen zu schweren seelischen und körperlichen Schäden.

*

Es war auch die menschliche Vernunft nicht genugsam dazu beflügelt, daß sie so hohe Wolken teilen sollte, die uns die Geheimnisse der anderen Welt aus den Augen ziehen, und denen Wißbegierigen, die sich nach derselben so angelegentlich erkundigen, kann man den einfältigen aber sehr natürlichen Bescheid geben: daß es wohl am ratsamsten sei, wenn sie sich zu gedulden beliebten, bis sie werden dahin kommen. Da aber unser Schicksal in der künftigen Welt vermutlich sehr darauf ankommen mag, wie wir unseren Posten in der gegenwärtigen verwaltet haben, so schließe ich mit demjenigen, was Voltaire seinen ehrlichen Candide, nach so viel unnützen Schulstreitigkeiten, zum Beschlusse sagen läßt: Laßt uns unser Glück besorgen, in den Garten gehen, und arbeiten.

Kant, Träume eines Geistersehers . . .

*

»*Gott ist die Liebe, er ist die Gerechtigkeit, — auch wenn unser kurzer Verstand es nicht gleich begreift. Wenn uns Prüfungen vorausgesagt werden, so soll uns dies nicht mit Schrecken erfüllen, sondern zur Einkehr dienen. Wir müssen einsehen, daß die Menschheit Heimsuchungen verdient. Wenn wir diese Einstellung haben, wird Gottes Erbarmen sie uns erleichtern. Der heilige Paulus sagt einmal: Stückwerk ist unser Erkennen, Stückwerk ist unser Prophezeien. Und trotzdem mahnt er an anderer Stelle: Die Weissagungen verachtet nicht, alles aber prüfet, und was gut ist, behaltet! (1. Thess. 5,20)*«

Pater Norbert Backmund

LITERATUR (Auswahl)

Vorbemerkung: Lesern, die sich eingehender mit dem Themenkreis befassen wollen, wird der Beginn mit den Werken von Pater Norbert Backmund, Hans Bender und Kurt E. Koch empfohlen. Diese Autoren bieten grundlegende Erörterungen, weisen den Weg zu vorurteilsloser Betrachtung und warnen vor unkritischer Wundergläubigkeit ebenso wie vor den Gefahren, die durch unsachgemäßes Studium und bedrohliche Experimente entstehen.

Avenarius, Wilhelm, Übernatürliche Erscheinungen in Burgen und Schlössern. In: Burgen und Schlösser 1978/I, Braubach 1978.

Avenarius, Wilhelm, Geister und geheimnisvolle Kräfte. Übersinnliche Erscheinungen in rheinischen Burgen und Schlössern. In: Rheinische Heimatpflege 1980/2.

Avenarius, Wilhelm, Nostradamus und seine Prophezeiungen über das Rheinland. In: Rheinische Heimatpflege 1981/3.

Backmund, Pater Norbert, Hellseher schauen die Zukunft. Eine kritische Studie. Kloster Windberg bei Bogen 1961 und 1978⁵.

Bekh, Wolfgang Johannes, Bayerische Hellseher, Pfaffenhofen 1976.

Bekh, Wolfgang Johannes, Das dritte Weltgeschehen. Pfaffenhofen 1980.

Bender, Hans, Kriegsprophezeiungen. In: Zeitschrift für Parapsychologie und Grenzgebiete der Psychologie, 22. und 23. Jg., Freiburg im Breisgau 1980 und 1981 S. 1—22 und 129—163.

Bender, Hans, Parapsychologie. Ihre Ergebnisse und Probleme. Bremen 1970.

Bender, Hans (Hrsg.), Parapsychologie. Entwicklung, Ergebnisse, Probleme. Darmstadt 1974³.

Bender, Hans, Telepathie, Hellsehen und Psychokinese. 1977³.

Bender, Hans, Unser 6. Sinn. Stuttgart 1971.

Bender, Hans, Verborgene Wirklichkeit. Parapsychologie und Grenzgebiete der Psychologie. Olten 1973.

Bessler, Heinrich, Das Gespensterschiff. Vorzeichen, Wahrträume, Vorgesichte. Hamburg 1976.

Böckel, Otto, Die deutsche Volkssage. Leipzig 1914².

Centurio, N. Alexander, Nostradamus, Prophetische Weltgeschichte. Bietigheim 1977.

Dam, Willem C. van, Okkultismus und christlicher Glaube. Schorndorf 1981.

Delacour, Jean Baptist, Aus dem Jenseits zurück. Berichte von Totgeglaubten. Bergisch Gladbach 1978.

Dessoir, Max, Vom Jenseits der Seele. Stuttgart 1967⁷.

Dreecken/Schneider, Signale aus dem Jenseits. Bergisch Gladbach 1979.

Erbstein, Max, Der blinde Jüngling. München 1981.

Grabinski, Bruno, Beweise aus dem Jenseits. Wiesbaden 1964.

Grabinski, Bruno, Was wissen wir vom Jenseits? Gröbenzell 1976.

Grabinski, Bruno, Spuk und Geistererscheinungen. Graz 1953⁴.

Grabinski, Bruno, Flammende Zeichen der Zeit. Gröbenzell 1972.

Gris, Henry, PSI als Staatsgeheimnis. Rastatt 1981.

Hampe, Johann Christoph, Sterben ist doch ganz anders. Erfahrungen mit dem eigenen Tod. Gütersloh 1983.

Handwörterbuch des deutschen Aberglaubens, herausgegeben von E. Hoffmann-Krayer und Hans Bächtold-Stäubli. Band 1—10, Berlin 1927—1942.

Hartmann, Otto Julius, Von der Macht der Gedanken. — Was ist Magie? Freiburg im Breisgau 1979.

Hingerl, Martin, Staffelberg — Sagen und Der alten Linde Sang von der kommenden Zeit. Freising 1920.

Jacobson, Nils-Olof, Leben nach dem Tod? Bergisch Gladbach 1979.

Jones, Ernest, Das Leben und Werk von Sigmund Freud, Band 3. Bern 1962, Seite 437–473: Okkultismus.

Jung, C. G., Die Dynamik des Unbewußten. Synchronizität als Prinzip akausaler Zusammenhänge. Gesammelte Werke, Band 8, Olten 1971.

Jung genannt Stilling, Johann Heinrich, Theorie der Geisterkunde. Nürnberg 1808 (Nachdruck Wiesbaden 1979).

Keller, Werner, Was gestern noch als Wunder galt. Die Entdeckung geheimnisvoller Kräfte im Menschen. Zürich 1973.

Kemmerich, Max, Die Brücke zum Jenseits. Erweiterte Neubearbeitung von »Gespenster und Spuk«. München 1927.

Kemmerich, Max, Prophezeiungen. Alter Aberglaube oder neue Wahrheit? München 1921.

Koch, Kurt E., Okkultes ABC. Basel 1981.

Koch, Kurt E., Seelsorge und Okkultismus. Basel 1982.

Küther, Waldemar, Nostradamus, ein Prophet der Weltgeschichte. In: Genealogisches Jahrbuch Band 9, Neustadt an der Aisch 1969.

Moser, Fanny, Spuk. Ein Rätsel der Menschheit. Frankfurt am Main 1980.

Mostard, J. J., Spoken en Kastelen in Europa. Utrecht/Antwerpen 1977.

Mühlbauer, Josef, Jenseits des Sterbens. Bonn 1978.

Nielsen, Enno, Die Hexe von Endor. München 1978.

Nielsen, Enno, Der Spuk im Grabgewölbe. München 1978.

Nostradamus. Ausgabe: Les vrayes Centuries et Propheties de Maistre Michel Nostradamus. Paris 1668. Nachdruck Berlin 1969.

Otto, Walter, F., Die Manen, Darmstadt 1958[2].

Patrian, Carlo, Nostradamus. Die Prophezeiungen. Freiburg im Uechtland 1982.

Piper, Otto, Der Spuk. München 1922[2].

Putzien, Rudolf, Nostradamus, Prophetische Weltgeschichte von 1552 bis 3797 n. Chr. Engelberg und München 1968[2].

Reallexikon für Antike und Christentum, Artikel »Geister« in Band 9 (1976), S. 546–797.

Richter, Erwin, Der nacherlebte Hexensabbat. In: Forschungsfragen unserer Zeit 7, 1960, Seite 97–100.

Rosenberger, Ludwig, Geisterseher. Eine Sammlung seltsamer Erlebnisse berühmter Persönlichkeiten in Selbstzeugnissen und zeitgenössischen Berichten. München 1952.

Schmeing, Karl, Seher und Seherglaube. Darmstadt-Eberstadt 1954. (Versucht Erklärungen mit Hilfe der herkömmlichen Wissenschaft.)

Schmidt-Wiegand, Ruth, Der Aufhocker in der pommerschen Volksüberlieferung. In: Baltische Studien Band 45 und 46, 1958–1959, Seite 129–134 und 108–118.

Schönhammer, Adalbert, Psi und der dritte Weltkrieg. Bietigheim 1978.

Scholz, Wilhelm von, Der Zufall und das Schicksal. Freiburg im Breisgau 1983[6].

Simma, Maria, Meine Erlebnisse mit Armen Seelen. Stein am Rhein 1978[13].

Speyer, Wolfgang, Fälschung, pseudepigraphische freie Erfindung und echte religiöse Pseudepigraphie. In: Entretiens sur l'antiquité classique 18, Vaudoeuvre - Genf 1972.

Stramberg, Christian von, Denkwürdiger und nützlicher Rheinischer Antiquarius, Koblenz 1851 ff.

Tenhaeff, Wilhelm, Der Blick in die Zukunft. Berlin 1976.

Weismüller Beda, in »Christlicher Glaube in moderner Gesellschaft«, 1982

Das Bild ist textlich Seite 100 eingeordnet.

König Ludwig II. von Bayern (nach einer Postkarte; vollständig wiedergegeben bei: Anton Sailer, Bayerns Märchenkönig, München 1961). »Man halte die Karte zirka 50 Zentimeter vom Gesicht entfernt, betrachte genau den weißen Punkt an der Nase und zähle dabei bis 30. Dann sehe man sogleich an eine weiße Wand oder Decke, wo nach kurzer Zeit König Ludwig II. erscheint.«

Standpunkt 1984:
Über den Dingen stehen

Dem Rätselraten setzt Prof. Beda Weismüller (Universität München) ein Ende, wenn er schreibt:

Unabhängig von den Tatsachen können wir freilich nie bestimmen, wozu die in einem analogen Sinn freien, spontanen Kräfte auch der untermenschlichen Natur fähig sind. Fest steht jedoch, daß geschöpfliche Kräfte wesentlich mehr vermögen, als was wir aufgrund unserer alltäglichen Erfahrung für möglich halten. Diese Behauptung stützt sich nicht nur auf die angestellten theoretischen Überlegungen. Von alters her bis in die Gegenwart werden uns Berichte überliefert, die sich auf Phänomene beziehen, welche unsere seit der Aufklärung allgemein gewordenen Vorstellungen darüber, was natürlicherweise zu erwarten ist, sprengen. Solche Phänomene kritisch zu untersuchen, betrachtet die Parapsychologie als ihre Aufgabe. Sie setzt dabei voraus, daß auch in diesen Phänomenen eine gewisse Ordnung vorhanden ist, die es ermöglicht, sie zu klassifizieren und sogar ihre Gesetzmäßigkeiten in etwa zu formulieren. Außer der kritischen Sichtung der überlieferten Berichte kann die Parapsychologie die spontan auftretenden Phänomene kontrolliert beobachten, und schließlich kann sie gezielte Experimente mit Versuchspersonen durchführen. Um die bei der Beobachtung außergewöhnlicher Phänomene zu berücksichtigenden Fehlerquellen — Täuschung, Betrug, Zufall — auszuschalten, entwickelte sie genaue Kontrollmethoden. Das durch die von einer nüchternen Kritik geleiteten Forschung zusammengetragene Material ist beeindruckend, so daß man an der Tatsächlichkeit der sogenannten außersinnlichen Wahrnehmung (durch die jemand etwas außerhalb ihm Geschehenes ohne die Beteiligung der uns bekannten Sinnesorgane erfährt), das heißt Hellsehen, Telepathie und sogar Präkognition, nicht zweifeln kann. Auch die Psychokinese, als eine direkte Einwirkung von psychischen Kräften auf die Materie ohne kausal erkennbare Mittelglieder, ist als Tatsache anzuerkennen. Was freilich die Bestimmung der Natur der in diesen Ereignissen wirkenden Kräfte betrifft, tastet sie weitgehend im Dunkeln. Die animistische Hypothese meint alles mit der Anima, der unbewußten Tiefenschicht der menschlichen Psyche erklären zu können. Die spiritistische Hypothese ist mit der animistischen insofern einig, als auch nach ihr vieles so erklärt werden kann und soll, sie meint aber, daß für die Erklärung gewisser Phänomene das Hereinwirken geistiger Wesen (z. B. der Seelen von Verstorbenen) angenommen werden muß. — Das Beweismaterial der Parapsychologie zeigt jedenfalls, daß die untersuchten Phänomene »natürlich« sind in dem Sinn, daß sie einem geordneten Ganzen zugehören. Sie vollziehen sich zwar nach Gesetzmäßigkeiten, die von denen der physikalischen Welt verschieden sind, es spricht aber nichts gegen eine gewisse Kontinuität zwischen beiden Bereichen.

Diese Phänomene haben für die Wunderfrage insofern eine Bedeutung, als sie es ermöglichen, die Berichtigung einer von vielen Theologen gemachten scharfen Trennung der Wunder von den natürlichen Phänomenen in Frage zu stellen. Die Grenzen des »von der Natur her Möglichen« wären dadurch wesentlich weiter gesteckt, als dies allgemein angenommen wird. Für die Theologie ergibt sich daraus jedenfalls eine größere Offenheit gegenüber den z. B. in den Evangelien enthaltenen Wunderberichten«.

[Aus »Christlicher Glaube im moderner Gesellschaft« (Herder 1982)]. Das dreißigbändige Schlüsselwerk einer zeitgemäßen Philosophie und Anthropologie sei wärmstens empfohlen.